La **Palabra** de **Dios** *y los* **católicos latinos**

La **Palabra** de **Dios** *y los* catolicos latinos

católicos latinos

lecciónes del camino a Emaús

Edición:
Jean-Pierre Ruiz y Mario J. Paredes

AMERICAN BIBLE SOCIETY

La Palabra de Dios y los católicos latinos: Las lecciones del camino a Emaús

Primera edición: abril de 2012

Ponencias de la Conferencia nacional camino a Emaús. Del 29 de julio al 2 de agosto de 2009 en la Universidad de Notre Dame.

La Palabra de Dios y los católicos latinos: Las lecciones del camino a Emaús ha recibido el Nihil Obstat por parte de Mons. Michael F. Hull y el Imprimatur del Obispo +Dennis J. Sullivan. El Nihil Obstat y el Imprimatur son declaraciones oficiales de que este libro no contiene errores doctrinales o morales, lo que no implica que los contenidos aquí expresados reflejen la opinión de las personas que los han otorgado.

Número de control de la Biblioteca del Congreso: 2011960837

Número ISBN: 9781937628086

Número de artículo de ABS: 123313

Por casi 200 años, American Bible Society (ABS) continúa invitando a las personas a experimentar el mensaje transformador de la Biblia. Para ello, ABS ha brindado Biblias y recursos bíblicos a las iglesias de todas las tradiciones cristianas que han servido para iluminar, inspirar y enriquecer las vidas de las personas a las que ellas sirven. En esta oportunidad, ABS se complace en presentar esta colección de ensayos que fueron expuestos durante la Conferencia nacional camino a Emaús, llevada a cabo en la Universidad de Notre Dame. La Conferencia refleja la búsqueda de Dios en las Sagradas Escrituras, donde quince académicos exploran y promueven La Palabra de Dios en la vida y en la misión de la Iglesia. Confiamos en que los lectores católicos se sirvan de estos textos para formar y profundizar el hábito de lectura significativa de la Sagrada Escritura. American Bible Society es una organización cristiana interconfesional que trabaja incansablemente junto con iglesias, organizaciones cristianas y Sociedades Bíblicas nacionales para compartir la Palabra de Dios, tanto en los Estados Unidos como alrededor del mundo. Los puntos de vista doctrinales específicamente católicos presentados en este manual, no reflejan la posición interconfesional de American Bible Society.

American Bible Society agradece muy especialmente a Cushwa Center for the Study of American Catholicism de la Universidad de Notre Dame y a todos aquellos que han contribuido para que esta obra fuera posible, en particular a:

Efraín Agosto

Juan I. Alfaro

Arzobispo Nikola Eterović

Eduardo C. Fernández, S.J.

Renata Furst

Francis Cardenal George, O.M.I

Arzobispo José H. Gómez

Raúl Gómez-Ruiz, S.D.S.

Ricardo Grzona, F.R.P.

Felix Just, S.J.

Jaime Lara

Hosffman Ospino

Mario J. Paredes

Arturo J. Pérez-Rodríguez

Jorge Presmanes, O.P.

Jean-Pierre Ruiz

Índice

~

Prólogo   ix
Mario J. Paredes

Introducción   1
Jean-Pierre Ruiz

1. El Sínodo sobre la Palabra de Dios en la vida
   y en la misión de la Iglesia   7
   Cardenal Francis George, O.M.I.

2. Una alianza en el diálogo: católicos latinos leyendo
   la Biblia en los Estados Unidos   19
   Renata Furst

3. "Al partir el pan": la Biblia y la liturgia   34
   Raúl Gómez-Ruiz, S.D.S.

4. La Biblia y la catequesis   57
   Hosffman Ospino

5. "Caminó con ellos": las posadas, el Vía Crucis
   y la proclamación bíblica parroquial   79
   Arturo J. Pérez Rodríguez

6. "Comenzando con Moisés y todos los profetas":
   la investigación bíblica entre latinos y la Palabra de Dios
   en la Iglesia   99
   Jean-Pierre Ruiz

7. El camino de la justicia: una lectura latino-protestante
   de Lucas 24:13–35   117
   Efraín Agosto

8. La Palabra, fuente de vida   133
    Juan I. Alfaro

9. Corazones que arden en nuestros pechos: la Biblia
    en náhuatl y la evangelización del Nuevo Mundo   157
    Jaime Lara

10. El Papa Benedicto XVI, la Biblia y el Sínodo sobre
    la Palabra de Dios   191
    S. E. R. Mons. Nikola Eterović

11. "Se les abrieron los ojos": la Biblia y la oración, una
    meditación guiada   201
    Eduardo C. Fernández, S.J.

12. "Le explicó la Escritura": la Biblia y la predicación   211
    Jorge L. Presmanes, O.P.

13. La fundación de un instituto diocesano de Sagrada
    Escritura   223
    Felix Just, S.J.

14. "Él nos abrió las escrituras": redescubriendo
    la *Lectio Divina*   243
    Ricardo Grzona, F.R.P.

15. "Quédate con nosotros": la Palabra de Dios
    y el futuro del ministerio hispano   271
    S. E. R. Mons. José H. Gómez

Prólogo

Mario J. Paredes

〜

El relato de Emaús se encuentra en el Evangelio según San Lucas, capítulo 24, un hermoso pasaje, muy bien escrito.

El recuento de Lucas sobre los discípulos de Emaús es directo y fácil de leer, y verdaderamente iluminador respecto a la resurrección de Cristo, sin dejar de ser profundo, teológico, hasta un poco complicado, conteniendo enseñanzas penetrantes que el autor quiere transmitirle al lector. Prestémosle nuestra atención ahora. Lo que Lucas quiere mostrarnos es una reflexión crítica sobre la fe cristiana.

Todos los relatos en el Evangelio según San Lucas son didácticos. El mismo lo indica en su prólogo. Él desea proveer una base sólida para la enseñanza que hemos recibido y aceptado como fieles miembros de la comunidad cristiana. Por medio de hechos significativos él pretende enseñar, clarificar y fortalecer nuestra fe. Y para nosotros, providencialmente, lo que él propone es precisamente la base radical y la verdadera naturaleza de nuestra fe. ¿En qué consiste la verdadera fe cristiana y qué implica?

La crítica histórico-literaria ha descubierto la complejidad de este pasaje. Lucas se basa en una narración anterior, la retoca y la completa con versiones posteriores. Las personas en nuestro relato que caminaban de Jerusalén se sentían desilusionadas y tristes porque su Maestro había muerto. "Iban conversando sobre todo lo que había acontecido" (versículo 14).

Su conocimiento de las Escrituras, su experiencia personal y el tiempo vivido junto a Jesús y su atención a su enseñanza no los ayudó a entender su muerte en cruz. Su fe en el Jesús que habían conocido en público se esfumó en el Gólgota y se convirtió en la memoria histórica de un "profeta poderoso delante de Dios y de los hombres" (Lc 24:19).

El ignorar o rechazar el misterio de la cruz es ignorar el misterio de la redención universal de Cristo que presupone el misterio de la iniquidad humana y el misterio de la bondad y de la infinita misericordia de Dios. No hay, por tanto, fe genuinamente cristiana que no surja de la aceptación de la incompresible cruz. Pero la fe en el Crucificado no es suficiente. La base de la fe cristiana es Jesús muerto y resucitado; es Jesús vivo para siempre con un cuerpo transfigurado, libre de las limitaciones de su existencia histórica: la iluminación, el argumento y el preludio de lo que nos espera a la luz de su crucifixión y resurrección.

Y es esto precisamente lo que Jesús resucitado les estaba explicando a los discípulos de Emaús cuando se les apareció: "Y comenzando con Moisés y siguiendo con los profetas, les declaraba lo que las Escrituras decían de él" (versículo 27). El aceptar y el confesar la resurrección, según San Lucas, es tan fundamental para la fe del cristiano, que, si falta, la figura de Cristo pierde su divinidad y la fe, inevitablemente, se desvanece.

Aún así, no es suficiente creer en el Cristo vivo y glorioso. Tenemos que creer en su renovada presencia y actividad en medio nuestro, una presencia múltiple y real. Lucas lo explica. Desde su punto de vista, la viva y gloriosa presencia de Jesús está presente, en primer lugar, cuando pensamos y conversamos sobre el significado de su vida, muerte y resurrección. Y éste es el caso incluso cuando la discusión se ve dominada por la duda, la increencia y la desilusión.

Lucas escribe:

> [13]Dos de ellos iban el mismo día a una aldea llamada Emaús, que estaba a sesenta estadios de Jerusalén. [14]Hablaban entre sí de todas aquellas cosas que habían acontecido. [15]Y sucedió que, mientras hablaban y discutían entre sí, Jesús mismo se acercó y caminaba con ellos.

La situación es clara, como lo es el hecho de que él se acerca para conversar con ellos y aclarar la situación.

> [17]Él les dijo: "¿Qué platicaban entre ustedes mientras caminaban, y por qué están tristes?" [18]Respondiendo uno de ellos, que se llamaba Cleofás, le dijo: "¿Eres tú el único forastero en Jerusalén que no has sabido las cosas que en ella han acontecido en estos días?" [19]Entonces él les preguntó: "¿Qué cosas?"
>
> Y ellos le dijeron: "De Jesús nazareno, que fue varón profeta, poderoso en obra y en palabra delante de Dios y de todo el pueblo; [20]y cómo lo entregaron los principales sacerdotes y nuestros gobernantes a sentencia de muerte, y lo crucificaron. [21]Pero nosotros esperábamos que él fuera el que había de redimir a Israel. Sin embargo, además de todo, hoy es ya el tercer día que esto ha acontecido."

La combinación de estas dos distintas narrativas y tradiciones es evidente en el relato de Lucas. Primero, en lo que concierne a la tumba vacía. Con esto Lucas quiere decirnos que los cristianos no han de buscar a Cristo en el cementerio, entre los muertos que antes vivían, pero entre los que están vivos y presentes hoy, aunque sea de una manera diferente, que es donde Cristo obviamente ha de ser encontrado.

Cristo también está presente de manera única en su palabra viva, en la interpretación del Antiguo Testamento (la preparación para el Nuevo Testamento) y en el Nuevo, la "Palabra de Dios hecho carne". Esto se ve en el siguiente texto de Lucas:

> [25]Entonces él les dijo: "¡Insensatos y tardos de corazón para creer todo lo que los profetas han dicho! [26]¿No era necesario que el Cristo padeciera estas cosas y que entrara en su gloria?" [27]Y comenzando con Moisés y siguiendo con todos los profetas, les declaraba lo que las Escrituras decían de él".

Jesús, resucitado y vivo, está presente en este evento del lenguaje inspirado, cuestionando y enseñando a través de su vital comunicación.

¡Qué pena que la tradición no nos ha conservada la sagrada lección de la exégesis bíblica ofrecida a estos dos discípulos de Emaús! A los doce años, cuando Jesús se quedó en el templo con los maestros de la Ley, Lucas menciona que "todos los que lo oían se maravillaban de su inteligencia y de sus respuestas" (Lc 2:47). Los mismos discípulos de Emaús dirían un poco después, una vez desaparecido de su vista el Resucitado: "¿No ardía nuestro corazón en nosotros, mientras nos hablaba en el camino y cuando nos abría las Escrituras?" (versículo 32).

Jesús, resucitado y vivo, también reveló su presencia, según San Lucas, de manera única en el partir del pan, es decir, en todo compartir humano. El sentarse varias personas a la mesa, y el incluir a un forastero, en el mundo antiguo era una manera simbólica de definir la hermandad humana. La presencia de un extranjero es importante, un visitante desconocido, pues subraya que la hermandad humana, en un sentido amplio y real, transciende las relaciones familiares más obvias, al igual que las de amistades y vecinos.

A la luz de este simbolismo, las comidas que el Jesús terrenal compartió con publicanos y pecadores adquieren una mayor significancia. (Compare Mt 9:11; 11:19; Lc 5:2, 19ss).

En una época de tanto aislamiento, donde se excluye socialmente a tantos seres humanos del banquete de la vida, llama la atención que Lucas, en este momento particular, nos diga que el Cristo resucitado y vivo, no solamente está presente y activo, pero también es reconocido al compartir el pan con otros, con sus vecinos.

Lucas escribe:

> [28]Llegaron a la aldea donde iban y él hizo como que iba más lejos. [29]Pero ellos le obligaron a quedarse, diciendo: "Quédate con nosotros, porque se hace tarde y el día ya ha declinado." Entró, pues, a quedarse con ellos.
>
> [30]Y aconteció que, estando sentado con ellos a la mesa, tomó el pan, lo bendijo, lo partió y les dio. [31]Entonces les fueron abiertos los ojos y lo reconocieron; pero él desapareció de su vista.

Como en todas las comunidades primitivas, la principal reunión en la que Lucas presidía en el nombre del Señor era la del partir el pan, durante la Eucaristía, conforme al mandato del Maestro la noche de su última cena con sus discípulos: "Hagan esto en memoria mía". Es otra especial manera, enfatizada por Lucas, de revelar al resucitado y glorioso Cristo, presente y activo entre nosotros. Para expresar esta realidad, Lucas coloca a Jesús como el que preside en la mesa y emplea las palabras de la Oración Eucarística: "Tomó el pan, lo bendijo, lo partió y les dio", sagradas palabras que aún hoy se repiten en el momento de la Consagración en la Misa.

Vemos que las palabras de Lucas están cargadas de un profundo significado cuando Lucas llega al momento preciso en que nos dice "entonces les fueron abiertos los ojos y lo reconocieron" (versículo 31). Esa es la gran experiencia que compartirán gozosos con los apóstoles en Jerusalén.

> [33]Levantándose en esa misma hora, volvieron a Jerusalén; y hallaron a los once reunidos y a los que estaban con ellos, [34]que decían: "Ha resucitado el Señor verdaderamente y ha aparecido a Simón." [35]Entonces ellos contaron las cosas que les habían acontecido en el camino, y cómo lo habían reconocido al partir el pan.

Introducción

Jean-Pierre Ruiz

~

¿No es verdad que el corazón nos ardía en el pecho cuando nos venía hablando por el camino y nos explicaba las Escrituras?
—Lucas 24:32, Versión Popular

Con estas palabras los dos discípulos quienes se encontraron con un misterioso personaje en su caminar entre Jerusalén y Emaús expresan el cambio significativo ocurrido en sus vidas debido a dicho encuentro con aquel a quien empiezan a reconocer como Jesús resucitado en el momento en que lo invitan a participar en el compartir del pan. Cuando Jesús desaparece de en medio de ellos, en el preciso instante en que lo reconocen, en ese mismo momento su malestar y duda dan paso al entendimiento y a la fe y, de inmediato, vuelven a Jerusalén para compartir la Buena Nueva de la Resurrección. En el evangelio de Lucas vemos que Jesús da comienzo con la lectura de la Escritura en la sinagoga de Nazaret, proclamando "Hoy mismo se ha cumplido la Escritura que ustedes acaban de oir".

Es, a no dudarlo, lo más apropiado que Jesús resucitado se dé a conocer él mismo a sus discípulos a través de la explicación de las Escrituras según van de camino hacia Emaús. Es el mismo Jesús, identificado en el Evangelio de Juan como la Palabra de Dios hecha carne (Jn 1:14) aquel de quien la Ley y los profetas dan testimonio, quien enseña acerca de él mismo a través de la propia Palabra de Dios (Lc 24:27).

Este libro nos invita a celebrar dos encuentros importantes con la Palabra de Dios, encuentros que son un testimonio convincente de que la Palabra viva de Dios sigue vigorosa y viva en la Iglesia. La primera de estas celebraciones lo fue la Duodécima Asamblea General Ordinaria del Sínodo de los Obispos, la cual se llevó a cabo en la ciudad del Vaticano entre el 5 y el 26 de octubre del año 2008 y en la cual se tuvo como tema de reflexión "La Palabra de Dios en la vida y la misión de la Iglesia". En la introducción a los *Lineamenta* del sínodo, S. E. R. Mons. Nikola Eterović, Secretario General del Sínodo de Obispos, manifiesta su esperanza de que con el esfuerzo y trabajo de los Padres Sinodales "desearía favorecer el redescubrimiento pleno de estupor de la Palabra de Dios, que es viva, cortante y eficaz, en el mismo corazón de la Iglesia, en su liturgia y en la oración, en la evangelización y en la catequesis, en la exégesis y en la teología, en la vida personal y comunitaria, como también en las culturas de los hombres, purificadas y enriquecidas por el Evangelio".[1] En la exhortación apostólica postsinodal "*Verbum Domini*" (La Palabra del Señor) promulgada el 30 de septiembre de 2010 (fiesta de San Gerónimo), el Papa Benedicto XVI afirmó que "la Asamblea sinodal ha sido para la Iglesia y el mundo un testimonio de la belleza del encuentro con la Palabra de Dios en la comunión eclesial".[2] Obispos procedentes de todo el mundo "se reunieron en torno a la Palabra de Dios y pusieron simbólicamente en el centro de la Asamblea el texto de la Biblia", y como explica el Papa: "Hemos hablado de todo lo que el Señor está realizando en el Pueblo de Dios y hemos compartido esperanzas y preocupaciones".[3] El Patriarca Ecuménico de Constantinopla Bartolomé I se dirigió a los padres sinodales, quienes también escucharon al Rabino Shear Yashuv Cohen, Rabino Jefe de Haifa, quien les habló sobre el significado y el lugar que ocupan las escrituras en el judaísmo, siendo la primera vez en la historia que un rabino se dirige a la asamblea plenaria de un sínodo.[4]

En la "*Verbum Domini*" Benedicto XVI indica que

> también hoy en la Iglesia hay un Pentecostés, es decir, que la Iglesia habla en muchas lenguas; y esto no sólo en el sentido exterior de que en ella están representadas todas las grandes lenguas del mundo, sino sobre todo en un sentido más profundo: en ella están presentes los múltiples modos de la experiencia de Dios y del mundo, la riqueza de las culturas; sólo así se manifiesta la amplitud de la existencia humana y, a partir de ella, la amplitud de la Palabra de Dios.[5]

El segundo encuentro con la Palabra de Dios que este libro nos presenta tuvo lugar entre el 30 de julio y el primero de agosto de 2009 en el campus de la Universidad de Notre Dame. Cientos de participantes —obispos e investigadores de la Biblia, catequistas, encargados del apostolado juvenil, directores del ministerio hispano, al igual que teólogos—, participaron en un ciclo de conferencias titulado "Camino a Emaús: la Palabra de Dios y los Católicos Latinos". Dicho encuentro estuvo auspiciado por la Sociedad Bíblica Americana y por el Centro Cushwa para el Estudio del Catolicismo Americano de la Universidad de Notre Dame. Los participantes fueron invitados de propósito a reflexionar sobre el tema de la Asamblea del Sínodo de los Obispos de 2008 acerca de la Palabra de Dios en la vida y la misión de la Iglesia. El encuentro exploró y promovió la Palabra de Dios en el corazón de la Iglesia, con un énfasis particular en el papel de la Escritura en las vidas de los latinos y la llamada a la misión. Más del 50 por ciento de los católicos en los Estados Unidos menores de 25 años son latinos. Y los latinos en general componen más del 35 por ciento del total de los católicos en los Estados Unidos. En una Iglesia en la cual se hablan una diversidad de lenguas, la presencia vibrante de los católicos latinos y latinas en los Estados Unidos es un testimonio alto claro de lo que el Papa Benedicto XVI llamó la "grandeza de la experiencia humana" y la "grandeza de la Palabra de Dios".[6] Los participantes escucharon el discurso inaugural a cargo del Cardenal Francis George, Arzobispo de Chicago y Presidente de la Conferencia de Obispos Católicos de los Estados Unidos, uno de los cinco obispos norteamericanos que participaron como delegados en el sínodo. El Secretario General del Sínodo, Mons. Nicola Eterović, también se dirigió a los participantes, enfocándose en la participación del Papa Benedicto XVI en el sínodo. El Arzobispo José Gómez, Arzobispo de San Antonio en el momento del encuentro y actual Arzobispo de Los Ángeles, la arquidiócesis católica más grande de Estados Unidos, con una población católica por encima de los cuatro millones, pronunció el discurso de clausura en el cual le recordó a los participantes que "el encuentro con Cristo en las Escrituras le debe llevar a nuestro pueblo a dar testimonio de Él".

Los artículos presentes en este libro fueron presentados originalmente tanto en las asambleas generales como en los seminarios llevados a cabo en el encuentro "Camino de Emaús" y revisados por sus autores para la publicación. Se inspiraron en el relato de Lucas del encuentro en el camino de Emaús, explorando la gran riqueza que este texto bíblico nos presenta y la gran importancia para la Iglesia actual. Las conferencias que se dictaron originalmente en inglés han sido traducidas al español, al igual que las presentadas en español lo fueron al inglés. Los conferenciantes recibieron peticiones de parte de los participantes en el encuentro para que el valioso material presentado estuviera disponible y al alcance de todos. De ahí que, en consonancia con el espíritu del sínodo, la Palabra de Dios pueda enriquecer la vida de los católicos latino(a)s a lo largo de todo Estados Unidos. Este libro por tanto se presenta siguiendo el espíritu de las primeras palabras de la Primera Carta de Juan:

> Les escribimos a ustedes acerca de aquello que ya existía desde el principio, de lo que hemos oído y de lo que hemos visto con nuestros propios ojos. Porque lo hemos visto y lo hemos tocado con nuestras manos. Se trata de la Palabra de vida. Esta vida se manifestó: nosotros la vimos y damos testimonio de ella, y les anunciamos a ustedes esta vida eterna, la cual estaba con el Padre y se nos ha manifestado. Les anunciamos, pues, lo que hemos visto y oído, para que ustedes estén unidos con nosotros, como nosotros estamos unidos con Dios el Padre y con su Hijo Jesucristo. Escribimos estas cosas para que nuestra alegría sea completa. (1 Jn 1:1–4)

∼

Notes

1. S. E. R. Mons. Nikola Eterović, "Lineamenta: La Palabra de Dios en la vida y en la misión de la Iglesia" (27 de marzo de 2007), http://www.vatican.va/roman_curia/synod/documents/rc_synod_doc_20070427_lineamenta-xii-assembly_sp.html.
2. Benedicto XVI, Exhortación apostólica postsinodal *"Verbum Domini"* (30 de septiembre de 2010), http://www.vatican.va/holy_father/benedict_xvi/apost_exhortations/documents/hf_ben-xvi_exh_20100930_verbum-domini_sp.html.
3. *Ibid.*
4. Bartolomé I, "Discurso del Patriarca Ecuménico Bartolomé I durante la celebración de las primeras vísperas del XXIX domingo del tiempo «per annum»" (18 de octubre de 2008), http://www.vatican.va/news_services/press/sinodo/documents/bollettino_22_xii-ordinaria-2008/04_spagnolo/b30_04.html#DISCURSO_DEL_PATRIARCA_ECUM%C3%89NICO_BARTOLOM%C3%89_I. Ver también "Por primera vez un rabino hablará al Sínodo de los Obispos", http://www.zenit.org/article-28558?l=spanish.

5. Benedicto XVI, "*Verbum Domini*".
6. United States Conference of Catholic Bishops Committee on Cultural Diversity in the Church, Subcommittee on Hispanic Affairs, "Statistics on Hispanic/Latino(a) Catholics", http://www.usccb.org/hispanicaffairs/demo.shtml.

1

El Sínodo sobre la Palabra de Dios en la vida y en la misión de la Iglesia

Cardenal Francis George, O.M.I.

~

El tema del Sínodo, según ustedes saben, fue la Palabra de Dios en la vida y la misión de la Iglesia. Pero no es, ciertamente no en este país, justamente un tópico para la Iglesia, puesto que a la luz de la presencia hispana en la Iglesia católica, la realidad del catolicismo en nuestro país hoy es un ejemplo de la situación de lo que será en todo el país dentro de treinta años. Lo que la Iglesia católica representa ahora, todo el país, los Estados Unidos lo será dentro de treinta años. Es un hecho demográfico a la vez que una realidad cultural cómo se ha transformado la vida de la Iglesia y se está transformando la vida en los Estados Unidos. De ahí que me siento muy complacido que tanto la Universidad como la Sociedad Bíblica Americana, al igual que varios otros, han venido para dar vida a esta conferencia y han permitido que todos reflexionemos, una vez más, no sólo sobre el Sínodo sino sobre la importancia de la Palabra para comunidad latina aquí y, por tanto, para toda la Iglesia y toda nuestra sociedad.

Deseo dedicar un momento para reflexionar sobre el Sínodo, ya que aunque algunos participamos, la mayoría de ustedes no, y es algo positivo que entendamos el proceso en vistas a comprender el contenido y cómo lo vamos a captar finalmente. La palabra final por supuesto vendrá dada por la promulgación por parte del Santo Padre de la Exhortación apostólica postsinodal en la cual se está trabajando actualmente. Quizás el Arzobispo Eterović pueda hablarnos sobre ello, pero hasta que la Exhortación postsinodal no sea publicada, el Sínodo aún está en proceso.

El proceso dio comienzo mucho antes de que los cerca de 260 obispos e invitados al igual que peritos y secretarios se reunieran en la Sala del Sínodo en el Aula Pablo VI en Roma. Comienza con la elección del tema a discutir por parte del Santo Padre, después de haber consultado a facultades universitarias, conferencias de obispos y expertos de todo el mundo envueltos en el diálogo que da origen a la Comunión católica.

Cuando el Santo Padre, siguiendo el consejo de muchos, y especialmente de aquellos más comprometidos particularmente el Secretariado del Sínodo, dirigido ahora por el Arzobispo Eterović, selecciona un tema y se elaboran los *Lineamenta,* una especie de primer borrador del tema a discutirse. El tema se presenta y, una vez más las mismas personas, y a veces algunas más a quienes se les preguntó que sugirieran algún tema, son consultadas. Su trabajo regresa al Consejo permanente para el Sínodo, el cual entonces elabora el *Instrumentum Laboris,* el documento de trabajo. Éste es el documento que los obispos que participan, al igual que los observadores sin derecho a la palabra y los expertos utilizarán para elaborar sus contribuciones para el diálogo que se llevará a cabo en la Sala del Sínodo. Es el documento de trabajo para el Sínodo.

El Sínodo de los Obispos de Roma se reúne cada tres años, y así se ha venido haciendo desde el Concilio Vaticano II. Muchos de los temas que actualmente forman parte de la vida ordinaria de la Iglesia se han incorporado a nuestra forma de hablar y de pensar y compartir con los demás debido a que han sido temas de Sínodos. Los Sínodos como forma ordinaria de asesoramiento del Santo Padre comenzaron en 1967.

El primer Sínodo trató el tema de la renovación de los seminarios y el sacerdocio, y discutió el tema de la lucha por la justicia. Evangelización, catequesis, la familia, la reconciliación y la penitencia fueron algunos de los temas tratados en los siguientes Sínodos. A continuación se habló de las diversas vocaciones en la Iglesia: los laicos en primer lugar, el sacerdocio y la vida consagrada, finalmente el ministerio de los obispos. Posteriormente se volvieron hacia el Señor en sí mismo y tuvimos un Sínodo sobre la Sagrada Eucaristía. El más reciente Sínodo ha considerado la Palabra Eterna hecha carne y se convirtió en testigo a través de la palabra humana "La Palabra de Dios en la Vida y Misión de la Iglesia". Después de las discusiones sinodales se publica una Exhortación apostólica. Después de cada Sínodo la vida de la Iglesia ha experimentado un cambio trayendo a consideración temas que de otra forma no se habrían reflexionado, ya que nos vemos envueltos en nuestras propias responsabilidades y problemas, ya sea en nuestras parroquias, diócesis e incluso en las conferencias episcopales.

La metodología del Sínodo está abierta a cambios de tiempo en tiempo. Básicamente cuando los Padres Sinodales se encuentran con otros que han sido invitados a participar, se reúnen en un gran Salón de Conferencias. Siempre hay un Presidente, que es el Santo Padre, por supuesto. Él delega su presidencia en tres cardenales, los cuales presiden por turno diario, moderando las sesiones. El idioma que se utiliza es el latín, y la forma de presidir es simplemente formal. No suele haber sorpresas cuando actúan como moderadores. Las sorpresas vienen cuando las personas pueden hablar en sus propios idiomas.

Los tres obispos o cardenales que presidieron el reciente Sínodo lo fueron el Cardenal Levada, Presidente de la Sagrada Congregación para la Doctrina de la Fe, el Cardenal Pell, de Sydney, Australia, y el Cardenal Scherer de São Paulo, Brasil. Hubo un secretario especial, el Arzobispo Monsengwo, arzobispo de Kinshasa en el Congo, y una serie de secretarios dirigidos por nuestro invitado el Arzobispo Eterović.

La figura principal en cada Sínodo lo es un obispo *relator*. Es la persona clave ya que es su responsabilidad el presentar el *status quaestionis,* el tema a discutirse, antes de que comiencen las discusiones.

Da comienzo su labor después de que el Secretario General presenta el tema del Sínodo desde que se reunió la Asamblea Sinodal la última vez. Se han dado Sínodos Especiales, cada uno de los cuales ha recibido el nombre de la zona de la Iglesia sobre la cual se discute. Este otoño se llevará a cabo la segunda Asamblea del Sínodo de África. Hemos tenido el Sínodo de América, como ustedes recuerdan, en 1997 para prepararnos al Gran Jubileo. En cada Sínodo el *relator* es elegido por el Papa. En nuestro caso lo fue el Cardenal Ouellet de Quebec, Canadá. El *relator* es la persona clave para organizar los debates en cuestiones de contenido en sí, no para hacer que el proceso siga su ritmo normal, lo cual es responsabilidad de los Presidentes. Antes de que las discusiones comiencen, toda la Asamblea escucha el *relato ante disceptationem* (presentación antes de la discusión). El *relator* presenta, a la luz del material de trabajo elaborado, el esquema del tema que se va a discutir en las sesiones plenarias. Después, una vez que cada obispo e invitado hablen por varios minutos, el *relator* y los secretarios toman nota de lo que se ha expresado, intentan poner las ideas juntas y comienzan a elaborar una síntesis y consenso.

Con frecuencia no hay continuidad entre lo que habla uno u otro de los ponentes ya que los obispos exponen sus aportaciones y no responden directamente a los presentadores que han tenido parte antes que ellos. Se da cierto intercambio directo al final de cada jornada, en una hora que está más libremente estructurada, pero básicamente se escuchan presentaciones cuyas ideas no responden directamente a los oradores, y es ahí cuando el *relator* debe hacer las correlaciones.

El *relator* escucha muy atentamente durante más o menos diez días que cada obispo, uno por uno, haga su presentación personal. A continuación el *relator* interviene para resumir la presentación. Sintetiza las presentaciones de manera que los miembros del Sínodo divididos en diversos grupos lingüísticos puedan concentrarse en la discusión. El propósito es reunir el mayor número posible de ideas en un extenso resumen al comienzo y que el *relator* dirija las discusiones para que al final se llegue a un consenso.

Para lograr un mayor consenso los miembros del Sínodo resumen sus ideas en pequeños grupos con la idea de presentar proposiciones que puedan ser votadas al final del Sínodo y sean presentadas al Santo Padre. A continuación él escribirá una Exhortación apostólica postsinodal, que es la que estamos actualmente esperando.

Es un proceso que parece muy formal, muy estructurado, pero funciona. Se presenta el contenido, se analiza, se discute en grupos más pequeños, y finalmente, los temas se convierten en proposiciones las cuales son finalmente votadas. En cada turno es el *relator* quien es la figura principal en la presentación ya que, después de que los pequeños grupos han hablado y han presentado sus informes a toda la Asamblea, el *relator* vuelve a hablar de nuevo para darle forma a los informes como proposiciones. Éstas se discuten finalmente en pequeños grupos, se revisan y se votan.

La metodología del Sínodo les permite a trescientas personas de todo el mundo, con servicio de traducción simultánea en seis idiomas, cada día llevar a esclarecer un tema que enriquece la vida de la Iglesia. El proceso a veces puede parecer muy formal, y en otras ocasiones parece inefectivo, pero resiste la manipulación, lo cual es importante en una asamblea que reúne personas de diferentes países. La calidad de las intervenciones personales es, por supuesto, clave en el trabajo del *relator*. La calidad en este reciente Sínodo fue muy alta ya que muchos de los Padres Sinodales son ellos mismos profesores de Sagrada Escritura, graduados del Instituto Bíblico, un anexo de la Universidad Gregoriana en Roma. Ellos pudieron hablar como expertos en Sagrada Escritura, a la vez que hablaban siempre como obispos, como pastores. Cuando ellos intervenían yo me sentí muy enriquecido con cada intervención.

Moviéndonos del proceso al tema en sí del último Sínodo, la primera clarificación del contenido del Sínodo fue la de distinguir el significado de la Palabra de Dios. Primero de todo, la "Palabra de Dios" es la Eterna Palabra de Dios hecho carne, Jesús de Nazaret, Hijo de Dios e Hijo de Hombre, verdaderamente divino, auténticamente humano. Es el encuentro con el Cristo resucitado, la Palabra viva hecha carne, ahora resucitado de la muerte, donde comienza el camino de la fe para cada uno. Desde este encuentro vivo con la persona ahora resucitada, quien tiene su propio cuerpo inmortal, con las marcas de la Pasión en sus manos, en sus pies, en su costado, es que nace la fe. El cuerpo que nació de la Virgen María es el cuerpo que resucita de la muerte, un cuerpo transformado ya que ahora es inmortal y no está sujeto a las reglas de espacio y tiempo a las que están sujetas y limitadas nuestras vidas.

El Cristo resucitado es perfectamente libre, y desea estar con nosotros. En su encuentro con el Señor resucitado, las personas comienzan a pensar y reflexionar sobre quién realmente es. Conmovida por el testimonio de Cristo en la Sagrada Escritura, la Iglesia elabora su catequesis y su enseñanza teológica. Entonces, conociendo y amando a Cristo, sus discípulos preguntan qué deben hacer para seguirle. La teología moral se elabora para ayudar a la Iglesia a comprender las exigencias del discipulado.

El Verbo Encarnado, la Palabra hecha carne, resucitada de entre los muertos, es el primer significado de la Palabra de Dios.

El segundo significado de la "Palabra de Dios" es nuestro propio hablar acerca de Jesús en palabras humanas. La primera profesión de fe proclamaba que Jesús es el Señor; él, no el César, es el Señor. El Evangelio fue predicado antes de ser escrito. La comunidad que se formó a través de esta proclamación y que era pastoreada por los apóstoles y sus sucesores comienza a desarrollar su comprensión de lo que significa el anuncio y a vivirlo realmente. Cuando ponen su comprensión del mensaje en forma escrita, la comunidad misma sabe discernir lo que es un genuino y auténtico testigo del Señor o lo que es falso, lo que es inspirado por el Espíritu y lo que no.

El Sínodo insiste que la Iglesia es el primer contexto de entendimiento bíblico ya que los textos bíblicos son documentos de fe, escritos por hombres de fe para una comunidad de fe. Aun cuando existen muchos niveles de significación en las páginas de la Escritura (el sentido literal en la mente del autor humano, el sentido espiritual en la mente del autor divino, y la significación cultural utilizada en el tiempo en que fueron escritos) es la Iglesia la que decide, ante todo, cual es el canon de la Escritura y a continuación lo que esto significa. Ésta es la razón primordial por la cual leemos la Escritura cuando veneramos a Dios juntos en el Cuerpo de Cristo, la Iglesia.

El texto escrito inspirado es el tercer sentido de la "Palabra de Dios". El Verbo Encarnado mismo y la proclamación que nos presentó de quién es Él están encerrada en los textos escritos los cuales nos dan testimonio de Cristo ya que están inspirados por el Espíritu Santo. Es este tercer sentido de la "Palabra de Dios" el que ha sido más enfatizado en las discusiones sinodales. Sin embargo, presentando la Palabra de Dios con palabras humanas, ya sean escritas o habladas, bajo la inspiración del Espíritu Santo, debemos tener en mente el encuentro original con el Señor, que nos permite entrar dentro de la auto-revelación de Dios. Considerando la "Palabra de Dios" en diversas formas, nos permite ver la revelación como una conversación la cual incluye nuestra participación.

Se dan cuatro momentos en el diálogo entre Dios y el ser humano a quien Él llama a la vida eterna a través de Jesucristo, cuatro momentos que nos ayudan a analizar el rico contenido de las diversas intervenciones sinodales. En un primer momento del diálogo la iniciativa siempre parte de Dios. Dios habla. En la discusión de la palabra humana escrita a través de la cual Dios habla, la legítima diversidad de sentidos en la Escritura debe permitirse, como así es.

El significado de la Escritura ha sido objeto de numerosas interpretaciones, ya que en años recientes el significado espiritual de la Escritura —alegórico, moral, analógico— se ha visto como eiségesis más bien que exégesis. No están realmente en el texto, pero fueron introducidos por la fe comunitaria, ya sea individual o colectivamente. Muchos de los Padres Sinodales, particularmente aquellos que son expertos en Sagrada Escritura, desean reincorporar en el sentido del texto en sí los significados espirituales que la Iglesia ha discernido ya que tiene la mente de Cristo, como afirma San Pablo. Estos son los significados que el Señor mismo pretende que sean leídos en la Sagrada Escritura. Uno no puede conocer por sí mismo, pero sí puede conocer a través de la Iglesia, reflexionando juntos, particularmente en la liturgia, en las páginas de la Sagrada Escritura. El método histórico-crítico y los diversos métodos que utilizamos con el fin de ayudarnos a resolver el sentido que se haya en el texto se pusieron en un contexto más amplio de reflexión teológica de la Sagrada Escritura. El estudio de la Biblia y el estudio de la doctrina teológica no se pueden separar, no sea que el estudio de la Biblia se convierta meramente en arqueología y la teología en mera ideología humana o argumento.

Discutiendo la relación entre la Biblia y la teología llegamos al tópico de la inerrancia y la inspiración. Si la Escritura está inspirada por el Espíritu

Santo, si Él ha motivado al autor humano para que escriba de determinada manera, de ahí que lo que se ha escrito debe ser auténtico, pero es auténtico de varias maneras. La Escritura contiene muchos géneros literarios. Algunos son poesía, otros homilética, historia, y cada uno de ellos tiene sus propios criterios cuán verdadero el texto puede ser. Es un error leer toda la Sagrada Escritura como si fuera un periódico, todos sabemos eso. Pero cuando la relación entre inerrancia e inspiración se lleva a debate, el tema de la fidelidad de las traducciones al original aparece. Muchos obispos han indicado que no existe una traducción completa de la Sagrada Escritura en sus lenguas nativas, y el trabajo que está haciendo la Sociedad Bíblica Americana ayudando en la traducción de las llamadas "lenguas menores" fue destacado y apreciado por muchos en la Asamblea. Más allá del reto de traducir la Sagrada Escritura en lenguas que nunca se han utilizado para presentar la Palabra de Dios en palabras humanas, se discutió la elaboración de criterios para decidir si una traducción es confiable o no. Una traducción es buena traducción cuando capta el sentido del texto inspirado. Pero Dios no inspira a los traductores. Un texto traducido no está inspirado por el hecho de que los textos griegos y hebreos lo están. Dado que no tenemos una certeza absoluta acerca de los textos originales en muchos casos, la Iglesia confía en las destrezas y estudios de aquellos que son expertos en lenguas y textos para determinar las mejores traducciones.

Éstas son algunas de las cuestiones que surgen cuando uno comienza a preguntar cómo es que Dios puede hablar usando palabras humanas para expresar lo que quiere revelar. Sin embargo, en dicha conversación escuchamos, y allí había muchas intervenciones acerca de escuchar bien en diferentes contextos. Uno sabe que cuando escribe una carta supone un gran sufrimiento el ver si sus ideas están claras, pero lo que se debe tener en mente igualmente es: "¿Cuál es el contexto en el cual va a ser leída? ¿Se va a leer en el campo de batalla? ¿O en la cocina, en la oficina? El contexto del lector configura el sentido de la persona que escucha o lee lo que ha sido claramente escrito en otro entorno. A veces un lector o un oyente no puede escuchar el mensaje por causa del contexto que acompaña tal texto.

En la discusión que es revelación, nosotros escuchábamos. Una de las cosas sorprendentes para mí en el Sínodo fue la insistencia con la que el contexto personal era tan destacado en el debate sobre la *Lectio Divina*. Éste es un método de oración leyendo los textos para un enriquecimiento personal, para la meditación en mañana o en la tarde. Las personas van a la Escritura en medio de las alegrías y de las dificultades, y existe un método de lectura, la *Lectio Divina,* lectura espiritual, la cual ha sido desarrollada para ayudar a crecer en la comprensión de los caminos del Señor. ¿Qué queremos decir con *Lectio Divina*? Queremos decir muchas cosas, pero básicamente lo que queremos indicar es cómo utilizar la Sagrada Escritura, el texto inspirado, para rezar de manera que el Señor pueda entrar realmente en nuestras vidas. En las intervenciones sinodales se habló en algunas ocasiones acerca de la necesidad en las comunidades católicas de tener una Biblia en cada hogar y a la mano.

No fue tan sólo el contexto personal de la lectura de la Biblia el objeto de ciertas intervenciones. Lo que más afectó, y siempre es así, fue cuando los obispos de países con problemas en particular fueron capaces de hablar sobre el contexto en que su pueblo lee la Sagrada Escritura. Es muy diferente leer la Sagrada Escritura entre los católicos caldeos en Bagdad que leerlo en Indiana esta noche. Los obispos siempre están en su mejor disposición, no importa de qué tema hablen, cuando acompañan a su pueblo, y siempre lo hacen. Son pastores. Están preocupados de su comunidad, la aman; y cuando hablan, su comunidad está siempre allí. Cuando hablan explícitamente sobre los sufrimientos que su pueblo está pasando y de los retos de ser fieles al Señor en diversas partes del mundo —partes de África, donde continúan las guerras civiles, en Iraq donde la guerra continúa, en este país, en una sociedad más secularizada con nuestras tensiones propias— cuando estas situaciones van cambiando, dan un nuevo sentido al texto de la Escritura. No es el contexto original, y uno debe estudiar ese contexto primero, pero el contexto de nuestra propia vida nos lleva también a la lectura del texto sagrado.

En la revelación como conversación, Dios habla y nosotros escuchamos. Viene entonces un momento en la conversación en el cual el propio Dios se manifiesta a su pueblo cuando confía en nosotros para hablar. Cuando hablamos, ¿qué es lo que escuchamos, qué hemos estudiado y reflexionado, qué decimos? Los obispos hablan de las homilías, a menudo autocríticos. Las homilías católicas pueden llegar a ser muy emocionantes y racionalistas ya que utilizamos un vocabulario además del vocabulario bíblico. Tenemos un vocabulario filosófico, que nos introduce en el discurso teológico; lo utilizamos y es igualmente importante hacerlo. Dios nos ha dado una inteligencia para pensar críticamente. Es igualmente un vocabulario que nos permite hablar a la sociedad en lenguaje no bíblico, lo cual es una condición que Barack Obama afirmaba es necesario si el pueblo creyente quiere participar en el debate público que conforma la sociedad. Si tenemos que hablar en una forma en que incluso el secularizado pueda entender, no podemos utilizar exclusivamente lenguaje bíblico. Quizás hemos hecho demasiado uso del lenguaje filosófico, tanto que uno de los Padres Sinodales se quejaba que las homilías no están suficientemente enraizadas en la cultura del mundo bíblico. La mente del predicador se debe formar no únicamente por lo que ha estudiado ni por el contexto personal, no solamente incluso por la enseñanza de la Iglesia en los términos más abstractos, sino también por las imágenes y las diversas maneras de relacionarse con el mundo que son apropiadas para el pueblo que primero recibió la Palabra de Dios, que primero recibió la auto-revelación de Dios. Se habló y discutió de las homilías, así como de la catequesis. Del leccionario se habló igualmente, y algunos sugirieron una revisión del mismo.

Hubo una petición para abrir Escuelas bíblicas en las diócesis de manera que los estudiantes no especializados puedan encontrar la forma de estudiar en profundidad la Palabra inspirada de Dios en la Sagrada Escritura. Se mencionó el uso abundante de los textos. Incluso hubo una intervención sobre la amplificación en las iglesias. Asimismo se habló mucho sobre la utilización de los modernos medios de comunicación, que pueden servir para presentar en forma electrónica la palabra hablada o el texto escrito. Incluso en los países más pobres, existe un acceso a las infraestructuras de comunicación. Los cables telegráficos y los postes de teléfono son cosa del pasado. Hoy la comunicación es sin cables. Dios habla, nosotros escuchamos.

Finalmente, hubo algunas intervenciones que fueron impresionantes ya que hicieron la pregunta: "¿Qué pasa cuando Dios está en silencio?" Y Él está en silencio, o nosotros a veces tenemos grandes dificultades para oírlo. Esta reflexión se planteaba en momentos de oración antes de cada sesión del Sínodo. La Tercera Hora de la Liturgia de las Horas abría el Sínodo cada día, durante la cual uno de los Padres Sinodales hacía una reflexión sobre la Palabra como inspiración para las discusiones que vendrían. Algunos de los Padres nos traían a consideración el enigma del silencio de Dios. Sabemos que Dios habla y conocemos lo que tenemos que escuchar, o al menos lo intentamos, y sabemos lo que debemos hablar. Pero ¿qué ocurre cuando parece que Dios está en silencio?

La teología mística se ha expresado sobre la noche oscura de los sentidos y la noche oscura del alma. La Madre Teresa de Calcuta en sus diarios recientemente publicados nos presentó su testimonio de ese sentido de abandono Aridez extrema, un momento, y a veces un momento muy prolongado en la conversación con el Señor, la conversación que nos hace santos. Además, Dios parece estar ausente en los desastres naturales. Voltaire hizo un buen uso del terremoto que asoló Lisboa en su tiempo para argumentar que, obviamente Dios no es providente, ya que muchas personas inocentes murieron. Nos surge a nosotros la misma duda ante el tsunami de hace unos años. ¿Cómo es que Dios no nos protege de la naturaleza que Él mismo ha creado incluso si se derrumbó porque nosotros hemos caído? Es incluso más complicado entender el silencio de Dios no ya en la aridez espiritual o en los desastres naturales, es su silencio en las tragedias causadas por el ser humano: el Holocausto y otras tragedias históricas donde Dios parecería que no nos protegiera, nos sentimos abandonados. Dios es silencioso. ¿Cómo hacemos para escuchar a un Dios silencioso? Éste es el problema clásico de la existencia del mal, pero expresado en una manera muy experiencial.

Todos estos temas estarán presentes de alguna forma en la Exhortación apostólica postsinodal. Quizás algunos de estos temas estarán presentes en sus conversaciones en estos días que van juntos a compartir. Los temas expuestos nos ayudan a comprender cómo la Palabra de Dios está presente en la vida y la misión de la Iglesia.

Después de tres semanas concluyen las reuniones, pero el trabajo del Sínodo continúa a través de la Comisión Permanente del Sínodo, la cual es elegida en el Sínodo. Está compuesta por diez obispos de todo el mundo más cinco más nombrados por el Papa. Son apoyados por el Secretariado Permanente y su Secretario Permanente, el Arzobispo Nikola Eterović. La Comisión del Sínodo recopila las propuestas y las ordena de manera que puedan ayudar para el Santo Padre elabore la Exhortación apostólica. A continuación la Comisión comienza a preparar el próximo Sínodo. Después de consultar, lo cual ha ocurrido ya, el Santo Padre seleccionará un tema; a continuación el Secretariado General del Sínodo debe comenzar a preparar el próximo Sínodo, el cual debe llevarse a cabo en dos años. Todo este trabajo y los informes entran en el diálogo eclesial el cual desarrolla la comunión en la Iglesia.

Deseo concluir con una reflexión hecha por el Papa Benedicto en la homilía que pronunció en la primera asamblea del Sínodo. Recuerden que el Sínodo dio comienzo cuando las mayores instituciones económicas e incluso algunas gubernamentales colapsaron. Los bancos no podían responder. En este país desapareció Bear Stearns; algunos de los principales bancos alemanes comenzaron a ver si ellos también iban a colapsar. Las estructuras económicas demostraron de repente lo que eran: fachadas efímeras. El Santo Padre habló de la sustancia permanente que es la Palabra de Dios. Contemplando el gran himno de alabanza a Dios a través de la Palabra que viene en forma de ley, el Papa citó el salmo 118, con el cual acabamos de leer y rezar. Esto dice "En el comienzo, Oh Señor, tu Palabra es constituida, es creada en los cielos. Se fortalece en la tierra y permanece". El Santo Padre explica que la Palabra de Dios es una realidad auténtica en la cual debemos basar la vida de cada uno. Nos recuerda lo que dijo Jesús: "El cielo y la tierra pasarán, pero mis palabras no pasarán jamás".

A continuación el Papa Benedicto dijo que, natural y humanamente hablando, una palabra es un pequeño fragmento de respiración. Tan pronto como se pronuncia desaparece. "Sin embargo, las palabras crean la historia" el Papa continúa: "Las palabras forman pensamientos, los pensamientos que crean el mundo. Es la palabra la que forma la realidad. Además, la Palabra de Dios es el fundamento de todo. Es la auténtica realidad y, para ser realistas, debemos confiar en ella. Debemos cambiar nuestra idea de que la materia, las cosas sólidas, cosas que podemos tocar, son más fuertes, más concretas, más reales". Sobre todo el Papa Benedicto insiste en las señales visibles del éxito, empleo, dinero, pasarán y desaparecerán como lo dijo. El dinero desaparece. Es nada. Y todas las cosas que aparentan ser las realidades auténticas con las que podemos contar, son únicamente realidades de segundo orden. Aquel que construye su vida basada en estas realidades, éxitos, cosas materiales, apariencias, construye sobre arena. Es únicamente la Palabra de Dios la que es el fundamento de nuestra vida aquí y en la vida que se continúa hasta los cielos y la eternidad; este es nuestro llamado.

"Debemos cambiar nuestro concepto de realismo", afirma el Papa. Es extremadamente dramático ya que todos venimos de diócesis preocupadas por su futuro financiero, y de parroquias donde las tasas de desempleo van en continuo ascenso. El Papa Benedicto desea asegurarnos: No se preocupen pensando de que están perdiendo el tiempo aquí, al final ésta es la única realidad que cuenta. No se preocupen porque han abandonado su trabajo pastoral con su gente, ya que aquí es donde está realmente el trabajo. Aquí tenemos lo que permanece para siempre.

Ustedes continúen este estudio y esta conversación aquí. La religión no es un hobby. La Palabra de Dios no es simplemente un tema de interés ocasional. Es el fundamento para todo y el vehículo seguro para la eternidad. El último mandamiento de Jesús se lo dio a sus discípulos al final del evangelio según san Mateo, capítulo 28: "Vayan y hagan discípulos, bauticen". Éstas fueron las últimas palabras a los que le habían escuchado: Vayan ahora y hablen. Dio tal mandamiento a los once, después de la traición de Judas; y deseo pensar que todos nosotros ahora somos el duodécimo apóstol. Los once estaban allí, pero ahora nos toca a nosotros continuar su misión apostólica, la de recibir el Sínodo de la Palabra de Dios en la Vida y Misión de la Iglesia y hacerlo actual para nosotros y para todos aquellos que amamos hoy.

2

Una alianza en el diálogo

católicos latinos leyendo la Biblia en los Estados Unidos

Renata Furst

~

Dos discípulos caminan juntos recordando, dialogando, discutiendo. Un extraño se acerca, se une a ellos y pregunta: "¿Qué están discutiendo al caminar juntos?" (Lc 24:17). Ellos encuentran a un extraño que reinterpreta a través de las Escrituras los eventos que discutían y debatían. Nadie lleva un rollo o libro de escrituras, nadie cita un documento escrito, pero todos los que participan en la conversación conocen "las Escrituras". Los discípulos reconocen al extraño "al partir el pan". La experiencia los transforma y pueden identificar su origen: "¿No sentíamos arder nuestro corazón cuando nos hablaba en el camino y nos explicaba las Escrituras?" Por medio de este proceso Jesús vincula la tradición con la vida diaria. ¿Cómo se suscita este vínculo más de dos mil años después entre los latinos en los Estados Unidos? ¿Qué implica para el uso de la Biblia entre latinos para la Iglesia católica en los Estados Unidos en general?

Investigaciones recientes demuestran que los católicos latinos son el "signo principal" de la estructura que la Iglesia católica tendrá en el futuro inmediato.[1] Entre julio del 2006 y del 2010, la Oficina del Censo de los Estados Unidos proyecta que el número de hispanos en los Estados Unidos aumentará de 39 a 43 millones, entre los cuales el 70 por ciento serán católicos.[2] El incremento de la población latina se debe a los altos niveles de inmigración y nacimientos entre hispanos. Esto constituye una masa crítica de lectores de la Biblia que tendrá un impacto importante sobre la manera en que se lee la Biblia en la Iglesia en general. También afectará a las prácticas religiosas y los servicios religiosos provistos a la población latina. Vamos a explorar dos inquietudes importantes a la luz de la problemática señalada por el Sínodo sobre "La Palabra de Dios en la vida y misión de la Iglesia".

Ellas son: (1) ¿Existe entre latinos una manera particular de interpretar la Biblia? (2) ¿Qué oportunidades tienen los latinos para estudiar la Biblia desde una perspectiva católica?

Católicos latinos y la interpretación de la Biblia

La historia sobre el encuentro entre Jesús y los discípulos en el camino a Emaús es una herencia universal que pertenece a todos los cristianos y a todas las culturas. Sin embargo, también representa fielmente la experiencia latina de interpretar las Escrituras "en comunidad". Teólogos latinos en los Estados Unidos han identificado las importantes dimensiones de *comunidad* y *acompañamiento* —la dimensional personal, relacional que caracteriza la reflexión teológica en la comunidad latina. Como explica C. Gilbert Romero, "el católico hispano tiene una relación especial con la Biblia [...él o ella] siente una atracción hacia la Palabra de Dios como la expresión de un diálogo continuo".[3] El diálogo es una actividad relacional-comunitaria que se expresa fuertemente en la cultura latina. Según Romero:

> En la cultura hispana del Suroeste, existe un fuerte sentido de valores familiares y comunitarios (basados en la familia, la etnia y la problemática histórica y religiosa) que le da a la persona hispana un vínculo más fuerte por medio de creencias y acciones al sistema de valores comunitario, que al sistema de valores dominante que viene de afuera de su cultura. Esto le da al hispano un sentido de pertenencia y un fuerte sentido de identidad.[4]

Esta dimensión relacional o comunitaria también caracteriza a la Palabra de Dios definida en *Los Lineamenta* del sínodo. Bajo el título de "Implicaciones pastorales" dice que:

> A la Palabra de Dios se le debe reconocer todas las cualidades de una verdadera comunicación interpersonal, como por ejemplo, una función informativa, en cuanto Dios comunica su verdad; una función expresiva, en cuanto Dios hace transparente su modo de pensar, de amar, de obrar; una función vocacional, en cuanto Dios interpela y llama a escuchar y a dar una respuesta de fe.[5]

La Biblia llama "alianza" a este intercambio interpersonal en el cual Dios y la persona humana conversan "en familia".[6] Esta actitud de colaboración caracteriza a la reflexión teológica latina.

En el camino a Emaús los discípulos se acompañan el uno al otro, pero es solamente al "caminar con Jesús" que miran hacia atrás en su tradición para reinterpretar las Escrituras. Al hacerlo, participan en la construcción de una tradición de interpretación que es válida para la Iglesia entera. *Los Lineamenta* describe esta actividad así:

> [...] es verdad que la Palabra de Jesús (que es Jesús) debe ser comprendida, come Él mismo decía, *según las Escrituras* (cf. Lucas 24:44–49), o sea en la historia del pueblo de Dios del Antiguo Testamento, que lo ha esperado como Mesías, y ahora en la historia de la comunidad cristiana, que lo anuncia con la predicación, lo medita con la Biblia, experimenta su amistad y su guía en la vida.[7]

La construcción de esta tradición en diálogo es para los discípulos en el camino a Emaús una experiencia transformadora —un movimiento que va de un corazón decaído a un corazón ardiente, de la falta de esperanza a la pasión.

¿Existe entre latinos en los Estados Unidos esta experiencia de caminar con Jesús para interpretar las Escrituras y crear una tradición? Si existe, ¿cuáles son sus características? Gary Riebe-Estrella describe al proceso de transmitir una tradición en la comunidad latina como una conversación. Es el *proceso* de transmisión, más que el *contenido* que constituye la perspectiva latina. "La dimensión latina de lo que se transmite no se encuentra en el *qué* de la revelación sobre la cual están reflexionando, sino en el contexto vivido en el cual comprende la misma".[8] Cuando el contenido de la revelación se encuentra en las Escrituras, los latinos contribuyen al proceso de crear una tradición de interpretación. Riebe-Estrella identifica tres dimensiones que componen la conversación que transmite la tradición entre latinos:

> (1) el contenido de lo que se transmite; (2) la experiencia de la persona cristiana cuya vida es formada por la revelación en Cristo y también por la comunidad de fe en la cual la revelación recibida sirve como punto de reflexión y es vivida; (3) la cultura que se puede describir como las convicciones, los valores y los prejuicios que forman el ámbito social de una persona y que por lo tanto indican los símbolos *for-*

mativos y las interpretaciones continuas que le dan forma a la manera
como la persona percibe el mundo.[9]

Cada una de las dimensiones de una conversación presenta un desafío
pastoral para los católicos latinos y su lectura de la Biblia. El *contenido* —la
primera dimensión que identifica Riebe-Estrella— enfoca el problema del
acceso al texto. ¿Tienen acceso los latinos al texto bíblico tanto en inglés
como en español? El acceso puede limitarse a la presencia o ausencia de Biblias en las comunidades latinas, a la posibilidad económica que tiene cada
persona para adquirir una copia para sí misma, pero también puede incluir
una limitación más sutil —el nivel de alfabetización tanto en español como
en inglés.[10] Más aún, la mayoría de los católicos latinos tiene contacto con el
texto bíblico en un contexto oral, como lo es la proclamación de la Palabra
en la liturgia. Esto tiene un impacto sobre la manera en que se perciben e
interpretan las Escrituras.

La *experiencia* es la segunda dimensión que crea una tradición de interpretación bíblica y ésta también enfoca el problema del acceso. ¿Existen
contextos u oportunidades para que católicos latinos se reúnan para compartir sus experiencias del texto bíblico? ¿Existen oportunidades para que
los latinos católicos estén en contacto con la manera en que la comunidad
interpreta las Escrituras —especialmente con la exégesis de las Escrituras
en que se fundamenta la catequesis de la Iglesia? Una vez más, la liturgia de
los domingos es el lugar principal del encuentro con la Palabra, pero más y
más latinos tienen un encuentro con la Biblia a través de los movimientos
de evangelización. El Rito para la iniciación cristiana de adultos (RICA), es
un foro por medio del cual católicos que hablan inglés tienen un encuentro
con la Biblia. Estos programas existen en español, pero aun así, es difícil
encontrar maestros que enseñen en esta lengua.[11]

Finalmente, Riebe-Estrella define a la *cultura* —la tercera dimensión de
la interpretación bíblica— como un estrategia para la sobrevivencia humana que influye en la manera en que una persona se percibe a sí misma y al
resto del mundo. Él nota que "la cultura tanto ensancha, como limita los
parámetros del sentido común de las percepciones de la persona, uniendo
a personas que comparten su significado y separándola de todo aquel cuyo
horizonte ha sido formado de otra manera".[12] El crear una tradición para
interpretar la Biblia consciente de su propia cultura es una obra de la fe, en
la cual la cultura no es un componente marginal o secundario. En la carta
por medio de la cual el Papa Juan Pablo II fundó la Pontificia Comisión
para la Cultura, éste dice lo siguiente: "La síntesis entre cultura y fe no es

sólo una exigencia de la cultura, sino también de la fe. Una fe que no se hace cultura, es una fe no plenamente acogida, no totalmente pensada, no fielmente vivida".[13]

Los católicos hispanos interpretan a la Biblia a través de la experiencia particular de su cultura —una realidad que se debe reconocer en programas para la formación bíblica. Según el Plan Nacional para el Ministerio Hispano de la conferencia episcopal de los Estado Unidos:

> Una de las fuentes de la espiritualidad hispana es "la semilla de la palabra" en las culturas pre-hispanas, que consideraban sus relaciones con los dioses y la naturaleza como una parte integral de la vida. En algunos casos, los misioneros adoptaron estas costumbres y actitudes; los enriquecieron e iluminaron para que encarnaran la Palabra Divina de la Santas Escrituras y la fe cristiana para que tomaran vida en el arte y el drama religioso.[14]

La cultura es un elemento importante que compone la interpretación, la tradición y la fe, pero uno de los desafíos pastorales más grandes de una población de inmigrantes, tal como la de los latinos en los Estados Unidos, es de preservar una memoria viviente de su cultura original y al mismo tiempo recibir algunos aspectos de la cultura dominante.[15] Jeanette Rodríguez explica: "La memoria cultural transmite una experiencia arraigada en la historia que ha alcanzado el estatus de un fenómeno cultural transformativo. El mito o historia de Guadalupe es una memoria cultural porque reúne las grandes esperanzas y aspiraciones de una sociedad entera".[16] El acceso a un sistema de educación que conoce y afirma tanto la memoria cultural hispana como la norteamericana es un elemento clave en este proceso.

La experiencia latina de la inmigración tiene un impacto sobre su cultura. En efecto, la inmigración impulsa un movimiento hacia la construcción de una nueva identidad bilingüe y bicultural. Se forma una nueva memoria cultural. Según Rodríguez:

> La memoria cultural no tiene que originar en una calamidad, pero muchas veces sí se suscita en eventos que resultan en una transformación visible del mundo que le da sentido a la persona. La memoria cultural realiza la necesidad de trascender ciertos eventos o circunstancias [...] para mantener una identidad comunitaria [...] La memoria cultural es evocada por medio de las imágenes, los símbolos, la realidad afectiva o eventos precisamente porque mantiene una memoria viviente

del pasado, transformando eventos y dándole un nuevo significado al presente.[17]

En algunos casos, puede tomar varias generaciones para que emerja una persona o una comunidad bilingüe y bicultural. Pero este proceso también trae sus propios desafíos. La lectura de la Escrituras a través del lente de una memoria cultural en constante transición desafía a las tradiciones establecidas. Jean-Pierre Ruiz explica:

> Balanceándose sobre el límite permeable entre el medio y el mensaje, la lectura puede ser una actividad arriesgada, porque no solamente transmite intacta la *tradita* recibida, trayendo el contenido del pasado sin cambio hacia el presente. La lectura —una interpretación tanto pública como privada— participa activamente en el proceso de darle forma a la tradición, *re*-presentándola en la lengua vernácula del presente del lector y su audiencia […] Esto es ciertamente el caso en que textos que se leen están revestidos de una autoridad especial y normativa como la de las Escrituras.[18]

El proceso de reconstruir una cultura y una identidad puede ser realizado positivamente por medio de la enseñanza bíblica. La Biblia delimita la historia de lenguas y culturas y la transformación religiosa del Antiguo oriente. Para muchos latinos, el estudiar las Escrituras en sí puede desarrollar algunas de las capacidades que necesitan para sobrevivir en el nuevo sistema de educación con el que se encuentra el inmigrante. En muchas denominaciones protestantes, los "institutos bíblicos" proporcionan un ambiente de aprendizaje sin créditos para que los adultos puedan desarrollar sus capacidades para leer, escribir y estudiar que luego pueden ser transferidas a otros programas educativos.[19] Estos programas bíblicos proveen estudiantes para muchas de las universidades protestantes en los Estados Unidos.

¿Existe entre los hispanos/latinos católicos la experiencia de la creación y renovación de su propia tradición para leer las Escrituras? El documento de trabajo del Sínodo propone:

> la valorización plena de la Biblia en los proyectos pastorales, pero al mismo tiempo un programa de pastoral bíblica en cada diócesis, bajo la guía del obispo […] A este propósito es útil un *servicio específico de apostolado bíblico a nivel diocesano, metropolitano o nacional*, que

difunda la práctica bíblica con oportunos instrumentos de ayuda, que suscite el movimiento bíblico entre los laicos, que se preocupe por la formación de animadores de los grupos de Evangelio, con particular atención a los jóvenes, proponiendo itinerarios de fe con la Palabra de Dios, también para los inmigrantes y para todos aquellos que están en búsqueda.[20]

Programas para la formación de la fe que tocaran esta necesidad entre católicos hispanos eran raros o no existían en la mayoría de las diócesis hace quince años —una situación reconocida por la Conferencia episcopal de los Estados Unidos en 1995 en su Plan Pastoral Nacional para el Ministerio entre Hispanos.[21] Tristemente, esto también es cierto de programas para entrenar líderes —catequistas y líderes de la pastoral entre hispanos. ¿Cuál es la situación hoy en día? Según Allan Figueroa Deck:

A pesar del crecimiento continuo de la presencia hispana en los últimos cincuenta años, no se ha desarrollado en ninguna parte lo que yo llamaría una infraestructura para el ministerio hispano. Esto me parece evidente especialmente a nivel regional y nacional. Lo que quiero decir es que instituciones desarrolladas por y para hispanos que enfoquen la educación, la formación y el desarrollo del liderazgo en el ministerio, y también el tener una visión para el futuro, no han sido adecuadas. Al decir esto, no quiero descontar los esfuerzos importantes que se han llevado a cabo a través de las décadas por los obispos de la conferencia episcopal, al apoyar los tres procesos de encuentro y el Encuentro 2000. Pero, la mayoría de los líderes hispanos y las comunidades en sí no han sido tocados por estos procesos.[22]

Como veremos más adelante, la visión y el desarrollo de una pastoral y entrenamiento bíblico para católicos latinos apenas se ha iniciado.

¿Qué oportunidades tienen los latinos para estudiar las Escrituras desde una perspectiva católica?

Como hemos visto, desde una perspectiva católica, el acceso tanto a la Escritura como a la tradición es importante. ¿Cómo tienen acceso los latinos católicos a las Escrituras y a la tradición en los Estados Unidos?[23] La mayoría de la investigación sobre los católicos hispanos enfoca la preparación para el ministerio en un sentido genérico, o sobre la preparación para la recepción de los sacramentos. Es difícil encontrar encuestas que enfoquen el uso de la Biblia entre hispanos. Por esta razón llevamos a cabo una breve encuesta telefónica para descubrir qué tipos de entrenamiento bíblico existen para hispanos. (Una muestra del cuestionario puede leerse en el apéndice). La información obtenida por esta encuesta no es extensa, pero sí nos permite una visión general de los diferentes programas ofrecidos para católicos latinos.

Las diócesis en los Estados Unidos han desarrollado tres tipos principales de programas bíblicos: programas de educación bíblica, estudios bíblicos y lecturas informales de la Biblia. Esta tipología se basa en el criterio del acceso, no solamente al texto bíblico, sino también a la enseñanza profesional desde un punto de vista católico. Los programas descritos son principalmente aquellos que han sido desarrollados para suplir las necesidades de católicos hispanos *adultos*.[24]

Programas bandera de educación bíblica

Estos programas diseñados para adultos proveen una introducción general a las Escrituras que puede tomar entre dos e ocho semestres. Los estudiantes estudian profundamente todos los textos de la Biblia, y también reciben una introducción general a la enseñanza católica sobre la interpretación de las Escrituras a través de *Dei Verbum* o el documento de 1993 de la Comisión bíblica pontificia, "La interpretación de la Biblia en la Iglesia". La mayoría de estos programas son patrocinados por la oficina de catequesis de una diócesis en particular. La excepción es el caso del programa de University of Dallas School of Ministry que proporciona entrenamiento bíblico para las diócesis de Dallas y Fort Worth, Texas.[25] Dos ejemplos de programas bíblicos patrocinados por una diócesis son los de Los Ángeles y Chicago. Ambos funcionan tanto en inglés como en español. Cuando estos programas bíblicos se dan las diócesis a menudo utilizan los biblistas que se encuentran en las universidades en el área. Sin embargo, los programas en español sufren por la escasez de profesores con la preparación adecuada para enseñar la Biblia.

Algunos programas resuelven este problema al traer profesores itinerantes de España o Latinoamérica.[26] Otros han hecho el esfuerzo de buscar y contratar profesores con una maestría o licenciatura en teología (no específicamente en Biblia) para suplir esta necesidad. El material para estos programas en su mayoría ha sido desarrollado en inglés y luego traducido al español; o usan libros y otros recursos importados de España o América Latina, lo cual aumenta el costo.

Estudios bíblicos

Los estudios bíblicos generalmente son creados para comunidades que tienen acceso limitado a profesores entrenados en Biblia. El material que se usa guía la interpretación del usuario sin tener que ser un experto en el campo de la Biblia. Aunque algunos estudios bíblicos enseñan el trasfondo histórico, generalmente el enfoque principal es de ayudar al lector a hacer la conexión entre el contenido bíblico y su experiencia personal. El Mexican American Catholic College en San Antonio, Texas, recibió el apoyo de líderes hispanos a nivel nacional para desarrollar, publicar y distribuir este tipo de programa. Una porción de este estudio bíblico ha sido escrito y probado en el contexto de un curso.[27] La Arquidiócesis de Galveston-Houston ofrece un estudio bíblico de los Evangelios gratis en español. Éste es una traducción de un programa que fue desarrollado en inglés.[28] Finalmente, el *Estudio Bíblico de Little Rock* ha sido traducido y adaptado al español. Este programa es flexible, proporcionando tres niveles de estudio —principiante, intermedio y avanzado— que puede ser adaptado a diferentes contextos y situaciones.[29] Estos tres ejemplos son un bueno comienzo porque son fácilmente accesibles; un factor importante para hispanos.

Lectura bíblica "informal"

Llamamos lectura bíblica "informal" o extraoficial a toda lectura secundaria de la Biblia, o sea cuando se lee el texto bíblico para algún ministerio, para la reflexión social, la oración o para fortalecer la comunidad, y no como meta principal. La mayoría de los latinos tienen su primer encuentro con la lectura individual de la Biblia por medio de estas experiencias en movimientos de renovación como los Cursillos de cristiandad, Retiros ACTS, la Renovación carismática y las Comunidades eclesiales de base. Otra manera en que tienen encuentros con el texto bíblico es por medio de las prácticas de la religiosidad popular.[30]

Otros programas

En esta sección le damos un breve vistazo a los programas que no caben dentro de los criterios definidos anteriormente.

Instituto fe y vida: Instituto fe y vida es un ministerio nacional que enfoca las necesidades de los jóvenes adultos latinos. Su misión es ayudarle a los líderes diocesanos a responder a las necesidades de un sector que en este momento está creciendo rápidamente —jóvenes latinos entre 18 y 30 años de edad. Fe y vida capacita a líderes católicos en general, a nivel profesional e institucional para responder a las necesidades humanas, espirituales y socioculturales de los jóvenes y jóvenes adultos hispanos. Su visión es la de capacitar a los "Líderes hispanos para que sirvan a sus compañeros y les ayuden a madurar como seres humanos, crecer en su fe cristiana, mejorar su educación, fomentar el desarrollo de las futuras generaciones, llevar a cabo su misión de evangelización, ejercer el liderazgo en la Iglesia y en la sociedad para construir una sociedad inspirada por los valores del evangelio".[31]

El Instituto fe y vida también provee la capacitación básica para la lectura de la Biblia para jóvenes adultos entre 16 a 25 años. El programa se enseña en español, y su enfoque primordial es el de proporcionar un fundamento bíblico; enseñando los eventos y los temas mayores relacionados a la enseñanza católica que se encuentran en la Biblia. El programa también entrena a personas que pueden coordinar un grupo de reflexión bíblico. La gran ventaja que tiene este programa es que es móvil. El Instituto fe y vida proporciona entrenamiento bíblico para jóvenes adultos en varias diócesis en Norteamérica y también en América Latina. En este momento están desarrollando un programa en línea para extender su alcance aún más. El desafío más importante que están en este momento enfrentando es la adaptación de los programas a la segunda y tercera generación de jóvenes adultos hispanos.[32]

El Programa bíblico-catequético: El Programa bíblico-catequético patrocinado por las Misioneras Catequistas de la Divina Providencia combina la capacitación bíblica con la catequesis. Este programa fue desarrollado para suplir las necesidades de líderes pastorales hispanos y otras personas que desearan profundizar su formación en la fe.

La interpretación de las Escrituras y la catequesis están íntimamente ligadas. Las Escrituras en sí contienen muchas de las fórmulas catequéticas que expresan las verdades fundamentales de la fe cristiana. Por lo tanto, aprender a leer las Escrituras es el primer y más fundamental paso de la catequesis. La Pontificia comisión bíblica explica:

> La explicación de la palabra de Dios en la catequesis […] tiene como primera fuente la Sagrada Escritura, que explicada en el contexto de la

Tradición, proporciona el punto de partida, el fundamento y la norma de la enseñanza catequística. La catequesis debería introducir a una justa comprensión de la Biblia y a su lectura fructuosa, que permite descubrir la verdad divina que contiene, y que suscita una respuesta, la más generosa posible, al mensaje que Dios dirige por su palabra a la humanidad.[33]

Además de la capacidad para reflexionar bíblica y teológicamente, la catequesis también se fundamenta en la espiritualidad del individuo y de la comunidad.

Las capacidades tradicionalmente asociadas a la exégesis —la consideración del trasfondo bíblico; la capacidad para evaluar la formación, el género y la estructura narrativa del texto— son el punto de partida para el programa porque cada estudiante debe estar consciente que "la palabra bíblica viene desde un pasado real, pero no solamente desde el pasado, sino al mismo tiempo desde la eternidad de Dios".[34] En el proceso de la actualización, o sea la lectura para el momento presente, el lector permite que el mensaje de la Palabra haga eco en su experiencia de comunidad. Cuando se unen la exégesis y la experiencia personal-comunitaria, ambas partes transmiten "los actos de salvación de Dios", remontando al pasado, pero también tomando en cuenta la cultura en la cual se interpreta el texto. Para los hispanos católicos, esto implica reconocer la importancia que tiene la religiosidad popular y "la fusión de la teología de la estética, la espiritualidad y la catequesis".[35] Este proceso aborda "la memoria cultural" durante la lectura del texto bíblico que describimos en la sección anterior.

Para concluir, el propósito de este programa es el de encontrar una manera para que las historias, imágenes y el significado que se encuentran en la Escritura hagan eco en la experiencia de la fe y en la formación del pueblo hispano. El Programa bíblico-catequético es un primer paso hacia una pedagogía que integra la Escritura, la tradición y la cultura hispana, pero necesita aún más reflexión, refinamiento y trabajo.

Conclusión

El éxito de cualquier programa de enseñanza bíblico puede medirse por el grado en que la ayuda a la persona a conectarse con Dios y profundizar la comprensión de su fe. Es el proceso descrito por Juan Pablo II: "La síntesis entre cultura y fe no es sólo una exigencia de la cultura, sino también de la fe. Una fe que no se hace cultura, es una fe non plenamente acogida, no totalmente pensada, no fielmente vivida".[36] El lugar en el cual este tipo de reflexión "toca el suelo", convirtiéndose en una realidad, es en la pedagogía o método de enseñanza de un programa. El *Instrumentum laboris* del Sínodo alude una vez más a la importancia de la cultura y la pedagogía:

> Por su peculiar importancia cultural ha de ser valorizada la enseñanza de la Biblia en la escuela y especialmente en la enseñanza de la religión, para proponer un camino completo de búsqueda de los grandes textos bíblicos y de los métodos de interpretación adoptados en la Iglesia [. . .] Dados los fuertes cambios culturales y sociales que se han verificado, es necesaria una catequesis que ayude a explicar las "páginas difíciles" de la Biblia. Estas dificultades se detectan en el orden de la historia, de la ciencia y de la vida moral, en particular, con respecto a ciertos modos de representación de Dios y de comportamiento ético del hombre, especialmente en el Antiguo Testamento. La búsqueda de una solución exige una reflexión orgánica de carácter exegético-teológico, pero también antropológico y pedagógico.[37]

El desafío es enorme, interdisciplinario y emocionante. Como los discípulos que regresan a Jerusalén emocionados y desafiados por su encuentro con el Señor resucitado, la lectura de la Biblia a través de la memoria cultural del católico hispano es una importante contribución a la Iglesia en Norteamérica.

～

Notes

1.   Allan Figueroa Deck, "Hispanic Ministry: New Realities and Choices" (lectura, Symposium sobre los Hispanos/Latinos Católicos en los Estado Unidos, Center for Applied Research in the Apostolate, Georgetown University, 5–6 Octubre 2008), 2.

2.   Para ver un resumen de las dificultades que existen para determinar quien es hispano en los Estados Unidos, vea Paul Perl, Jennifer Z. Greely y Mark M. Gray, "How Many Hispanics Are Catholic? A Review of Survey Data and

Methodology" (Center for Applied Research in the Apostolate, Georgetown University, 2004).

3. C. Gilbert Romero, "Tradition and Symbol as Biblical Keys for a United States Hispanic Theology", en *Frontiers of Hispanic Theology in the United States*, ed. Allan Figueroa Deck (Maryknoll, NY: Orbis Books, 1992), 44. Traducciones del inglés por Renata Furst.

4. C. Gilbert Romero, *Hispanic Devotional Piety: Tracing the Biblical Roots, Faith and Cultures* (Maryknoll, NY: Orbis Books, 1991), 24.

5. *Lineamenta*, "La Palabra de Dios en la vida y en la misión de la Iglesia", § 9 (Vaticano: Secretaría General del Sínodo de los Obispos, 2007), http://www.vatican.va/roman_curia/synod/documents/rc_synod_doc_20070427_lineamenta-xii-assembly_sp.html.

6. Prefacio, Sínodo de los Obispos, XII Asamblea General Ordinaria, "La Palabra de Dios en la vida y misión de la Iglesia: *Instrumentum Laboris*", Ciudad del Vaticano, 2008.

7. *Lineamenta*, § 9.

8. Gary Riebe-Estrella, "Tradition as Conversation", en *Futuring Our Past: Explorations in the Theology of Tradition*, ed. Orlando Espín and Gary Macy (Maryknoll, NY: Orbis Books, 2006), 142.

9. *Ibid.*, 147–48.

10. No pude encontrar estadísticas sobre el acceso y uso del texto bíblico en formato electrónico por personas hispanas.

11. Un recurso para la catequesis sobre el RICA es publicado por el Mexican American Catholic College y también Liturgy Training Publications.

12. Riebe-Estrella, "Tradition as Conversation", 148.

13. Juan Pablo II, Comisión pontificia de la cultura, "Carta autógrafa de fundación" (1982), 7. Disponible en http://www.vatican.va/holy_father/john_paul_ii/letters/documents/hf_jp-ii_let_20051982_foundation-letter_sp.html. La version "archival" de esta carta es la carta al Cardenal Agostino Casaroli, Secretario de estado, 20 mayo 1982; Insegnamenti, vol. V/2, 1982, 1777ss.

14. National Conference of Catholic Bishops (NCCB), "National Pastoral Plan for Hispanic Ministry", en *Hispanic Ministry: Three Major Documents* (Washington, DC: United States Catholic Conference, 1995), 88.

15. Este proceso no es completamente extraño a la cultura latina en los Estados Unidos. Gary Macy dice que la teología que surge entre los latinos es "inherentemente intercultural", por sus raíces iberos. "La teología ibero-cristiana emerge de un diálogo continuo entre personas de otra fe [...] La teología hispana en los Estados Unidos tiene por lo tanto un patrimonio, una historia

y casi un instinto intercultural". Gary Macy, "The Iberian Heritage of U.S. Latino/a Theology", en *Futuring Our Past*, 55.

16.   Jeanette Rodriguez, *Stories We Live / Cuentos que Vivimos: Hispanic Women's Spirituality* (New York: Paulist Press, 1996), 11.

17.   *Ibid.*, 11–12.

18.   Jean-Pierre Ruiz, "Reading between the Lines: Toward a Latino/a (Re) configuration of Scripture and Tradition", en *Futuring Our Past*, 102.

19.   Por este medio quisiera reconocer la contribución de la Dra. Nora Lozano de Baptist University of the Américas y el Dr. Efraín Agosto, de Hartford Seminary en Hartford, Connecticut, por esta información.

20.   *Lineamenta*, § 26.

21.   NCCB, "National Pastoral Plan for Hispanic Ministry", 85–88.

22.   Deck, "Hispanic Ministry", 5. "¿Cómo ha afectado el ministerio hispano la crisis económica? Mientras yo conduje una encuesta telefónica informal, oí continuamente como algunas diócesis habían cerrado sus oficinas de ministerio hispano.

23.   Los datos citados en esta sección fueron adquiridos por medio de una encuesta telefónica informal. No parece que existan encuestas científicas sobre los latinos católicos y su uso de la Biblia.

24.   El documento del Sínodo habla de la liturgia como el lugar principal en el cual los católicos tienen un encuentro con el texto bíblico. Esto es cierto, pero lo excluimos de estas categorías porque es una experiencia principalmente oral, y no un estudio bíblico.

25.   Por este medio quisiera agradecer a Pia Septien y a Juan Rendon de la University of Dallas School of Ministry por el tiempo que tomaron en responder a la encuesta.

26.   Por este medio quisiera agradecerle a Maruja Sedano de la Arquidiócesis de Chicago por compartir su experiencia (en 2006) sobre organizar programas de formación bíblica para hispanos.

27.   Quisiera darle las gracias al Dr. Arturo Chávez de Mexican American Catholic College por el tiempo que tomó para responder a la encuesta sobre el entrenamiento bíblico, especialmente en el impacto que tiene sobre la formación para el ministerio hacia los hispanos.

28.   El programa está disponible en http://www.archgh.org/wog/spanish/scripturestudies.htm.

29.   El programa de Little Rock está disponible en español en http://www.littlerockscripture.org/sp/Studies.aspx?ID=122.

30.   Para un análisis crítico de las diferentes interpretaciones de la Biblia desde un

punto de vista hispano vea Francisco Lozada, "Reinventing the Biblical Tradition: An Exploration of Social Location Hermeneutics", en *Futuring Our Past*, 113–140.

31. Adaptado de Instituto fe y vida, "Mission and Vision", http://www.feyvida .org/mission.html.

32. Quisiera agradecer el tiempo que Carmen Maria Cervantes, la directora ejecutiva del Instituto fe y vida tomó para responder a la encuesta telefónica.

33. Pontificia comisión bíblica, Introducción a "La Interpretación de la Biblia en la Iglesia", http://www.foroexegesis.com.ar/Textos_Magisteriales /interpretacion_de_la_biblia_en_la_iglesia.htm#PREFACIO AL DOCUMENTO DE LA COMISIÓN BÍBLICA, el 10 de diciembre de 2009, § 3.

34. Joseph Ratzinger, Prefacio a "La Interpretación de la Biblia en la Iglesia", Pontificia comisión bíblica.

35. Anita de Luna, *Faith Formation and Popular Religion: Lessons from Tejano Experience* (Lanham, MD: Rowman & Littlefield, 2002), 171.

36. Juan Pablo II, Carta autógrafa de fundación, § 7.

37. "*Instrumentum laboris*", http://www.paulinas.cl/instrumentum%20%20laboris %20sinodo%20de%20la%20palabra.doc, § 44.

3

"Al partir el pan"

la Biblia y la liturgia

Raúl Gómez-Ruiz, S.D.S.

∼

Introducción

La Palabra vive cuando se encuentra en las circunstancias ordinarias de la vida de los fieles, sea al partir el pan en la Eucaristía o en una comida común. Al analizar el Evangelio según San Lucas, en el cual se halla el relato del camino a Emaús, Eugene LaVerdiere dice que "toda comida cristiana revela aspectos del reino de Dios, donde se acoge a huéspedes, se comparte uno con otro, los pactos rotos se renuevan, y todos son reconciliados".[1] Cuando yo tenía siete años más o menos recuerdo que la misa todavía se celebraba en el latín pero a causa de los cambios aprobados por el Vaticano II el Evangelio se leía en latín y luego en el vernáculo. El pasaje era del paralítico que había sido bajado del techo para poder acercarlo a Jesús rodeado por la muchedumbre. La imagen del gran esfuerzo hecho por estas personas para bajar a este tipo en su lecho me fascinó tremendamente. Para mí como niño permaneció al nivel de lo maravilloso pero como adulto, al sentir una gran necesidad de ser curado por Cristo y de la reconciliación en mi vida, y al sentir esto acontecer a través de otros, empecé a comprender este pasaje a base de mi bienestar espiritual personal. Yo había sido el paralítico y por los esfuerzos de otros había sido bajado a los del círculo de Jesús.

La reforma litúrgica de Vaticano II ha ayudado que los católicos hispanos sean más conscientes de la importancia de la Biblia no sólo para el culto sino para sus prácticas religiosas también. Igual, ya que la liturgia previa a Vaticano II se celebraba en el latín, pueda que los fieles en general tenían menos acceso directo a la Sagrada Escritura y menos consciencia de cómo se incorporaba a las celebraciones litúrgicas de varias maneras. La Duodécima Asamblea General Ordinaria del Sínodo de los Obispos, celebrado el octubre de 2008, se enfocó en el tema de la Palabra de Dios en la vida y misión de la Iglesia y ha animado que todos los católicos consideren de nuevo el papel de la Biblia en el culto católico.

En este estudio examino el uso de la Palabra de Dios por los hispanos en la liturgia. O mejor, examino cómo el uso litúrgico de la Biblia da un modelo para que la interpreten y la apliquen a la vida cotidiana particularmente a través de prácticas religiosas populares. Para demostrarlo hago hincapié en cómo la Palabra se interpreta y se aplica a la liturgia, o sea cómo funciona la Sagrada Escritura y es interpretada por medio de una "hermenéutica litúrgica" al usar la herramienta de la tipología. Esto tiene que ver con lo que Thomas O'Loughlin llama la "teología en vigor" de la liturgia.[2] Para identificar esta teología examino y empleo los conceptos de "memoria cultural", "energía mnemónica" y "figuras de memoria", tal y como tienen que ver con los fundamentos litúrgicos y bíblicos de las prácticas de religiosidad popular hispanas también. Evito ensayar lo que ya sabemos de la Liturgia de la Palabra; mejor doy solamente una visión general y concisa. Prefiero mejor mostrar cómo los hispanos han tomado las Sagradas Escrituras proclamadas en los actos litúrgicos y las han aplicado a la vida cotidiana por medio de las prácticas de religiosidad popular imitando lo que acontece en la Eucaristía principalmente. Por tanto, estas prácticas llevan lo que Jan Assmann llama "memoria cultural".[3] Concluyo con unas recomendaciones a cerca de cómo puede tener mayor fuerza la Palabra para la espiritualidad litúrgica y devocional hispana según el modelo dado por la liturgia al utilizar símbolo y rito.

La Biblia en la liturgia

La reforma litúrgica ha resultado en la lectura más explícita de la Sagrada Escritura en la Liturgia de la Palabra. Por lo tanto *Sacrosanctum Concilium* (SC) exige que "a fin de que la mesa de la palabra de Dios se prepare con más abundancia para los fieles ábranse con mayor amplitud los tesoros de la Biblia [...]" (SC, párrafo 51).[4] Específicamente, "en las celebraciones sagradas debe haber lectura de la Sagrada Escritura más abundante, más variada y más apropiada" (SC, párrafo 35.1). Por consiguiente, apareció un nuevo leccionario para la misa en 1969, una segunda edición apareció en 1981, y en 1992, los obispos estadounidenses aprobaron aún otra revisión. Todavía más reciente, en 1998 la Conferencia de Obispos Católicos de los EE.UU. (USCCB) aprobó el leccionario en inglés de dos tomos que incorpora la traducción revisada de la Nueva Biblia Americana.[5] Asimismo, para la liturgia en español, la antigua Comisión Episcopal para la Liturgia (BCL) consideró una recomendación hecha por lo que era la Subcomisión para la Liturgia Hispana que el leccionario de México se utilizara para las lecturas en los EE.UU. como resultado de un sondeo hecho de los obispos de habla española y de líderes en el apostolado hispano. La Sagrada Escritura en ese respecto se tradujo expresamente para la liturgia en español. La subcomisión, que yo integraba como miembro en aquel entonces, iba a seguir adaptándolo para una edición estadounidense. Entretanto, el leccionario mexicano se aprobó por la USCCB en el 2000.[6] Ahora la USCCB está por aprobar este año el nuevo leccionario en español de cuatro tomos, lo que resulta ser una adaptación del leccionario mexicano más los salmos del leccionario de España.[7]

La Liturgia de la Palabra es el lugar más obvio en que se encuentra la Palabra dentro la Eucaristía. La Instrucción General sobre el Misal Romano (IGMR, 2002) no. 55 explica que:

> [En] las lecturas, que la homilía explica, Dios habla a su pueblo, le desvela los misterios de la redención y de la salvación, y le ofrece alimento espiritual; en fin, Cristo mismo, por su palabra, se hace presente en medio de los fieles. El pueblo hace suya esta palabra divina por el silencio y por los cantos; se adhiere a ella por la profesión de fe; y nutrido por ella, expresa sus súplicas con la oración universal por las necesidades de toda la Iglesia y por la salvación de todo el mundo.[8]

El IGMR declara a continuación que "por las lecturas se prepara para los fieles la mesa de la Palabra de Dios y abren para ellos los tesoros de la Biblia" (no. 57, n. 61 cita SC 51).

Algunos atribuirán una mayor hambre por la Biblia de parte de los católicos y en particular de los hispanos, tanto a este nuevo énfasis como a la predicación más obvia sobre la Palabra en las homilías que ha tomado lugar desde entonces. De hecho, hace más o menos 25 años que fui nombrado a una parroquia para un año pastoral durante la formación sacerdotal, cuando se me acercó un grupo de feligresas hispanas pidiendo que les instituyera un estudio de Biblia. Deseaban saber más sobre la Biblia por varias razones, una de las cuales era que se habían dado cuenta que se leía más ahora en la Eucaristía y segundo que los evangélicos les desafiaban declarando que los católicos ni usan ni conocen la Biblia.

La liturgia no obstante en todas sus formas, la Eucaristía, la celebración de los sacramentos, y las Horas, siempre ha sido imbuida de la Sagrada Escritura. Durante la época de los esfuerzos que lograron la reforma de la liturgia los estudiosos habían identificado un vinculo entre el uso de la Sagrada Escritura en el culto por los cristianos de occidente como de poniente y las pautas establecidas por el culto matutino de la sinagoga. Particularmente un patrón tripartito se discierne en los distintos ritos, constado de la lectura de la Sagrada Escritura, seguida por un himno, normalmente un salmo, y terminando con una súplica ofrecida en nombre de la asamblea y dirigida a Dios.[9] La distribución y selección de las lecturas en los ritos diversos variaban antes de la reforma y sigue igual pero en todos los ritos la proclamación del evangelio es el culmen de la Liturgia de la Palabra.

La misa dominical del rito romano cambió el sistema de un conjunto de lecturas repetidas año tras año que constaba de una lectura o del nuevo testamento (usualmente de San Pablo) o del antiguo testamento (especialmente durante la cuaresma) y un pasaje del Evangelio según la temporada litúrgica, a un sistema de un ciclo de tres años de lecturas que constan de dos lecturas de la Sagrada Escritura antes del Evangelio incluso el uso más extenso de los salmos. Esto permite que los participantes escuchen y ojalá reflexionen más sobre la Palabra de Dios. Sin embargo, tal como indica Nathan Mitchell, "la liturgia trata a la Biblia con mucha liberalidad tal como 'algo suyo'",[10] hasta que "en efecto, [la liturgia] vuelve a redactar la Sagrada Escritura, sugiriendo significados e interpretaciones que puedan estar fuera del ámbito del escritor del texto y de la audiencia destinataria".[11]

Por consiguiente el leccionario se convierte en otra "Biblia", una biblia litúrgica que escoge selectivamente cuáles textos serán utilizados/leídos/considerados con el fin de comunicar lo que la Iglesia cree tocante lo que es esencial en la revelación de la obra salvadora de Dios en la creación y para fomentar su aplicación a la vida cotidiana de los fieles. Nota Pierre Jounel que el uso de la Sagrada Escritura por la Iglesia, tanto por medio de la *lectio continua* como de perícopes para ciertas ocasiones, revela una teología particular de la Sagrada Escritura que dice que toda la Sagrada Escritura es idónea para la instrucción nuestra y que tiene significados que funcionan a varios niveles de revelación. La Iglesia favorece en particular una orientación tipológica en la consideración del pasaje bíblico que se vaya a leer.[12] Esta orientación es más evidente en la navidad y pascuas, cuaresma y adviento, donde los personajes bíblicos se presentan como arquetipos de Cristo y de nosotros como respuesta a la revelación de Dios.

La Biblia constituye la totalidad de las lecturas de la Eucaristía y de la mayoría de las lecturas de los otros actos litúrgicos. Asimismo el uso de la Sagrada Escritura no ha sido y no es limitado a la Liturgia de la Palabra. Tal como notó Jounel en 1958 en vísperas de la reforma litúrgica, la liturgia es completamente preñada de la Biblia.[13] Es más, sirve como el germen de los textos para los himnos y las canciones que son tipo de respuesta a la Palabra de Dios y se intercalan por toda la celebración. Los salmos particularmente, bíblicos en sí mismos, han sido el origen favorecido de los himnos cantados en el culto católico aunque otras partes de la Sagrada Escritura también han contribuido temas y textos. Asimismo, las colectas, las oraciones sobre las ofrendas, las plegarias eucarísticas, todas incorporan temas bíblicos y se inspiran en ellos. Estas oraciones, creaciones independientes del genio religioso de ciertos pueblos o de ciertas épocas y con frecuencia inspiradas en fuentes extra-bíblicas, son sin embargo buenos ejemplos de cómo se aplica la tipología bíblica para que sean meditaciones en algún acontecimiento bíblico o su cumplimento en Cristo o en la reunión de la asamblea. Igual, esto se tome por dado hasta que el pueblo ni piensa en éstas como escriturales.

Ha escrito Louis-Marie Chauvet[14] sobre los aspectos lingüísticos y comunicativos de la Liturgia de la Palabra y sobre cómo se inspiran varios elementos de la liturgia por la Sagrada Escritura. Él está de acuerdo que es en su raíz bíblica la liturgia.[15] Como muestra, los saludos del presbítero al inicio de la misa se basan en las cartas de San Pablo; por ejemplo, "La gracia de nuestro Señor Jesucristo […]" viene de 2 Corintios 13:13. No obstante, la mayoría de las referencias bíblicas suelen ser simples alusiones. Según Chauvet, la liturgia interpreta la Biblia, no por medio de la metodología exegética sino por medio de la metodología tipológica. Para él, el uso litúrgico de la Biblia es una forma especial de interpretarla (o sea hermenéutica) diciendo:

> […] siempre es objeto de un nuevo tratamiento por el simple hecho de haber sido separado del Libro y de su propio contexto histórico y literario y de haber sido trasladado al interior de la acción litúrgica […] Esto plantea la cuestión del estatuto de la 'Biblia litúrgica' en su relación con el Canon Bíblico. Cuestión importante, puesto que —'lex orandi, lex credendi'— la expresión misma de la fe de la Iglesia, por una parte, depende de la 'Biblia litúrgica'[…][16]

No trata por completo Chauvet de hecho el asunto de cómo la Sagrada Escritura que aparece en el leccionario surte en efecto la *lex orandi, lex credendi*, pero tal como Mitchell ha notado el leccionario, o sea la "Biblia litúrgica", redacta de nuevo la Sagrada Escritura con el fin de comunicar significados e interpretaciones que van más allá de la audiencia destinada por los autores.[17] Mitchell nombra "intertextualidad" la combinación de lecturas en el leccionario y su yuxtaposición en la liturgia, diciendo que esto es bíblico en sí: "Para resumir, la intertextualidad (en el sentido de la yuxtaposición de diversos textos de varias fuentes y períodos para que 'comenten' uno sobre el otro) es un principio seguido no sólo por los leccionarios litúrgicos sino por los autores bíblicos mismos".[18] A mi juicio, la Biblia litúrgica surte en efecto el énfasis de lo que la Iglesia cree en cuanto a la economía de salvación a través del tiempo y cómo las acciones salvadoras de Dios siguen en vigor en este lugar y en esta época. Por lo tanto, si rezamos lo que creemos tal como implica el aforismo *lex orandi, lex credendi*, el uso de tipología como manera de interpretar la Biblia litúrgicamente tiene el fin de situar al que escucha la Palabra en medio de lo que se lea. Debería adueñarse de la Palabra. Esto se llama "hermenéutica litúrgica".

La liturgia de hecho es entretejida por alusiones bíblicas lo que le da la potencia de despertar imágenes y valores bíblicos y de inspirar respuestas por los participantes en ella. De esta manera se convierte en portadora de la "imaginación católica". Este concepto, popularizado por Andrew Greeley,[19] tiene que ver con la visión del mundo católica en la cual Dios está radicalmente presente en toda la creación y en el ser humano. Por consiguiente, tanto objetos y otras cosas materiales como seres humanos pueden canalizar y ser fuentes de la gracia de Dios. Éste es el significado de sacramentalidad o sea lo que se puede nombrar la "imaginación sacramental", es decir, la capacidad de ver y/o experimentar la mano de Dios trabajando en la vida de uno lo que le inspira "sacramentalizar" esta experiencia, para marcarla por medio de símbolo y rito con el fin de poder tenerle acceso de nuevo. El hacer esto también le pone uno alerta a ver/experimentar la mano de Dios en otras situaciones más.

La Sagrada Escritura en la vida de los hispanos

Creo que el hambre por y la integración extensa de la Sagrada Escritura en la liturgia por los hispanos remonta a una época antes de la reforma del rito romano por el Vaticano II. En el antiguo rito litúrgico de España, lo que hoy en día se llama el rito hispano-mozárabe aún sentada y celebrada en Toledo, de hecho se ve que se ponía tanto hincapié en la Sagrada Escritura que durante el tiempo ordinario, siempre había tres lecturas bíblicas y un salmo que conducían hacia la homilía en lo que ahora se llama la Liturgia de la Palabra. Durante la cuaresma el número de lecturas aumentaba a cuatro y se añadía un cántico del antiguo testamento al salmo. La estructura que se seguía durante el tiempo ordinario era una lectura de los profetas, seguida por una lectura del Apóstol (normalmente de San Pablo pero de cualquiera del Nuevo Testamento según la temporada litúrgica), y luego del Evangelio. Cree Jounel que esta estructura, también seguida en el desaparecido rito galicano y el rito aún celebrado milanés o ambrosiano, habrá sido seguida en Roma antes de la reforma de Gregorio Magno en el siglo VI tardío. Por lo tanto, a su juicio los ritos milanés y toledano se convirtieron en los custodios de la práctica universal de occidente respecto a esta estructura.[20] Después del Vaticano II la retoma el rito romano.

Tal como sucede con el rito romano, el rito hispano-mozárabe "redactó de nuevo" la Sagrada Escritura. Esto lo hizo por la *centonización* o sea la combinación y arreglo de los textos bíblicos para comunicar un mensaje respectivo la salvación.[21] Los temas que aparecen en un pasaje evangélico particular leído cierto día se incorporaban también a y se consideraban detalladamente en la *Illatio*, equivalente al prefacio del rito romano. Igual, esto habrá dado el modelo de seguir para que el pueblo tomara temas bíblicos para asimilarlos a cosas tal como bendiciones, ritos sacramentales y prácticas devocionales que manaban de la liturgia infundiéndolas de un fundamento bíblico. Cuando en España el rito hispano-mozárabe se suplantó con el rito romano, y recobró vida en las prácticas devocionales, pueda que estos vínculos bíblicos parecían tan difusos e indirectos en la conciencia del clero y del pueblo que apenas se discernía la base bíblica.

La importancia de la Biblia, sin embargo, para los hispanos en cuanto a la liturgia y las prácticas devocionales no ha desaparecido. Esto a causa de la "teología en vigor" que funciona en la liturgia. Explica O'Loughlin que ésta es la teología comunicada por "las acciones, los ademanes, los objetos, los edificios, el adorno, los muebles, el ambiente comunitario, y hasta los elementos no verbales del culto público".[22] Es más, él nota que "es común observar que 'la gente en las bancas no se preocupa por la teología'; sea esto verdad o no, es cierto que ellos —tal como sensibles seres utilizadores de símbolos— reciben 'apuntes' a través de la actividad ritual como en todas las demás interacciones humanas, y estos apuntes forman la imaginación y el entendimiento de lo que les rodee. Los ritos erigen nuestros mundos".[23] Por tanto, los hispanos en las bancas quizá no reconocerán ni podrán citar claramente la Sagrada Escritura que se escuchan en la Eucaristía y otros actos litúrgicos, pero la asimilan y reflexionan sobre ella de maneras diversas tanto en la Eucaristía como en las prácticas devocionales. Estas vislumbran la teología en vigor extractada de la integración de los mensajes bíblicos y litúrgicos trasmitidos y recibidos al participar en el culto.

Ha demostrado Gilbert Romero cuán importante es la Biblia para la piedad hispana popular en su novedoso libro *Hispanic Devotional Piety: Tracing the Biblical Roots*.[24] Romero declara que "es imprescindible reconocer el vínculo ya existente entre ambas cosas ya que el hispano siente una atracción fuerte a la Palabra de Dios como una expresión de diálogo permanente".[25] Conscientes posiblemente de la dificultad al entender la Sagrada Escritura en latín, los franciscanos, dominicos, agustinos y otros en el siglo XIII empezaron a traducir la Palabra de Dios en bellas pero sencillas prácticas devocionales, el "vernáculo del pueblo". Como resultado los *nacimientos* aludiendo a Mateo 1, las *posadas* (un novenario que reconstituye la búsqueda de los santos peregrinos José y María de posada) aludiendo a Lucas 1, y las *visitas a las siete casas* (o sea, visitas a siete iglesias) aludiendo a la Pasión en los Evangelios, entre muchas otras devociones se convirtieron en una manera de asimilar la Sagrada Escritura proclamada en la liturgia. Esto les dio vida. No obstante parece que al pueblo se le olvidó o no lo consideró importante buscar los vínculos bíblicos para estas prácticas. A pesar de todo aun así la Palabra se trasmitió.

Memoria cultural

Una manera de la cual las prácticas de religiosidad popular hispanas trasmiten la Palabra es a través de la "memoria cultural" que conllevan y que comunican por "figuras de memoria". La memoria cultural, un concepto desarrollado por Assmann, se encuentra en cultura objetivizada tal como ritos, textos, imágenes, edificios, monumentos, ciudades y hasta paisajes, como en los intercambios cotidianos tal como chistes y comentarios. Estas cosas contienen la identidad de un grupo y la hacen asequible a los miembros del grupo para adueñarse de ella.[26] Un elemento significativo en la teoría de Assmann es el concepto de "memoria comunicativa" que abarca comunicaciones usuales que forman parte de la memoria colectiva del grupo.[27] Dice que viajes en tren, salas de espera, la mesa común, entre otras cosas, fomentan y, hasta cierto punto, predeterminan, tales comunicaciones. Además, éstas siguen ciertas normas. Por lo tanto, "a través de esta manera de comunicación cada individuo forma una memoria que [...] (a) es mediada socialmente y (b) es relacionada a un grupo".[28] Los grupos incluyen familias, asociaciones de vecinos y de profesionistas, partidos políticos, naciones e iglesias entre otros.

Según Assmann, la memoria y la cultura objetivizada están ligadas: "Se puede referir a la estructura de conocimiento en este caso a la 'concretación de identidad'. Con esto se quiere decir que un grupo asienta la consciencia de unidad y de especificidad sobre este conocimiento y deriva impulsos formativos y normativos de él. La cultura objetivizada, en este sentido, tiene la estructura de memoria".[29] En otras palabras, ritos, textos e imágenes son apuntes que conllevan memoria, no sólo historia, y ligan lo cotidiano al pasado. Esta memoria es memoria cultural y dice que se mantiene "por la formación cultural (textos, ritos, monumentos) y comunicación institucional (recitación, observancias, práctica). Estas cosas se nombran 'figuras de memoria'".[30] Atribuye el poder de memoria cultural Assmann a "energía mnemónica" al decir que "en la formación cultural, se solidifica una experiencia colectiva, cuyo significado, al ser palpado, de repente pueda ser asequible de nuevo a través de los milenios".[31] La energía mnemónica es el origen de la fuerza de los apuntes a que O'Loughlin se refiere.

Percibo un vínculo entre la teoría de Assmann y *lo cotidiano*, una de las categorías utilizadas por los teólogos y las teólogas latino(a)s. Las actividades de la vida ordinaria y de la comunicación cotidiana que abarcan intercambios entre la gente tal como los chistes, un recuerdo, el chisme, una experiencia compartida o una actividad colectiva están repletas de energía mnemónica. Es decir, *lo cotidiano* conlleva identidad y cultura, asimismo que una riqueza de significado religioso que lo convierte en un *locus theologicus*, desde donde es posible discernir en la vida la acción y presencia de Dios. Por consecuencia, las actividades religiosas hispanas conllevan una memoria cultural y una energía mnemónica que las relacionan a una visión de mundo particular y que les ayuda desarrollar su identidad como un segmento único del pueblo de Dios. Esto incluye la liturgia y las devociones populares.

Un rasgo de la memoria cultural es que conserva el conocimiento acumulado de donde proviene la consciencia del grupo de su unidad y particularidad. Otro rasgo es la "capacidad de reconstruir" o relacionar el conocimiento a una actual situación contemporánea. Declara Assmann que "la memoria cultural existe en dos modalidades: primero en la modalidad de potencialidad del archivo cuyos textos, imágenes y normas de conducta acumulados funcionan como el horizonte total, y segundo, en la modalidad de actualidad, en la cual cada contexto contemporáneo sitúa el significado objetivo en su propia perspectiva, por ende dándole su propia relevancia".[32] Otro rasgo clave para él es el de "obligación" al explicar que "el relacionarse a una autoimagen normativa del grupo engendra un *sistema de valores* y unas *diferenciaciones de importancia* claros que ordenan el abasto de conocimiento y de símbolos [utilizados]".[33] En resumen, la memoria cultural conlleva los valores y el auto-conocimiento de un grupo particular y atesora la memoria por medio de figuras de memoria, es decir, por los ritos, textos y costumbres que le ayudan al grupo tener acceso a los valores e identidad encontrados ahí. Llevando esto en mente, parece que como portador de memoria cultural, el uso de la tipología como hermenéutica litúrgica de la Biblia consta de la energía mnemónica que le pueda aportar al pueblo un encuentro en la vida con la Palabra. Esto le ayuda generar ciertas figuras de memoria que le da acceso a aquel encuentro periódicamente tal como ocurre en el culto y en las prácticas de religiosidad popular hispanas.

Ejemplos de memoria cultural

Un ejemplo idóneo de cómo funciona la memoria cultural tiene que ver con la mujer que siempre cortaba los rabos de la carne antes de asarla. Un día a su hija que hacía lo mismo se le preguntó la razón de este hecho. Al no saber el porqué sino sólo al imitar a su madre, le preguntó a ésta la cual contestó que así lo hacía su mamá. Por consiguiente le preguntaron a la abuela por qué cortaba los rabos de la carne antes de asarla. Esta simplemente contestó "porque no tenía un cacharro lo suficiente grande". Esta figura de memoria se había trasmitido por tres generaciones. Para la abuela era cuestión de utilidad pero para la hija y la nieta era tanto un vínculo a la abuela como una manera de identificar cómo esta familia guisaba carne para asar. Tal vez éste se vea como una manera "negativa" de trasmitir una costumbre a causa de una mala interpretación, pero sospecho que tenía gran significado para ellas; igual habrá hecho la carne asada aún más sabrosa por ser la manera que se guisaba en la familia.

Otro ejemplo proviene de la familia mía. Mi gemelo Rubén y yo nos enteramos que mis tatarabuelos maternos eran sefarditas que se habían instalado en el norte de México. Logramos este conocimiento por ciertas cosas que hacía o no hacía mi madre. Por ejemplo, ella jamás hacía los tamales de cerdo, siempre de carne asada; lo más común es hacerlos de cerdo. Es más, normalmente la pascua era la única vez al año que comíamos cerdo o sea jamón. Decía que era porque el cerdo era sucio (es decir, *tref*: impuro, prohibido). Quizá el comer jamón en la pascua era para señalar que éramos cristianos y de esa manera disipar sospecha alguna. Había otras costumbres que al investigar descubrimos se habían trasmitido de mi bisabuela a mi abuela a mi madre.[34] Al escarbar más encontramos secretos familiares acerca de nuestra ascendencia —por cierto no siempre placenteros. Al llegar a la generación de mi abuela ya se había adoptado el catolicismo más o menos y sus prácticas religiosas también entraron en la mezcla. Sin embargo, costumbres de cocina y ciertas expresiones que se trasmitieron oralmente o por medio de ritos se habían convertido en manera de identificarnos, por lo menos hasta cierto punto. Por medio de estos apuntes pudimos tener acceso a su energía mnemónica, a su significado, y vislumbrar el vínculo con el pasado.[35]

Percibo en las prácticas religiosas hispanas algo semejante. Aunque algunos hispanos participen en la construcción de *altarcitos* por ejemplo, o el hacer su *persignación* distintiva, no están conscientes de cómo se vinculan a la liturgia de la Iglesia, en particular a la Eucaristía. Es claro que el *altarcito* tiene su paralelo en el altar de la Eucaristía —el lugar del culto y de la ofrenda del sacrificio y de la oración. En la *persignación* con su oración correspondiente ("Que por la señal de la Santa Cruz, de nuestros enemigos, líbranos Señor Dios nuestro, en el nombre del Padre y del Hijo y del Espíritu Santo, amén") se vislumbra no solamente el rito de signarse la frente, los labios y el pecho, lo que es una imitación de la persignación al leer el evangelio, sino una alusión a la Liturgia de las Horas cuando a la primera hora del día se empieza al decir "Señor abre mis labios / y mi boca proclamará tu alabanza" (*cfr.* Sal 51:17) y los participantes a la misma vez hacen la señal de la cruz sobre los labios.[36] También hace eco a la segunda estrofa del *Benedictus* que dice "Es la salvación que nos libra de nuestros enemigos y de la mano de todos los que nos odian [...]" (*cfr.* Lc 1:70–71).[37]

Sin saberlo quizá los que hacen estas cosas estén participando en la memoria cultural que vincula las prácticas de religiosidad popular hispanas a la liturgia por medio de estas figuras de memoria distintivas. Si ese es el caso, entonces los de nosotros que tenemos acceso al conocimiento cultural y a la energía mnemónica que estas figuras de memoria conllevan podemos recurrir a estos y ayudarle al pueblo hacer aun más conexiones a la liturgia y oración de la Iglesia. De esta manera la postura teológica de *Sacrosanctum*

Concilium no. 10 se cumplirá en que la vida y actividad cristianas manarán de y hacia la liturgia para que el pueblo encuentre su vida celebrada en la liturgia y la liturgia se vea celebrada en *lo cotidiano* de sus vidas particulares. Así ha funcionado la Sagrada Escritura a mi juicio, en la liturgia y en las prácticas religiosas hispanas. La Palabra ha inspirado su respuesta a la invitación de ser discípulos al participar en la liturgia y en las religiosas prácticas devocionales. No obstante, la inspiración que viene de la Palabra poco se ha reconocido.

Aumentando la inspiración de la Palabra entre los hispanos

He aquí tres recomendaciones que puedan aumentar el papel de la Palabra en el culto de los hispanos tanto en la liturgia como en las devociones. Primero, hay que sonsacar las bases bíblicas de lo que se hace en estas actividades. Por ejemplo, los actos de la Semana Santa, particularmente, las liturgias, las procesiones y devociones relacionadas del Viernes Santo, claramente están basadas en la Sagrada Escritura. Tanto la liturgia de la Veneración de la Cruz como el viacrucis trazando el camino de Jesús al Calvario se basan en ella. Donde suele llevarse en procesión *pasos* con las imágenes relacionadas a los distintos aspectos de la Pasión tal como se describen en la Sagrada Escritura, con frecuencia se arreglan en la procesión de tal manera para que el conjunto forme un retablo en vivo de la Sagrada Escritura y por lo tanto se vinculan la palabra y la imagen.[38] Un ejemplo relacionado tiene que ver con *las siete palabras*. Aunque no sea una liturgia oficial, muchos lugares suelen celebrar un servicio el Viernes Santo a las 3:00 p.m. en el cual las últimas siete palabras de Jesús crucificado forman la base de un sermón prolongado sobre estas palabras encontradas en los Evangelios. El servicio consta del sermón interrumpido por la lectura del pasaje bíblico idóneo, de oraciones y de himnos penitenciales como respuestas a los pasajes leídos. El Viernes Santo por la mañana los fieles suelen hacer lo que se llama *Visitas a las siete casas*. Esta devoción consta de la visita al Santísimo en siete iglesias distintas para volver a trazar los pasos de Jesús a los siete lugares donde se le forzó ir después de la agonía en el jardín: es decir, 1) ante Caifás, 2) ante Anás, 3) ante el Sanedrín, 4) ante Pilatos, 5) ante Herodes, 6) de vuelta ante Pilatos, 7) al Calvario.[39] Estas visitas se han convertido en una manera de acompañarle a Jesucristo en los momentos elucidarios de su gran sufrimiento, dolor y soledad. Igual, el organizar un estudio de Biblia pueda que les ayude a los participantes ver y fortalecer estos enlaces.

Otro ejemplo no relacionado a la Semana Santa pero igual de significativo tiene que ver con el Rosario. Bien se sabe que por medio de la predicación Santo Domingo de Guzmán, fundador de la Orden de Predicadores (dominicos), fue el popularizador de la recitación del Rosario en el siglo XIII. A partir de esta época la recitación del Rosario constaba de rezar quince décadas hasta 2002 cuando el papa Juan Pablo II añadió otras cinco para acentuar aun más la acción salvadora de Cristo.[40] Aunque el uso de cuentas para la oración habrá sido atribuido al influjo de la práctica islámica en la España medieval, ya para el siglo IX, los cristianos habían empezado a recitar 150 Padres Nuestros en lugar de los 150 salmos rezados en las Laudes y las Vísperas cuando la misa celebrada a diario había reemplazado éstas en el instante final. El rezar los salmos dos veces al día, que remonta al siglo IV, se sustituyó primero por la recitación de 150 *Pater Noster* por el pueblo y luego por 150 *Ave Maria* lo que simplificó la oración del pueblo. Es claro que la primera mitad del *Ave Maria* es casi una cita directa de Lucas 1:28. Con el tiempo se agrandaron las quince décadas al introducir pasajes bíblicos, otras oraciones y meditaciones sobre los misterios de Jesús y María y al designarlos a días de la semana particulares. Por tanto la memoria cultural de la importancia de rezar y meditar sobre los 150 salmos se reconstituyó por la oración paralela de 150 Ave Marías y de ese modo vinculándola inconscientemente a la liturgia por medio de esta figura de memoria que a la misma vez es una manera de extender temas bíblicos a las prácticas de religiosidad popular. En un sentido revela una "hermenéutica de ritualización" por índole gente ordinaria aplica la Sagrada Escritura a su vida cotidiana, interpretándola por medio de esta práctica devocional.

Una segunda recomendación tiene que ver con la predicación. Su importancia como medio de explicar la Sagrada Escritura y de aplicarla a la vida cotidiana ya se ha notado arriba en las citas de *Sacrosanctum Concilium* y el IGMR. No obstante predicar a una congregación predominantemente de habla inglesa no es lo mismo predicar a una predominantemente de habla hispana. En otro artículo explico tres principios importantes para la predicación.[41] Primero, hay que relacionar los oyentes a sus experiencias religiosas. Segundo, hay que conocer a la audiencia y qué es que esperan los oyentes escuchar. Tercero, hay que nombrar la acción de Dios en sus vidas y en los eventos de sus vidas. Por supuesto esto supone que uno predica a base de la Palabra proclamada. Aconseja Rosa Maria Icaza que "es imprescindible que los homilistas escuchen a e interrelacionen públicamente las lecturas bíblicas, los eventos sociales y políticos del mundo y de la comunidad, y las tradiciones culturales de los miembros de la asamblea. Efectivamente, los homilistas deben estar conscientes también de la espiritualidad cultural de los miembros de la asamblea. ¿Cuáles son sus ideas de Dios, de Jesucristo, de María, de los santos?"[42] Conocer la audiencia es conocer los valores culturales de los oyentes sean principalmente de habla inglesa o hispana, ya que el mensaje bíblico se oye distintamente por ambos grupos. Sugiere Icaza que "los hispanos tal vez necesitemos escuchar no algo tocante la dependencia en Dios, ya que teórica y prácticamente sabemos que todo proviene de Dios, sino que, al confiar en Dios, es preciso hacer nuestra parte. Igual será el caso de predicar en una comunidad pobre".[43] Un aspecto de conocer a la audiencia es el saber cómo los miembros de la congregación marcan con ritos y símbolos sus experiencias religiosas.

En cuanto a la tercera recomendación hay que prestar atención a rito y a símbolo. Una postura ritual principal que se toma en la liturgia es la de escuchar, especialmente a la proclamación de la Sagrada Escritura pero también a la homilía y a las oraciones ofrecidas en el nombre de la asamblea. En cuanto a esto, escribe Antonio Donghi: "el escuchar es la postura fundamental del discípulo del Señor, cuya fe nace en el anuncio-personalización de la palabra".[44] Es más, ya que el escuchar es la postura ritual básica de aquellos en el culto, señala la importancia de poder comprender por medio del vernáculo de los miembros de la congregación. Sin embargo tal como nota Donghi, el escuchar no es simplemente un evento de audición sino el colocarse en la mirada del Maestro para así "ser un 'aquí estoy' vivo ante Dios y cantar de su fidelidad que da vida a través de la palabra proclamada en la liturgia y vivida en lo cotidiano".[45]

La postura de escuchar le ayuda a uno hacer conexiones entre las lecturas y las acciones que ocurren más tarde en la Eucaristía. Lamentablemente con demasiada frecuencia la liturgia es marcada por un diluvio de palabras que inundan a los participantes. Lo que queda solamente son las huellas de agua. La Sagrada Escritura y las palabras de la liturgia de algún modo tienen que animarse. Por consecuencia la atención a la preparación de los lectores, los que ofician y los otros ministros es un elemento importante; asimismo hay que prestar mayor atención a símbolo y a rito ya que las acciones hablan más fuerte que las palabras como va el dicho. Por índole las palabras y las acciones en conjunto realizan dar vida a la Palabra para los partícipes en la liturgia e inspirarles a asimilarla a sus vidas cotidianas. Ésta es la belleza de las prácticas devocionales hispanas —ellas también sirven como una hermenéutica de la Palabra proclamada en la liturgia y como una aplicación de los valores inspirados por la Palabra de Dios.

Importante es el papel que las imágenes tienen para traer a la mente los personajes y los eventos de la Sagrada Escritura. Con frecuencia en la práctica devocional hispana tienen el propósito de ser tridimensionales, vestidas y sacadas a las calles, no escondidas en algún nicho de una iglesia oscurecida. Logra identificar Jaime Lara lo que está al fondo de esto al notar que "Palabra e imagen van mano en mano, y para aquellos de nosotros ubicados en la tradición cristiana, la Sagrada Escritura y la representación son necesariamente complementarias. La 'Palabra se hizo carne' implica no sólo que se hizo audible sino que también se hizo visible. La Palabra se hizo imagen [...] esto ha sido el caso particularmente en la herencia latina/hispana".[46] Las prácticas de religiosidad popular hispanas son un síntesis de Palabra y experiencia de fe en tres maneras según Juan Sosa: "Primero, la religión popular [... proclama] activamente el misterio pascual fuera de la liturgia y en comunidades pequeñas. Segundo, la religión popular [encarna] la Iglesia al poner en práctica los feligreses el evangelio. Tercero, las bendiciones de la Iglesia [son] la afirmación perenne de la ayuda y el acompañamiento de Dios para el pueblo de Dios".[47] Sosa añade que "la religión popular puede convertirse en un instrumento para la predicación al grado que proclama, más que en palabras, a través de los signos, los ademanes, los movimientos y las actitudes [...] la acción salvadora de Dios que envió a su único hijo para redimir al mundo y no condenarlo (Juan 3:16–17)".[48]

La imagen y el símbolo forman parte de rito. La necesidad de ritualizar se ve en la práctica actual muy común que toma lugar al recitar el Padre Nuestro. Aquí me refiero al tomarse de la mano uno con el otro a cada lado. Nota Johnson que "lo que se pueda decir a favor o en contra de esta práctica, lo que encontramos aquí es una necesidad sentida por los feligreses, un recuerdo destacado que el rito verdadero nace del corazón del pueblo más que de las comisiones o los despachos eclesiales".[49] Lo mismo se puede decir de la señal de la paz prolongada entre los hispanos: parece ritualizar Mateo 5:23–24: "[...] si cuando vas a poner tu ofrenda sobre el altar, te acuerdas allí mismo de que tu hermano tiene alguna queja contra ti, deja tu ofrenda junto al altar y ve primero a reconciliarte con tu hermano, y vuelve luego a presentar tu ofrenda" y Mateo 5:47: "[...] si saludan tan sólo a sus hermanos, ¿qué hacen de extraordinario?"[50] Podría verse como una "hermenéutica de ritualización" por medio de la cual los fieles ritualizan o representan una cierta interpretación de la señal de paz.

Las instrucciones del Misal Romano dan muchas opciones y pautas que puedan ayudar avivar las palabras. Un buen ejemplo a este respecto es el honrar sencillamente la Palabra al llevar en procesión el Evangeliario cubierto de una carátula bella y al ejecutar bien los ademanes que corresponden a la proclamación del Evangelio. Declara Tad Guzie que "los símbolos son palpables, y al palparlos, tocamos un misterio que es a la vez tanto familiar como difícil de aprehender".[51] Son visibles y, a veces, hasta audibles. Añade que "los símbolos y no los discursos ni los coloquios tienen mayor eficacia en cuanto a concientizarnos de las realidades del amar y del vivir, coexistiendo, luchando y muriendo juntos".[52] Dice O'Loughlin que "cualquiera sea la situación ritual —desde un simple estrechar la mano en una reunión hasta la celebración de la Eucaristía— hay que recordar que las palabras dicen una cosa, los ademanes otra, igual el atrezo y el entorno comunicarán algo muy distinto".[53] Cabe repetir que los ritos y los símbolos contribuyen a la formación y trasmisión de la memoria cultural lo que facilita hacer asequible un encuentro con la Palabra. El uso litúrgico de la Biblia da pautas a seguir.

Conclusión

La proclamación clara de la Palabra y la asimilación de ella a la vida cotidiana son factores claves en todo esto ya que tiene que ser viva para que el pueblo pueda encontrar su poder en las circunstancias ordinarias de la vida. Cabe recordar que creemos en la Palabra hecha carne, en un ser humano y no en una palabra escrita como una letra muerta en un trozo de papel. En el camino a Emaús Jesús le pregunta a los dos discípulos: "¿por qué buscan al que vive entre los muertos?" (Lc 24:5). Tocante esta pregunta LaVerdiere nota que ocasiona otra: "si el cuerpo del Señor, el que vive, no se encuentra entre las tumbas de los muertos, ¿dónde se hallará?"[54] La respuesta está en el relato de Emaús. Según LaVerdiere, el Evangelio de San Lucas es el relato de la Eucaristía en narraciones de comidas y viajes con Jesús, el Hijo de Dios y el Hijo del Hombre. Al presentar la vida de Jesús como un viaje en el cual las comidas y la acogida juegan un papel crítico significa que todos sus discípulos, incluso nosotros, somos un pueblo que camina, un pueblo que ofrece y recibe acogida. Al aplicar una hermenéutica litúrgica, el relato de Emaús nos revela que la Eucaristía es "la expresión suprema de aquella acogida, lo que los sustenta en su caminar hacia el reino de Dios".[55]

Para que la Eucaristía, toda la liturgia, sea el centro y fuente del culto católico, aquellos que participan en él tienen que reconocer la presencia del Señor. Ésta es la teología en vigor de la liturgia. La última cena no es la última comida que Jesucristo comparta con sus seguidores sino que sigue comiendo con nosotros en toda celebración eucarística.[56] Las comidas cotidianas como parte de nuestras vidas ordinarias también pueden ser un anticipo y una prolongación de aquel encuentro que toma lugar en la Eucaristía según como asimilamos la Palabra a la vida.

Es más, LaVerdiere declara que el relato de Emaús revela que la presencia de Jesús es una presencia sacramental.[57] Al reunirnos para el culto por medio del símbolo y del rito, por medio de la imagen y de la palabra, portadores de nuestra memoria cultural católica cristiana, Cristo se hace presente. Por consecuencia, desde la perspectiva de LaVerdiere, "la acogida eucarística exige que aquellos que ministren tienen que reconocer la presencia del Señor, y que responden a la presencia del Señor al ser presentes al Señor también. Esto lo hacen por medio del escuchar y atender a su palabra".[58] Las prácticas religiosas populares, de igual, no tienen ningún valor cristiano a no ser una respuesta a la Palabra y si aquella Palabra no conduce al reino de Dios celebrado en la liturgia. Pues en la liturgia los cristianos reivindican su derecho al relato de la salvación como el suyo y lo transmitan a otros.

La liturgia en general y la Eucaristía en particular proclama el evangelio tanto por medio de símbolo y acción como por medio de signo y palabra para que los participantes se conviertan en lo que reciben, el Cuerpo de Cristo. Al unirse a Cristo en su sacrificio, haciendo lo que él hizo en su memoria, hacemos de su sacrificio una fuerza activa en nuestras vidas y en el mundo. Por lo tanto, hay que ofrecer nuestras vidas para que todos tengan vida, "haciendo el bien sin mirar a quien". Por consiguiente, el escuchar la Palabra de Dios y ponerla en práctica significa que tenemos que ser eucaristía, lo que es saber, vivir, y *ser* el evangelio de Jesucristo, Señor y Salvador de todos. Los hispanos a través de los siglos han participado en una hermenéutica de ritualización al tomar su experiencia de Cristo y de su gracia encontrada en la liturgia y al aplicarles a sus vidas por medio de prácticas religiosas populares. Al llegar a conocer mejor cómo estas prácticas son plenamente informadas de la Palabra confío que lograrán apreciar más el vínculo que existe entre aquellas prácticas y la liturgia para que al partir el pan, sea en la Eucaristía o en la comida ordinaria del hogar, alcanzarán reconocer a Cristo entre ellos.

⌒

Notes

1.   Eugene LaVerdiere, prefacio a *Dining in the Kingdom of God: The Origins of the Eucharist in the Gospel of Luke* (Chicago: Liturgy Training Publications, 1994), vii (traducciones del autor).

2.   En inglés: "operative theology". Véase: Thomas O'Loughlin, "The Liturgical Vessels of the Latin Eucharistic Liturgy: A Case of an Embedded Theology", *Worship* 82/6 (2008): 482–504.

3.   Jan Assmann, "Collective Memory and Cultural Identity", *New German Critique* 95 (Primavera/Verano 1995): 125–33 (trad. al inglés por John Czaplicka; pub. orig., en *Kultur und Gedächtnis*, ed. Jan Assmann y Tonio Hölscher [Frankfurt/Main: Suhrkamp, 1988], 9–19).

4.   Véase   http://www.vatican.va/archive/hist_councils/ii_vatican_council /documents/vat-ii_const_19631204_sacrosanctum-concilium_sp.html.

5.   Lawrence J. Johnson, *The Word and Eucharist Handbook*, 3a ed. (San Jose, CA: Resource Pubs., Inc., 1998), 36.

6.   Véase el boletín de la BCL, noviembre de 2000, disponible en www.usccb.org /liturgy/innews/112000.shtml.

7.   Véase "Adoption of the *Leccionario* for the United States", *Amén* 21/1 (2009): 3.

8.   Disponible   en   http://www.vatican.va/roman_curia/congregations/ccdds /documents/rc_con_ccdds_doc_20030317_ordinamento-messale_sp.html. Cita SC § 33 en la n. 58 y SC 7 en la n. 59.

9.   Véase Pierre Jounel, "La Biblia en la liturgia", en *La inspiración bíblica de la liturgia*, Cuadernos Phase 176, ed. Josep Urdeix (Barcelona: Centre de Pastoral Litúrgica), 2008, 5–34; pub. orig. como "La Bible dans la liturgie," en *Parole de Dieu et liturgie* (Paris, 1958), 17–49. Consta notar aquí que el Nuevo Testamento surgió en parte a causa de la liturgia mientras que en el culto de la sinagoga, partes de la Biblia, particularmente el Tora y los Salmos, ya se habían escrito e incorporados al culto lo que provee el modelo que seguir para el culto cristiano.

10.   Nathan D. Mitchell, "The Amen Corner", *Worship* 83:1 (2009): 73; traducción del autor de "the liturgy treats the bible quite freely as 'its own'".

11.   *Ibid.*; traducción del autor de "in effect, [the liturgy] rewrites Scrip-ture, suggesting meanings and interpretations that may lie beyond the scope of the text's writer and his or her intended audience".

12.   Jounel, "La Biblia", 11. Sin embargo, hay otras maneras de enfocar los pasajes leídos que se puede discernir también tal como histórico, espiritual, moral,

anagógico, sociológico, antropológico, una hermenéutica de fe y hasta una hermenéutica de sospecha, especialmente en cuanto cómo funciona la homilía.

13. *Ibid.*, 7.
14. Louis-Marie Chauvet, "La dimensión bíblica de los textos litúrgicos", en *La Inspiración bíblica de la liturgia*, Cuadernos Phase 176, ed. Josep Urdeix (Barcelona: Centre de Pastoral Litúrgica, 2008), 55–70; pub. orig. "La dimension biblique des texts liturgiques", *La Maison-Dieu*, 189 (1992): 131–47.
15. *Ibid.*, 57.
16. *Ibid.*
17. Mitchell, "The Amen Corner", 73.
18. *Ibid.*, 75; la Biblia debería verse como una totalidad y no como una colección de trozos separados; traducción del autor de: "In sum, intertextuality (in the sense of a juxtaposition of diverse texts from different sources and periods so that they 'comment' on one another) is a principle pursued not only in liturgical lectionaries, but also by the biblical writers themselves".
19. Andrew Greeley, *The Catholic Imagination* (Berkeley: University of California Press, 2000).
20. Jounel, "La Biblia", 8.
21. Raúl Gómez-Ruiz, *Mozarabs, Hispanics, and the Cross*, Studies in Latino/a Catholicism (Maryknoll, NY: Orbis Books, 2007), 56, 57. Por otro lado, el rito romano ha optado en general por la *lectio continua* de la Sagrada Escritura.
22. O'Loughlin, "The Liturgical Vessels", 486; traducción del autor de: "the actions, gestures, objects, buildings, décor, furniture, community atmosphere, and indeed the non-verbal aspects of public worship".
23. *Ibid.*, 504; traducción del autor de: "it is a commonplace to observe that 'the people in the pews are not concerned about theology'; whether or not this is true, it is certain that they—as sentient symbol-using beings—pick up 'cues' in their ritual activity as in all their other human interactions and these cues form their imagination and understanding of what surrounds them. Rituals create our worlds".
24. C. Gilbert Romero, *Hispanic Devotional Piety: Tracing the Biblical Roots* (Maryknoll, NY: Orbis Books, 1991).
25. *Ibid.*, 20; traducción del autor de: "we must recognize an already existing bond between the two, in that Hispanics feel a strong attraction to the word of God as an expression of ongoing dialogue".
26. Assmann le atribuye su trabajo al fundamento establecido en los 1930 por el sociólogo Maurice Halbwachs y al historiador de arte Aby Warburg quienes independientemente desarrollaron dos teorías que abarcan el tema de la memoria "colectiva" o "social"; véase p. 125.

27. Assmann, "Collective Memory", 126, construyendo sobre Halbwachs.
28. *Ibid.*, 127; nombra las normas "leyes del mercado" que atribuye a Pierre Bourdieu, *Esquisse d'une théorie de la pratique. Précédé de trois études d'ethnologie kabyle* (Ginebra: Droz, 1972), en la n. 8. Traducción del autor de: "through this manner of communication, each individual composes a memory which . . . is (a) socially mediated and (b) relates to a group".
29. *Ibid.*; traducción del autor de: "We can refer to the structure of knowledge in this case as the 'concretion of identity.' With this we mean that a group bases its consciousness of unity and specificity upon this knowledge and derives formative and normative impulses from it, which allows the group to reproduce its identity. In this sense, objectivized culture has the structure of memory".
30. *Ibid.*, 128–29; traducción del autor de: "through cultural formation (texts, rites, monuments) and institutional communication (recitation, observance, practice). We call these 'figures of memory'".
31. *Ibid.*, 129; traducción del autor de: "in cultural formation, a collective experience crystallizes, whose meaning, when touched upon, may suddenly become accessible again across millennia".
32. *Ibid.*, 130; traducción del autor de: "cultural memory exists in two modes: first in the mode of potentiality of the archive whose accumulated texts, images, and rules of conduct act as a total horizon, and second, in the mode of actuality, whereby each contemporary context puts the objectivized meaning into its own perspective, giving it its own relevance".
33. *Ibid.*, 131, itálicas en el texto original. Traducción del autor de: "the relation to a normative self-image of the group engenders a clear *system of values* and *differentiations in importance* which structure the cultural supply of knowledge and the symbols [employed]".
34. Una era llamarle a mi bisabuela *yaya* (la palabra de origen griego para "abuela", usada por sefarditas que se habían establecido en Grecia y los Balcanes).
35. Cabe notar que años más tarde nuestras sospechas fueron corroboradas por nuestro primo hermano Luis a quien le había enseñado nuestra abuela unas alhajas y otras cosas de origen judío que ella había estado atesorando. Le dijo que éste era el origen de nuestra familia que él debería conocer como su nieto más cercano.
36. Véase la Instrucción General de la Liturgia de las Horas (1971), no. 34. Disponible en inglés en www.fdlc.org/Liturgy_Resources/Liturgy_of_the_Hours-General_Instruction.pdf.
37. Véase el Cántico Evangélico para la Oración de la Mañana: Lc 1:68–79.
38. Véase por ejemplo la descripción y el análisis que hago de las procesiones del

Viernes Santo en Toledo: Gómez-Ruiz, *Mozarabs, Hispanics*, 108–21.

39.　Véase *Faith Expressions of Hispanics in the Southwest*, ed. rev. (San Antonio, TX: MACC, 1990), 18.

40.　Véase Juan Pablo II, Carta Apostólica *Rosarium Virginis Mariae* (2002), no. 3; disponible en www.vatican.va/holy_father/john_paul_ii/apost_letters /documents/hf_jp-ii_apl_20021016_rosarium-virginis-mariae_sp.html.

41.　Raúl Gómez, S.D.S., "Preaching the Ritual Masses among Latinos", en *Preaching and Culture in Latino Congregations*, ed. Kenneth G. Davis y Jorge L. Presmanes (Chicago: Liturgy Training Publications, 2000), 103–19; véase 104–8.

42.　Rosa María Icaza, CCVI, "Living and Sharing the Word among Hispanics", en *Preaching and Culture*, 31. Traducción del autor de: "homilists must listen to and publicly relate the scriptural readings, the social and political events of the world and of the community, and the cultural traditions of the members of the assembly. Yes, homilists need to be aware also of the cultural spirituality of the members of the assembly. What are their ideas of God, of Jesus, of Mary, of the saints?"

43.　*Ibid.*, 39; traducción del autor de: "perhaps Hispanics would need to hear not about our dependence on God, since we know in theory and practice that everything comes from God, but that, trusting in God, we need to do our part. A similar case would be preaching in a poor community".

44.　Antonio Donghi, *Actions and Words: Symbolic Language and the Liturgy*, trad. del italiano al inglés por William McDonough y Dominic Serra. Texto en inglés ed. por Mark Twomey y Elizabeth L. Montgomery (Collegeville, MN: Liturgical Press, 1997), 31.Traducción del autor de: "listening is the fundamental posture of the disciple of the Lord, whose faith is born in the announcing-personalization of the word".

45.　*Ibid.*, 34; traducción del autor de: "be a living 'Here I am' before God and sing of his life-giving fidelity in the word proclaimed in the liturgy and lived in daily life".

46.　Jaime Lara, "Visual Preaching: The Witness of Our Latin Eyes", en *Preaching and Culture*, 75. Traducción del autor de: "Word and image go hand in hand, and for those of us who stand in the Christian tradition, scripture and picture are necessarily complementary. The 'Word became flesh' implies not only that it became audible, but that it also became visible. The Word became image . . . this has been especially the case in Latino/Hispanic heritage".

47.　Juan J. Sosa, "Preaching and Popular Religion", en *Preaching and Culture*, 99.

Traducción del autor de: "First, popular religion . . . actively [proclaims] the paschal mystery outside the liturgy and in small communities. Second, popular religion [embodies] the church through living out the gospel by church people. Third, the blessings of the church [are] the ongoing affirmation of God's continuing assistance and company to God's people".

48.   *Ibid.*, 101; traducción del autor de: "popular religion can become a preaching tool to the degree that it proclaims, more than in words, in signs, gestures, movements and attitudes . . . the saving act of God who sent his only son to redeem the world and not to condemn it (John 3:16–17)".

49.   Johnson, *The Word*, 112; traducción del autor de: "whatever might be said in favor of or against this practice, what we are encountering here is a felt need on the part of the faithful, a striking reminder that true ritual springs from the hearts of people rather than from church committees or offices".

50.   Las citas bíblicas son del *Leccionario I: Adviento-Pentecostés, Dominical, Ferial y de Tiempos Litúrgicos Especiales (Apéndice con las lecturas propias del santoral)*, 5a ed. (México: Obra Nacional de la Buena Prensa, AC, 1999), 46, 718–19. De hecho en la herencia litúrgica hispana encontrada en el rito hispano-mozárabe, la señal de la paz es prolongada por en el rito intermediario entre la Liturgia de la Palabra y de la Eucaristía; véase Gómez-Ruiz, *Mozarabs, Hispanics*, 59.

51.   Tad Guzie, *The Book of Sacramental Basics* (New York/Ramsey: Paulist Press, 1981), 47. Traducción del autor de: "symbols are tangible, and when we touch them we touch a mystery that is at once familiar and elusive".

52.   *Ibid.*, 48; traducción del autor de: "symbols, not discourses or discussions, do the most effective job of bringing into our awareness the realities of loving and being alive, living and struggling and dying together".

53.   O'Loughlin, "The Liturgical Vessels", 484; traducción del autor de: "in any ritual situation—from a simple shake of hands at a meeting to the celebration of the Eucharist—we have to recall that words say one thing, gestures another, while the props and setting may perhaps convey something different again".

54.   LaVerdiere, prefacio, 155; traducción del autor de: "If the body of the Lord, the living one, is not to be found in the tomb among the dead, where is he to be found?"

55.   *Ibid.*, 9; traducción del autor de: "the supreme expression of that hospitality, sustaining them on their journey to the kingdom of God".

56.   *Ibid.*, 122.

57.   *Ibid.*, 171; *cfr.* Lc 24:13–35.

58.   *Ibid.*, 76. Traducción del autor de: "Eucharistic hospitality requires that those who minister recognize the Lord's presence, that they respond to the Lord's presence by being present to him in return. They do this by listening and attending to his word".

4

La Biblia y la catequesis

Hosffman Ospino

∽

Iban hablando de todos estos sucesos.

—Lucas 24:14

Desde los primeros momentos de la era cristiana hasta hoy, la Sagrada Escritura y la catequesis han compartido una relación íntima. En el Nuevo Testamento vemos a Jesús con una multitud en la montaña enseñándoles la nueva ley y la nueva alianza (*cfr.* Mt 5–7). En su enseñanza Jesús afirmó el sentido y centralidad de las escrituras hebreas y dijo que él no había "venido a abolir las enseñanzas de la ley y los profetas; no he venido a abolirlas, sino a llevarlas hasta sus últimas consecuencias" (Mt 5:17). Su ministerio de enseñanza estaba fundamentado firmemente en el amor y el conocimiento de las Escrituras: "Llegó a Nazaret, donde se había criado. Según su costumbre, entró en la sinagoga un sábado y se levantó para hacer la lectura. Le entregaron el libro del profeta Isaías [...] Después enrolló el libro, se lo dio al ayudante y se sentó. Todos los que estaban en la sinagoga tenían sus ojos fijos en él. Y comenzó a decirles: Hoy se ha cumplido ante ustedes esta profecía" (Lc 4:16–17; 20–21). Después de la resurrección se aparece a dos discípulos en el camino que conduce a Emaús (Lc 24:13–35). Una vez más somos testigos de un momento catequístico ingenioso cuando Jesús aclara las Escrituras a estos discípulos y les explica todo lo que los eventos ocurridos en Jerusalén significaban. Los discípulos "iban hablando de todos estos sucesos" (Lc 24:14), querían ver cómo los últimos eventos afectarían sus vidas y sus esperanzas, cómo el plan de Dios se estaba llevando a cabo, y se preguntaban exactamente qué pasaría después. La conversación con un extraño, quien en última instancia era el mismo Señor resucitado, marcó la diferencia: "¿No ardía nuestro corazón mientras nos hablaba en el camino y nos explicaba las Escrituras?" (Lc 24:32).

Muchos otros pasajes del Nuevo Testamento afirman la relación íntima entre la catequesis y la Sagrada Escritura: Felipe explica el mensaje de los profetas al eunuco etíope (Hch 8:26–39), las cartas de Pablo están llenas de referencias a las escrituras hebreas, el hermoso discurso sobre la fe en la Carta a los Hebreos (Heb 11:1-40), etc. Igualmente, los primeros escritos de la era cristiana afirman esta relación esencial. La Didajé o "doctrina de los doce apóstoles"[1] es rica en la abundancia de referencias a las Escrituras conocidas en el momento de su composición. Los textos de los Padres Apostólicos y las obras de la mayoría de los autores cristianos en los primeros siglos de la era cristiana exhiben un conocimiento profundo de las Escrituras y no separaran la enseñanza de la fe de la meditación devota sobre los escritos sagrados.[2] Entre ellas se destacan las contribuciones de San Agustín, quien en varios de sus fascinantes obras explora la relación entre catequesis y Sagrada Escritura.[3]

Quienes educamos en la fe participamos de una tradición que se remonta a las primeras comunidades cristianas, una tradición que ha sido articulada en las obras de muchos educadores cristianos a través de la historia y continúa dando vida a medida que compartimos nuestra fe unos con otros en la Iglesia. Es importante notar que a medida que los siglos han pasado, mujeres y hombres dedicados a la catequesis han confrontado distintos interrogantes, han tenido que tomar en cuenta los varios contextos en que la catequesis se ha dado y han adaptado este ministerio a la luz de los signos de su propio tiempo. La variedad de respuestas las circunstancias cambiantes en la vida de la Iglesia ha marcado al mismo tiempo la manera como se lee la Sagrada Escritura en el mundo catequístico. Desde una perspectiva histórica, ésta ha sido una experiencia bastante enriquecedora.

La reflexión actual de la Iglesia continúa afirmando la centralidad de la Sagrada Escritura en el ministerio catequístico, aunque dicha reflexión se hace teniendo en cuenta el contexto en el que vivimos. Tenemos el privilegio de estar expuestos a nuevas metodologías, interpretaciones, adelantos teológicos y conversaciones con distintos campos del conocimiento que hacen que nuestra misión como educadores religiosos sea fascinante. Estos recursos informan la manera cómo leemos la Sagrada Escritura y cómo educamos en la fe. Mientras que los educadores cristianos compartimos convicciones en común sobre el contenido básico de la catequesis y sus metas, sobre el papel de la Sagrada Escritura al compartir la fe, y sobre el impacto del ministerio catequístico en la vida de la Iglesia, también estamos atentos a las circunstancias únicas que afectan las vidas de las personas que encontramos en nuestro ministerio. La reflexión contemporánea sobre la catequesis está más atenta a la complejidad de la experiencia humana y a los retos que nos impone la realidad social y cultural de aquellos que participamos en esta actividad eclesial.

En este ensayo exploramos cómo la relación entre la Sagrada Escritura y la catequesis se hace vida en la experiencia de los latinos católicos que vivimos en los Estados Unidos. El ensayo tiene tres secciones. Primero, miraremos algunos documentos que describen las convicciones actuales de la Iglesia sobre la relación entre la Sagrada Escritura y la catequesis. Segundo, examinaremos cómo los latinos católicos en los Estados Unidos entramos en relación con la Sagrada Escritura de una manera particular por medio de la catequesis a través de momentos diarios de encuentro con lo sagrado. Tercero, veremos algunos signos de esperanza e inquietud que los latinos católicos encontramos al leer la Sagrada Escritura en la Iglesia y la catequesis.

La Palabra de Dios y la catequesis: Perspectivas católicas

La segunda parte del siglo XX fue testigo de una renovación vigorosa en el estudio de la Sagrada Escritura entre los católicos alrededor del mundo. Gran parte de esta renovación fue el resultado del nuevo aire que el Concilio Vaticano II (1962–1965) le dio a la Iglesia. Sin embargo, es importante observar que el Concilio Vaticano II sirvió como catalizador de varios movimientos de renovación que estaban madurando en la Iglesia en distintas partes del mundo por muchos años antes del Concilio. A esto hay que sumarle el impulso de algunos pronunciamientos eclesiales sobre la interpretación de la Biblia.[4]

Dentro de las conclusiones del Vaticano II, la Constitución dogmática sobre la divina revelación, *Dei Verbum*, afirmó que la Iglesia se afianza a la Palabra de Dios como fuente de "bienes divinos" revelados por Dios a la humanidad en la historia.[5] La Palabra de Dios viene a nosotros en la historia mediada a través de la Sagrada Escritura y la Sagrada Tradición juntas; ambas "constituyen un solo depósito sagrado de la palabra de Dios".[6] La catequesis, uno de los momentos centrales en la misión evangelizadora de la Iglesia,[7] emerge entonces como uno de los contextos claves en donde esta relación se preserva de manera única. La Escritura y la Tradición permanecen inseparables en la experiencia catequística de la Iglesia. Aunque en algunos momentos al compartir la Palabra de Dios los catequistas, maestros y ministros pueden enfatizar algunos elementos de la Sagrada Escritura o de la Tradición para clarificar un punto de la fe, dicha separación es en cierto grado artificial porque la Escritura remite implícitamente a la Tradición y la Tradición a la Escritura.[8]

La Escritura y la Tradición juntas son la fuente de la catequesis: la catequesis "ha de estar totalmente impregnada por el pensamiento, el espíritu y actitudes bíblicas y evangélicas a través de un contacto asiduo con los textos mismos [...] la catequesis será tanto más rica y eficaz cuanto más lea los textos con la inteligencia y el corazón de la Iglesia".[9] Esta relación esencial entre la catequesis y la Palabra de Dios, transmitida por medio de las Escrituras y la Tradición, requiere que todo proceso catequístico introduzca a aquellos que son parte de ellos a un encuentro profundo, dinámico y transformador con cada una de las dimensiones de la Palabra de Dios sin sacrificar su unidad. Por un lado, la catequesis es un momento único en el proceso evangelizador de la Iglesia para familiarizar a los fieles con la Biblia, su origen y su estructura, sus mensajes y las varias maneras como la Iglesia lee el texto sagrado. Por otro lado, la catequesis es una gran oportunidad para entrar en un diálogo cercano con el Magisterio, para aprender con detalle cómo los cristianos han vivido y reflexionado sobre su fe a través de los siglos, y para discernir lo que Dios nos dice aquí y ahora como comunidad de fe en el contexto de nuestra vida diaria.

Un aspecto importante que los católicos que entramos en contacto con la Palabra de Dios en el contexto de la catequesis debemos tener en cuenta continuamente es el papel del Magisterio con relación a la Palabra revelada. La Iglesia ejerce el oficio de enseñar regularmente a través de la interpretación, cuidado y comunicación de la Palabra de Dios, no por encima de la Palabra sino a su servicio.[10] La tradición católica reconoce que el Magisterio ha recibido la responsabilidad de comunicar la fe recibida de Jesús y los apóstoles a través de los siglos. Sin embargo, el Magisterio no hace esto solo: "En colaboración armoniosa con el Magisterio en la misión evangelizadora de la Iglesia, todos los miembros del pueblo de Dios —sacerdotes, diáconos, religiosos y religiosas y los fieles laicos— transmiten la fe proclamando la Buena Nueva de la salvación en Jesucristo y comunicando el don de Dios de su propia vida divina en los sacramentos".[11] Compartir la fe en la Iglesia a través de la catequesis actualiza uno de los ejercicios más eficaces de colaboración eclesial: los catequistas y los maestros de la fe reconocen el papel central de un Magisterio que está al servicio de la Palabra, participan en el oficio de enseñar de la Iglesia en comunión con el Magisterio,[12] y son encargados/autorizados por los mismos miembros del Magisterio para compartir la fe en nombre de la Iglesia.[13]

Después de afirmar que la Escritura y la Tradición son inseparables porque ambas constituyen una fuente, ahora podemos decir algunas palabras sobre la relación específica que existe entre la Sagrada Escritura y la catequesis. La catequesis en este ensayo se entiende como el *proceso pedagógico de compartir la fe de la Iglesia con mujeres y hombres que han escuchado el mensaje del Evangelio; un proceso que lleva a un encuentro transformador y salvífico con Jesucristo y a vivir auténticamente como discípulos cristianos en contextos socio-histórico-culturales concretos.*[14] Cuando la Iglesia comparte la fe a través de la catequesis entra en diálogo con la Sagrada Escritura con un cuidado y devoción especiales siguiendo el ejemplo de muchos cristianos a través de los siglos: "A lo largo de las distintas épocas de la historia de la Iglesia, el estudio de la Sagrada Escritura ha sido la piedra angular de la catequesis".[15] Esto es verdaderamente evidente en los comentarios sobre la Sagrada Escritura por parte de los cristianos de la era patrística, las obras de muchas mujeres y hombres que reflexionando sobre la fe entraron en diálogo con las Escrituras como el alma de la teología,[16] y los miles de grupos de estudio bíblico que se reúnen para meditar sobre la palabra de Dios alrededor del mundo. El Directorio Nacional para la Catequesis nos recuerda que la catequesis "debe utilizar la Sagrada Escritura como su fuente de inspiración, su currículo fundamental y finalidad porque fortalece la fe, alimenta el alma y nutre la vida espiritual. 'La Sagrada Escritura proporciona el punto de partida, el fundamento y la norma de la enseñanza catequística.'"[17]

La Palabra de Dios en la Sagrada Escritura alimenta la comunidad dentro de la cual es proclamada, especialmente en el contexto de la liturgia. La Iglesia no deja "de tomar de la mesa y de distribuir a los fieles el pan de vida, tanto de la palabra de Dios como del Cuerpo de Cristo".[18] Algo similar, aunque no necesariamente exacto, ocurre cada vez que la Sagrada Escritura es compartida en momentos catequísticos. La catequesis continuamente hace vida el mensaje de la Sagrada Escritura en la vida de mujeres y hombres que lo escuchan y se esfuerzan para hacerlo parte de su vida diaria. Este encuentro con las Escrituras conlleva a un crecimiento en el conocimiento de la fe, ciertamente una de las tareas centrales de la catequesis.[19] El encuentro con la Palabra de Dios a través de la catequesis no está reservado exclusivamente a adultos con conocimientos teológicos o bíblicos profundos. Todos los cristianos estamos invitados a leer la Sagrada Escritura, estudiarla, orar con ella e integrar su mensaje en nuestras vidas. Toda forma de catequesis (ej. niños,[20] jóvenes,[21] adultos,[22] catecúmenos[23]) tiene que afirmar y preservar la centralidad de la Sagrada Escritura en sus procesos pedagógicos.

El Catecismo de la Iglesia Católica juega un papel muy importante en el ministerio catequístico de la Iglesia. El Catecismo ha de entenderse, debido a su relación íntima con la Sagrada Escritura, como un instrumento normativo de la catequesis.[24] El Catecismo es un compendio de verdades y convicciones que los católicos reconocemos como parte de nuestra fe y que nunca deben ser entendidas aparte o en competencia con la Sagrada Escritura. Todo lo contrario, el Catecismo está al servicio de la Palabra de Dios y está aplicado a complementar la Sagrada Escritura;[25] el fundamento del Catecismo es la Sagrada Escritura.[26]

Estas reflexiones sitúan el ministerio de la catequesis dentro del contexto más amplio de la misión evangelizadora de la Iglesia y proveen una visión general de la dimensión eclesial de esta tarea tan importante. La Palabra de Dios viene a nosotros como una fuente de revelación divina mediada a través de los dones de la Sagrada Escritura y la Sagrada Tradición. El ministerio catequístico, por consiguiente, está firmemente fundamentado en estos dones y apunta a preservar la unidad de la Palabra de Dios en todas sus expresiones. La catequesis busca robustecer el conocimiento de la fe, especialmente de una manera que lleve a los que participan en ella a un encuentro con Cristo y a vivir dicha fe en la particularidad de sus vidas. La Sagrada Escritura inspira la actividad catequística de la Iglesia, está al centro de ella y en última instancia es su meta. En palabras de San Jerónimo, "ignorar las Escrituras es ignorar a Cristo".

Si tal como dijimos hace un momento, la catequesis conduce a un encuentro transformador y salvífico con Jesucristo y a vivir auténticamente como discípulos cristianos en contextos socio-histórico-culturales concretos, entonces tenemos que poner atención a las varias maneras como leemos la Sagrada Escritura en nuestros contextos catequísticos. Una simple mirada a nuestras comunidades de fe confirma que leer las Escrituras en la Iglesia es todo menos una actividad homogénea y monótona. Hay distintos lentes con los cuales hacemos esto, distintas motivaciones, distintas maneras de leer y distintas metodologías de las que nos podemos valer cuando leemos el texto sagrado. En la siguiente sección de este ensayo nos aventuramos a explorar lo que significa leer las Escrituras como latinos católicos en los Estados Unidos. Cuando los latinos participamos en procesos de educación en la fe, leemos las Escrituras con la Iglesia. Sin embargo, hacemos esto a la luz de nuestra situación particular y nuestras experiencias como latinos.

La Biblia y la catequesis en la experiencia latina católica en los Estados Unidos

Hablar de una catequesis que es esencialmente particular a la experiencia latina estadounidense, con características que son relevantes primordialmente por su carácter latino puede conducir a ciertas dificultades: primero, puede enviar a los educadores religiosos en búsqueda de algo que no existe tan específicamente definido o imaginado; segundo, puede llevar a la tentación de aislar, quizás caricaturizar la catequesis con los latinos —lo cual conduciría ciertamente al detrimento de esta tarea eclesial con este grupo en particular. Sin embargo, hay experiencias que los latinos católicos estadounidenses compartimos en común, las cuales marcan nuestra identidad y nos permiten hacer preguntas específicas sobre nuestra relación con Dios y los demás, tanto en la Iglesia como en la sociedad. Estas experiencias sirven como lentes por medio de los cuales los latinos estadounidenses vemos la realidad, la interpretamos y respondemos a ella. Esto no ocurre fuera de la comunidad eclesial sino firmemente integrados en ella. El catolicismo latino en los Estados Unidos no debe ser considerado como una experiencia completamente aparte o una alternativa al ser Iglesia en este país ni como algo que tiene menos valor cuando se compara con otras experiencias de ser católico. Lo excepcional del catolicismo latino, y por consiguiente de la manera cómo la catequesis se desarrolla en nuestras comunidades y cómo leemos la Sagrada Escritura, está en la profundidad de su eclesialidad. Cuando catequizamos, lo hacemos como latinos pero no exclusivamente para los latinos. Cuando leemos la Sagrada Escritura, la leemos como latinos pero no exclusivamente para los latinos.

En lugar de hacer un argumento sobre la idea de una "catequesis latina" y cómo la Biblia se usaría dentro de esta catequesis, propongo que miremos a lo que pudieran llamarse "momentos diarios de encuentro con lo sagrado"[27] en la experiencia de los latinos católicos en los Estados Unidos y explorar cómo nos relacionamos con la Sagrada Escritura en estos momentos. La catequesis para muchos latinos, al igual que para muchos católicos que no son latinos, frecuentemente ocurre en salones de clase y en contextos formales de catequesis. No obstante, la catequesis no está limitada a estos momentos. Mientras más estemos atentos a los momentos diarios de encuentro con lo sagrado que caracterizan la experiencia hispana católica estadounidense y mientras más afirmemos su valor catequístico, mejor apreciaremos su potencial para mediar la experiencia de Dios. Estos momentos simultáneamente revelan una apropiación inicial de la Sagrada Escritura y llaman a un encuentro más profundo con el texto sagrado y su mensaje.

Momentos litúrgicos y de oración

Quizás la manera más regular de encuentro con las Escrituras para los latinos católicos es la Palabra proclamada en las varias celebraciones litúrgicas de la Iglesia, especialmente en la Eucaristía. Allí los fieles son alimentados de la mesa "tanto de la palabra de Dios como del Cuerpo de Cristo".[28] La tradición católica reconoce profundamente que "gracias a la realidad de Jesús, Señor resucitado y presente en los signos sacramentales, la liturgia ha de ser considerada como lugar primario del encuentro con la Palabra de Dios".[29] Al participar en las celebraciones litúrgicas alrededor de los sacramentos los fieles tenemos la oportunidad de experimentar cómo la Sagrada Escritura se hace vida no sólo en la proclamación sino también en la celebración ritual de la Palabra de Dios. Por consiguiente, la participación en la liturgia tiene un doble efecto catequístico: encontramos la Sagrada Escritura a través de palabras (proclamación) y de acciones (ritual).

Junto al encuentro con la Sagrada Escritura en la liturgia, la Iglesia invita a los católicos a leer la Biblia como parte de nuestros ejercicios espirituales diarios. Ciertamente éste es un paso adelante en la historia reciente del catolicismo al considerar que hace menos de un siglo quienes leían las Escrituras por su propia cuenta, cuando tenían una copia disponible, eran mirados con sospecha. *Dei Verbum* pidió "que los cristianos tengan amplio acceso a la Sagrada Escritura".[30] Esta proximidad a la Sagrada Escritura es verdaderamente palpable en la práctica antigua de la *Lectio Divina*, una manera simple pero profunda de acercarse al texto sagrado en oración que es bastante conocido entre muchos latinos católicos en los Estados Unidos, especialmente los jóvenes, y continúa siendo practicada en muchos hogares, grupos de estudio bíblico y pequeñas comunidades eclesiales. A través de la *Lectio Divina* escuchamos a Dios hablando a nuestras vidas, nos familiarizamos con los textos bíblicos y nos acercamos a la Sagrada Escritura como un compás que guía nuestra existencia en el mundo de hoy.[31]

Estudio formal de las Escrituras

Una de las muchas bendiciones de la experiencia católica en los Estados Unidos es la existencia de un gran número de centros educativos católicos donde los fieles pueden acceder al estudio formal de la Sagrada Escritura. Universidades, seminarios, escuelas, programas diocesanos, institutos pastorales y parroquias, entre otros, ofrecen varios programas de estudio en distintos niveles llevando a sus estudiantes a un conocimiento más educado del texto sagrado. Es estimulante ver que en estos centros un gran número de educadores y académicos combinan esfuerzos para compartir sus mejores conocimientos para leer la Sagrada Escritura con la comunidad eclesial. Allí ellos brindan a las muchas personas interesadas en la Biblia las mejores técnicas para leer el texto sagrado a la luz de estudios académicos recientes y metodologías creativas.

Otros ensayos en esta colección analizan cómo la Sagrada Escritura se lee y estudia en estos centros. Sin embargo, quisiera resaltar el papel extraordinario de los varios institutos pastorales que sirven a los hispanos católicos en todo el país. Estos institutos pastorales son verdaderas escuelas de formación para el liderazgo y están firmemente sostenidos en el estudio de la Sagrada Escritura desde una perspectiva latina. He sido invitado a enseñar en algunos de ellos y estoy familiarizado con el currículo de otros. Casi todos ellos ofrecen programas sólidos de introducción a la Sagrada Escritura. El número de hispanos católicos que asisten a las clases en estos institutos pastorales es mucho mayor que el de quienes asisten a universidades y seminarios. Por ello, todo reconocimiento, apoyo y acompañamiento ha de darse a estos institutos comprometidos con la formación en la fe de los latinos católicos. Estos son verdaderamente centros de encuentro con la Biblia.

Estos dos primeros momentos diarios de encuentro con lo sagrado son en cierto sentido bastante familiares para muchos católicos y educadores religiosos latinos. Pudiéramos decir que son momentos más regulares, formales e incluso "oficiales". Ahora miraremos a tres momentos diarios de encuentro con lo sagrado en donde los latinos entramos en contacto con la Sagrada Escritura de una manera profunda y transformadora. Quizás estos momentos no gozan de la formalidad o el reconocimiento de los primeros dos, pero tal como veremos ellos son cruciales en la formación de la experiencia religiosa de millones de latinos católicos estadounidenses.

Experiencia vivida

Hablar de la experiencia vivida es hacer referencia al acontecer de la realidad humana en el contexto de lo cotidiano.[32] Teólogos y educadores de la fe latinos estarían de acuerdo con la observación de que la escuela catequística más poderosa que poseemos es la experiencia vivida. Los latinos católicos estadounidenses nos esforzamos para afirmar plenamente nuestra identidad como latinos, como católicos y como ciudadanos en la cotidianidad de nuestras vidas. Es en lo cotidiano en donde descubrimos lo que significa estar en relación con Dios y con los demás. En la vida diaria aprendemos que la fe vale mucho cuando le da sentido a nuestra experiencia como mujeres y hombres cuyas vidas son moldeadas por la particularidad de nuestra etnicidad y nuestra posición sociocultural. Lo cotidiano es la escuela en la que compartimos la fe con nuestros hijos, con las nuevas generaciones de católicos y con cualquier persona que está abierta a percibir la presencia amorosa de Dios en el aquí y ahora de nuestras vidas diarias. La complejidad de nuestra experiencia vivida nos invita continuamente a nombrar —y renombrar— nuestra realidad por medio de expresiones, prácticas y símbolos que apuntan hacia lo sagrado. Esto constituye lo que yo llamaría nuestra "imaginación católica hispana" o lo que Virgilio Elizondo distingue como el "tesoro de nuestra fe hispana".[33] Al nombrar la realidad de esta manera los latinos estamos continuamente leyendo la presencia de Dios en nuestras vidas y en nuestra realidad con la convicción de que vivimos en un mundo que es sagrado.[34] La experiencia vivida es catequesis en su mejor expresión porque simultáneamente inserta nuestra experiencia humana en el esplendor de la revelación cristiana mientras que hace que esta revelación se conecte con lo que somos —seres humanos creados a imagen y semejanza de Dios que buscan plenitud dentro del marco de la historia y cuya dignidad es inalienable —aquí y ahora.

Leer la Sagrada Escritura en lo cotidiano es un ejercicio de diálogo transformador en el cual leemos el texto sagrado a la luz de nuestra propia experiencia mientras que permitimos que el texto nos lea. Justo González ha articulado sutilmente dicha relación: "Leer la Biblia es entrar en un diálogo con ella. En ese diálogo existe un sentido en el que el texto es normativo [...] Al mismo tiempo, el otro polo del diálogo es igualmente importante.

Soy yo quien lee el texto desde mi contexto y mi perspectiva".[35] Nuestra experiencia vivida es el contexto en el que nos hacemos quienes somos y nos percatamos cómo otros "se hacen". La experiencia vivida es una escuela de catequesis que es personal y comunal, formadora y transformadora; afirma el presente y anticipa el futuro. Por consiguiente, cuando los latinos leemos la Sagrada Escritura en esta escuela de catequesis, "leemos la Biblia no primeramente para ver qué debemos hacer sino para descubrir quiénes somos y quiénes hemos de ser".[36]

Catolicismo popular

La experiencia de Dios entre los latinos católicos está marcada por un sentido profundo de lo sagrado que se percibe de manera única a través de prácticas de catolicismo popular. Estas prácticas (ej. las posadas, el altarcito, el Via Crucis) manifiestan una comprensión de la fe que nace de la particularidad de la vida y las experiencias del pueblo. Es en este sentido que estas prácticas han de ser consideradas populares. Ellas son articulaciones que nacen de la reflexión e interpretación de las fuentes de la revelación cristiana por parte del pueblo durante ciertos períodos de tiempo, con frecuencia siglos. Dichas articulaciones integran convicciones y fórmulas de fe oficiales con perspectivas populares sobre Dios, la realidad y la vida de la gente. El catolicismo popular es simultáneamente una manera de conocer[37] y el lenguaje más disponible a la mayoría de latinos católicos, muchos de los cuales viven en las márgenes de nuestra sociedad, para expresar nuestra fe de una manera que es accesible y familiar.

El carácter pedagógico intrínseco al catolicismo popular se hace manifiesto cuando sirve como medio para compartir la fe de la Iglesia, es decir la fe del pueblo, por medio de prácticas y símbolos. El catolicismo popular es para los latinos un recurso magnífico para aprender la fe de nuestros padres, para profundizar los misterios de esa fe, y para transmitir lo que creemos y celebramos con otras personas en la Iglesia. Tal como vimos en la sección anterior, la Palabra de Dios es la fuente primera de la catequesis. De la misma manera, la Palabra de Dios que se hace accesible a nosotros en la historia por medio de la Sagrada Escritura y la Tradición es la fuente primaria del catolicismo popular. En este contexto la Palabra es mediada a través de experiencias de mujeres y hombres que viven en contextos socio-histórico-culturalmente diversos. Partiendo del hecho de que la catequesis y el catolicismo popular comparten esta misma fuente podemos hacer tres observaciones que tienen implicaciones pedagógicas profundas.

Primero, el catolicismo popular y las Escrituras nacen en un contexto similar: la realidad del pueblo. Varios documentos eclesiales sobre la Sagrada Escritura y las obras de expertos bíblicos contemporáneos coinciden con la convicción de que la Biblia nació como parte de un proceso de reflexión amplio en varias comunidades judías y cristianas. Este proceso tuvo lugar en medio de las experiencias de mujeres y hombres de fe que no sabían que lo que estaban escribiendo o reflexionando algún día sería considerado "texto sagrado". Los judíos que escribieron el Antiguo Testamento y luego los cristianos que articularon las narrativas y cartas que más adelante se convertirían en el Nuevo Testamento tenían bastante en común con los cristianos contemporáneos cuya fe es sostenida a través del catolicismo popular: percibían el mundo como un lugar sagrado en el cual Dios se hacía presente de manera increíble; usaban un lenguaje (ej. parábolas), prácticas (ej. festivales anuales) y símbolos (ej. la pascua) que eran parte de sus vidas diarias para hablar e interpretar su fe; vivían en tiempos en donde la vida era constantemente definida en términos de lucha. Familiarizarse con el catolicismo popular puede considerarse como una aproximación al mundo de la Biblia, tanto en términos de situación social como términos de marcos interpretativos.

Segundo, el catolicismo popular nos enseña sobre la Sagrada Escritura. Casi todas las expresiones de catolicismo popular entre los latinos tienen una base bíblica sólida. Muchas veces éstas son representaciones de escenas bíblicas (ej. las posadas, el Via Crucis) o interpretaciones de temas bíblicos que se hacen vida a través de prácticas específicas (ej. los penitentes).[38] El catolicismo popular tiene una función catequística en la vida de la Iglesia cuando comunica los varios mensajes de la Sagrada Escritura por medio de rituales y símbolos. La seducción del catolicismo popular a los sentidos y a nuestra imaginación religiosa nos permite ver ciertos momentos bíblicos hacerse vida en el aquí y ahora de nuestra experiencia como comunidad de fe. La actualización de esos momentos bíblicos quizás no es exacta desde una perspectiva histórica, quizás no es tan sofisticada para satisfacer el análisis crítico de algunos teólogos y otros académicos, o quizás es el resultado de una lectura ingenua del texto bíblico —para lo cual siempre ha de haber lugar.[39] Sin embargo, es la lectura del texto sagrado por parte del pueblo y como tal merece ser contemplada. Los catequistas y los maestros de la fe que motivan la participación en prácticas de catolicismo popular tienen a su alcance una gran herramienta cuyo valor pedagógico es incalculable. El mensaje que la práctica o el símbolo comunica se explica a sí mismo: comunica un aspecto específico del tesoro de nuestra fe cristiana mientras que permanece abierto a otras conexiones e interpretaciones diversas por parte del pueblo. En lugar de sólo enseñar sobre la Sagrada Escritura, el catolicismo popular presenta al texto como una realidad viva y relevante en la experiencia presente de los creyentes.

Tercero, el catolicismo popular se renueva por medio de una lectura continua de la Sagrada Escritura a la luz de la experiencia de la Iglesia aquí y ahora. El catolicismo popular nunca ha de ser considerado como la interpretación final de la Sagrada Escritura ni como la única manera de hacer que el mensaje bíblico sea relevante en la vida de los creyentes. Sin embargo, su papel en promover una espiritualidad cristiana dinámica entre los latinos debe ser debidamente afirmado. Su carácter pedagógico se intensifica gracias al contacto renovado con el texto sagrado en la liturgia, la catequesis y la reflexión teológica. Mujeres y hombres involucrados en el ministerio de la catequesis tenemos la responsabilidad de familiarizar a los creyentes y las comunidades de fe para quienes el catolicismo popular es un elemento central en su vida espiritual con las orientaciones de la Iglesia para leer la Biblia.

La Sagrada Escritura y el catolicismo popular están íntimamente relacionados en los varios procesos catequísticos que sostienen la vida de fe de los latinos católicos en los Estados Unidos. El catolicismo popular es la manera de los creyentes de tradicionar su fe. Dicho esfuerzo no es aislado o contrario a los esfuerzos oficiales de interpretar la Palabra de Dios pero sí distinto y complementario: una verdadera expresión del *sensus fidelium* de la Iglesia.

Lectura de la Sagrada Escritura en pequeñas comunidades eclesiales

La experiencia de las pequeñas comunidades eclesiales no es ajena a los latinos católicos. Leer la Biblia, reflexionar sobre la fe en la vida diaria y celebrar la Palabra de Dios en pequeñas comunidades ha sido una marca de la experiencia del catolicismo latino en Latinoamérica y en los Estados Unidos. Aun más, ésta es la manera como el cristianismo se fortaleció en sus comienzos, lo ha hecho en contextos misioneros y sigue siendo sostenido en muchas partes del mundo.

La Sagrada Escritura ha estado y sigue presente en el corazón de las comunidades eclesiales latinas. La mayoría de estas pequeñas células, también llamadas comunidades de base en algunas partes del mundo, se reúnen alrededor de la Sagrada Escritura para escuchar la proclamación de la Palabra de Dios, para orar con ella, y para ver cómo el texto sagrado ofrece una luz en las circunstancias particulares de los creyentes. El ejercicio de leer la Sagrada Escritura en pequeñas comunidades es poderoso y transformador al menos por cuatro razones:

1. Nos permite acceder a la Sagrada Escritura como texto que nos habla en el aquí y ahora de nuestra vida diaria.
2. Nos introduce a un diálogo transformador con la palabra de Dios en la Biblia que nos invita a la conversión.
3. Cultiva un entendimiento más profundo de la revelación divina.
4. Crea comunión entre quienes leen el texto junto con la Iglesia.

Esta experiencia tiene una naturaleza pedagógica y, por consiguiente, todo esfuerzo catequístico entre latinos debe mirar a las pequeñas comunidades eclesiales como espacios privilegiados para compartir la fe de la Iglesia.

Ciertos documentos eclesiales recientes hacen referencia al gran valor de las pequeñas comunidades eclesiales en la evangelización de los latinos. *Encuentro y misión: un marco pastoral renovado para el ministerio hispano* (2002), publicado por los obispos de los Estados Unidos para reenfocar el compromiso de la Iglesia con la pastoral hispana en el país, mira favorablemente a las pequeñas comunidades eclesiales. La declaración afirma que estas comunidades "han sido, y continúan siendo, una expresión valiosa de los esfuerzos de evangelización de la Iglesia";[40] son espacios efectivos para promover la formación en el liderazgo.[41] Citando un documento anterior sobre el valor de estas comunidades, *Encuentro y misión* corrobora que "cuando se enraízan sólidamente en la Escritura, en la Tradición de la Iglesia y en la religiosidad hispana, las pequeñas comunidades eclesiales constituyen un nuevo momento de autocomprensión para la Iglesia, encarnando así la celebración y proclamación de la misma Iglesia".[42] En el 2007 los obispos de Latinoamérica y el Caribe se reunieron en Aparecida, Brasil, para su quinta conferencia general. Algunos obispos y líderes de los Estados Unidos participaron en esta reunión. Su presencia fue bastante significativa considerando que millones de latinos católicos que vivimos ahora en los Estados Unidos fuimos formados dentro de las estructuras de la Iglesia en Latinoamérica y traemos dicha experiencia como parte nuestra contribución a la Iglesia en los Estados Unidos. Aparecida habla de pequeñas comunidades como "escuelas que han ayudado a formar cristianos comprometidos con su fe, discípulos y misioneros del Señor".[43] Estas comunidades son instrumentales para "acceder a un conocimiento mayor de la Palabra de Dios, al compromiso social en nombre del Evangelio, al surgimiento de nuevos servicios laicales y a la educación de la fe de los adultos".[44]

Ciertamente estos no son los únicos momentos diarios de encuentro con lo sagrado en donde la catequesis y la Palabra de Dios coinciden como parte de la experiencia de los latinos católicos estadounidenses. Nuestra meta en esta sección ha sido afirmar que hay algunos momentos que son especiales dentro de la experiencia católica latina que tienen un valor catequístico significativo. Dichos momentos han de ser vistos como oportunidades privilegiadas para promover un encuentro formador y transformador con la Palabra de Dios. Para los catequistas trabajando con latinos católicos, éstos son recursos excepcionales para llevar a cabo el ministerio de compartir la fe.

Signos de esperanza y signos de inquietud: hacia una agenda de estudio

Sin duda alguna la Palabra de Dios mediada a través de la Sagrada Escritura no es ajena a las vidas y experiencias de los latinos. Nuestra gente está sedienta de la Palabra de Dios y la catequesis es un contexto privilegiado para satisfacer esa sed. En la parte final de esta reflexión sobre la relación entre la Sagrada Escritura y la catequesis en el contexto de los católicos latinos que vivimos en los Estados Unidos es necesario mencionar una serie de retos que requieren nuestra atención inmediata. Debido a las limitaciones de espacio, simplemente me referiré a cinco situaciones que para el liderazgo catequístico aparecen como signos de esperanza acompañados de signos de inquietud. Estas situaciones son al mismo tiempo caminos de acción y retos.

Primero, el número de latinos católicos acercándose a la Sagrada Escritura por medio de grupos de oración es bastante alto. Una de las razones centrales para este acercamiento es la participación creciente de los latinos en grupos de la Renovación Carismática y el papel central que la Biblia juega en estos grupos. Se estima que la Renovación Carismática es la forma de espiritualidad eclesial más influyente entre los latinos católicos en los Estados Unidos.[45] *Sin embargo*, observaciones empíricas por parte de profesionales y líderes eclesiales indica que muchos, quizás la mayoría, de líderes y catequistas en estos grupos están insuficientemente preparados en cuanto al estudio de la Sagrada Escritura. Las consecuencias inmediatas de esta falta de preparación son lecturas e interpretaciones erróneas de la Biblia al igual que la tendencia a leer el texto sagrado de manera fundamentalista.

Segundo, la mayoría de latinos católicos que vivimos en los Estados Unidos estamos en interacción continua con cristianos que no son católicos para quienes la Sagrada Escritura es la norma única de fe. Tal interacción frecuentemente ocurre en momentos ordinarios de la vida como el trabajo, la escuela o eventos sociales en los vecindarios. Algunas veces el encuentro tiene lugar en contextos religiosos. Dicho contacto requiere un mejor entendimiento de la Sagrada Escritura para entrar en conversación con estas personas. Al mismo tiempo, es importante que los latinos católicos aprendamos a dialogar con otros cristianos y a aprovechar el hecho de que tenemos un texto sagrado en común. Afortunadamente varios teólogos latinos han dado pasos enormes en esta conversación y muchos han desarrollado recursos muy buenos para ilustrar esta interacción. *Sin embargo*, el diálogo ecuménico raramente es parte de la agenda catequística de la mayoría de los latinos católicos, especialmente en parroquias y otros espacios pastorales similares. Muy esporádicamente los trabajos e ideas sobre ecumenismo de los académicos latinos llegan a los latinos en los programas catequísticos. La mayoría de inmigrantes de Latinoamérica (¡millones!) carecen de una cultura de diálogo ecuménico; muchos todavía leen la Biblia y se refieren a los cristianos no católicos en términos que anteceden el Concilio Vaticano II. A esto hay que añadirle que la mayoría de orientaciones para el diálogo ecuménico que los católicos tenemos disponibles con frecuencia se refieren a la relación con las llamadas iglesias históricas pero dicen poco sobre cómo entrar en diálogo con grupos como los Mormones, los Testigos de Jehová y los Pentecostales, los grupos que más hacen presencia en los vecindarios latinos. Muchos de estos grupos son considerados cristianos y otros pseudo-cristianos. Aun así, todos tienen una conexión especial con la Sagrada Escritura.

Tercero, el catolicismo en la segunda parte del siglo XX avanzó una conciencia profunda sobre la lectura correcta de la Sagrada Escritura con relación a los judíos.[46] Esta conciencia es parte de un esfuerzo admirable para dialogar mejor con mujeres y hombres en el mundo que no son cristianos. Varios documentos eclesiales recientes invitan a una catequesis renovada que eduque en la valoración de las contribuciones de la experiencia judía en la historia de la salvación y conduzca a eludir cualquier forma de antisemitismo.[47] Dicha conciencia eclesial sobre una lectura correcta de la experiencia judía en el Nuevo Testamento y la de los judíos de hoy en día ha llevado a dar pasos grandes en el diálogo entre judíos y cristianos. Los catequistas ciertamente han permanecido a la vanguardia de este diálogo. *Sin embargo*, en general la catequesis entre los latinos católicos no ha mantenido el ritmo con relación a estas preocupaciones. Dos razones se pueden argumentar con relación a esta situación: uno, el número de judíos que son hispanos es bastante pequeño, tanto en los Estados Unidos como en Latinoamérica. Esto ha prevenido que los latinos seamos más atentos a la experiencia judía y participemos en diálogos de enriquecimiento mutuo con judíos en nuestras comunidades. Dos, muchos latinos todavía mantienen prejuicios sobre el pueblo judío gracias a un "catolicismo cultural" latinoamericano de antaño,[48] aún presente entre los cristianos protestantes. Nuestras comunidades latinas tienen pocas oportunidades de estar expuestas a conversaciones entre judíos y cristianos, las cuales requieren lecturas balanceadas de la Sagrada Escritura al igual que una formación teológica sólida.

Cuarto, el crecimiento acelerado de recursos tecnológicos ha permitido acceso casi ilimitado a la Sagrada Escritura en línea, por medio de artefactos portables, radio, televisión, grabaciones e impresos. Junto con este amplio acceso a la Sagrada Escritura, los latinos católicos leemos comentarios, interpretaciones, análisis y estudios, en inglés y español (y algunas veces en otros idiomas), que están disponibles de la misma manera que el texto sagrado. *Sin embargo*, es importante que la catequesis provea a los latinos católicos los criterios apropiados para evaluar estos recursos. No todas las traducciones de la Biblia disponibles en el internet son precisas, no todos los comentarios y estudios afirman la riqueza de la tradición de la Iglesia, no todas las lecturas conllevan a un mejor entendimiento de la Sagrada Escritura como cuando se lee en la comunidad eclesial. Es urgente que los momentos catequísticos pongan atención a este reto introduciendo, corrigiendo y guiando la lectura de la Sagrada Escritura a la luz de los estudios contemporáneos y de acuerdo con la sabiduría de la Iglesia.

Quinto, muchos materiales para el estudio de la Sagrada Escritura en los contextos latinos católicos están disponibles como recursos traídos de países de habla hispana o como traducciones de trabajos en inglés. Estos recursos ayudan bastante porque introducen a los latinos al texto sagrado y a su estudio de manera formal. *Sin embargo*, los recursos que son importados desde otros países o los que son traducidos literalmente de otros en inglés, desarrollados en contextos culturales que reflejan poco o nada de la experiencia latina, pueden ser significativamente limitados. Tal como vimos anteriormente, el valor de "leer la Biblia en español" y de relacionarse con la Sagrada Escritura a la luz de nuestra propia experiencia particular es invaluable. La Biblia no es simplemente un texto de estudio o un libro de referencia con normas morales y doctrinas para ser extraídas sin un esfuerzo interpretativo. La Biblia como Palabra de Dios en forma escrita nos habla como latinos, nos lee como latinos y nos interpreta como latinos. Debemos crear y usar recursos catequísticos que entren en diálogo con la Sagrada Escritura de maneras que hagan precisamente eso. Para ello debemos promover el diálogo entre los teólogos y biblistas latinos con los catequistas latinos y cualquier otra persona que cateqiza en contextos latinos; tenemos que invitar a los latinos a crear materiales que reflejen la particularidad de nuestra experiencia; tenemos que imaginar creativamente pedagogías que hagan vida esta experiencia en las distintas maneras como enseñamos y aprendemos.

Estas cinco situaciones y sus retos correspondientes tienen un impacto directo en la manera como la Sagrada Escritura y la catequesis se relacionan a medida que educamos latinos católicos en la fe. Más investigación es necesaria en cada área para poder evaluar mejor el estatus de estos retos y así determinar las respuestas más apropiadas. Sea ésta una invitación a los líderes catequísticos, ministros, teólogos, otros profesionales e instituciones eclesiales y académicas a asignar recursos necesarios para avanzar este tipo de investigación y apoyar a las mujeres y hombres que están comprometidos en este esfuerzo. La exploración de la relación entre la Biblia y la catequesis en el contexto de la experiencia hispana católica como lo hemos hecho en este ensayo es un ejemplo de cómo este proyecto puede desarrollarse.

～

Notes

1.　*Cfr.* "Doctrina de los doce apóstoles", en *Padres apostólicos*, edición bilingüe completa, ed. Daniel Ruiz Bueno (Madrid: Biblioteca de Autores Cristianos, 1993), 77–94.

2.　Vea por ejemplo la colección de homilías bautismales de varios padres de la Iglesia del siglo IV compilada por Edward Yarnold, *The Awe-Inspiring Rites of Initiation: The Origins of the RCIA*, 2da ed. (Collegeville, MN: Liturgical Press, 1994), 67–250.

3.　*Cfr. De Doctrina Christiana* y *De Catechizandis Rudibus*.

4. De interés particular para los académicos y educadores católicos es la encíclica de Pío XII, *Divino Afflante Spiritu*, publicada en 1943, en la cual se reconocieron los métodos contemporáneos de interpretación bíblica como recursos válidos para entender e interpretar mejor la Sagrada Escritura en el contexto de hoy.

5. *Cfr.* "Constitución dogmática sobre la divina revelación", *Dei Verbum*, § 6 y 10, http://www.vatican.va/archive/hist_councils/ii_vatican_council /documents/vat-ii_const_19651118_dei-verbum_sp.html.

6. *Dei Verbum*, § 10.

7. *Cfr.* Pablo VI, *Evangelii Nuntiandi*, § 17 y Juan Pablo II, *Catechesi Tradendae*, § 18.

8. Una guía y reflexión bastante accesible en sobre el papel de la Sagrada Escritura en la Iglesia es la escrita por Daniel J. Harrington, *How Do Catholics Read the Bible?* (Lanham, MD: Rowman & Littlefield, 2005).

9. *Catechesi Tradendae*, § 27; *cfr.* Conferencia de los Obispos Católicos de los Estados Unidos, *Directorio nacional para la catequesis* (Washington, DC: United States Conference of Catholic Bishops, 2005), 53.

10. *Cfr. Dei Verbum*, § 10.

11. *Directorio nacional para la catequesis*, 16B.

12. *Cfr. ibid.*, 18.

13. *Cfr.* Conferencia de los Obispos Católicos de los Estados Unidos, *Colaboradores en la viña del Señor: un recurso para guiar el desarrollo del ministerio eclesial laico* (Washington, DC: United States Conference of Catholic Bishops, 2005), 55.

14. Una definición de trabajo.

15. *Directorio nacional para la catequesis*, 24B.

16. *Cfr. Dei Verbum*, § 24.

17. *Directorio nacional para la catequesis*, 24B. Este pasaje hace referencia al documento "La interpretación de la Biblia en la Iglesia", § 39, preparado por la Pontificia Comisión Bíblica en 1993.

18. *Dei Verbum*, § 21.

19. *Directorio nacional para la catequesis*, 20.

20. *Ibid.*, 48E.

21. *Ibid.*, 48D.

22. *Ibid.*, 48A.

23. *Ibid.*, 35D.

24. *Ibid.*, 24C; vea también Congregación para el Clero, *Directorio general para la catequesis*, no. 120, http://www.vatican.va/roman_curia/congregations/cclergy /documents/rc_con_ccatheduc_doc_17041998_directory-for-catechesis_sp.html.

25.   *Cfr. Directorio nacional para la catequesis*, 24C.

26.   *Ibid.*

27.   Lo sagrado no debe ser reducido a algo de otro mundo o algo completamente transcendente o aun algo contrario a la experiencia humana. Lo sagrado es la presencia de Dios que se percibe en la realidad de la vida, la historia y la naturaleza. Es lo que hace posible que mujeres y hombres veamos el mundo como sacramental. Para los cristianos, lo sagrado o lo sacramental de la vida, la historia y el mundo es mediada por el misterio salvífico de Jesucristo.

28.   *Dei Verbum*, § 21.

29.   Sínodo de los obispos, XII Asamblea General Ordinaria, "La Palabra de Dios en la vida y en la misión de la Iglesia, *Instrumentum Laboris*," Ciudad del Vaticano, 2008, § 13, http://www.vatican.va/roman_curia/synod/documents /rc_synod_doc_20080511_instrlabor-xii-assembly_sp.html. Al momento de escribir este ensayo los católicos todavía esperamos la exhortación apostólica que normalmente es publicada después de este tipo de reuniones eclesiásticas. No obstante, el *Instrumentum Laboris* es una fuente confiable que da un buen sentido de los puntos que serán resaltados en la exhortación.

30.   *Dei Verbum*, § 22.

31.   *Cfr. Instrumentum Laboris*, § 38. Para profundizar la reflexión sobre el valor de leer la Sagrada Escritura en oración, vea Demetrius R. Dumm, *Praying the Scriptures* (Collegeville, MN: Liturgical Press, 2003), particularmente el capítulo 5 que habla de la *Lectio Divina*.

32.   *Cfr.* Ada María Isasi-Diaz, *En la Lucha / In the Struggle: Elaborating a Mujerista Theology*, edición del décimo aniversario (Minneapolis: Fortress, 2003), 89–92 (recurso bilingüe).

33.   *Cfr.* Virgilio P. Elizondo, "The Treasure of Hispanic Faith," en Virgilio P. Elizondo y Timothy M. Matovina, *Mestizo Worship: A Pastoral Approach to Liturgical Ministry* (Collegeville, MN: Liturgical Press, 1998), 75.

34.   Para un análisis interesante sobre cómo los católicos latinos estadounidenses ven los sacramentos en la Iglesia a partir de nuestra experiencia cultural y religiosa, vea James Empereur y Eduardo Fernández, *La Vida Sacra: Contemporary Hispanic Sacramental Theology* (Lanham, MD: Rowman & Littlefield, 2006).

35.   Justo L. González, *Santa Biblia: The Bible through Hispanic Eyes* (Nashville: Abingdon Press, 1996), 14. Todas las traducciones de los textos de Justo González en este ensayo son mías.

36.   *Ibid.*, 115.

37. *Cfr.* Orlando O. Espín, "Traditioning: Culture, Daily Life and Popular Religion, and Their Impact on Christian Tradition," en *Futuring Our Past: Explorations in the Theology of Tradition,* ed. Orlando O. Espín y Gary Macy (Maryknoll, NY: Orbis Books, 2006), 8.

38. Un recurso que sirve bastante para la reflexión sobre la relación entre algunas expresiones de catolicismo popular y la Sagrada Escritura es el libro de C. Gilbert Romero, *Hispanic Devotional Piety: Tracing the Biblical Roots* (New York: Orbis Books, 1991).

39. *Cfr.* Justo L. González, *Mañana: Christian Theology from a Hispanic Perspective* (Nashville: Abingdon Press, 1996), 80.

40. Conferencia de los Obispos Católicos de los Estados Unidos, *Encuentro y misión: un marco pastoral renovado para el ministerio hispano* (Washington, DC: United States Conference of Catholic Bishops 2002), 41, http://www .usccb.org/hispanicaffairs/encuentromissionsp.shtml.

41. *Ibid.,* 40.

42. *Ibid.,* 42. *Encuentro y misión* hace referencia al siguiente documento: Obispos Católicos de Estados Unidos, Comité de Obispos Hispanos, *Comunión y misión: orientaciones para obispos y agentes de pastoral sobre pequeñas comunidades eclesiales* (Washington, DC: United States Conference of Catholic Bishops, 1995), 25.

43. Conferencia Episcopal Latinoamericana, *Aparecida: Documento Conclusivo* (Bogotá, Colombia: Conferencia Episcopal Latinooamericana, 2007), 178.

44. *Ibid.. Cfr.* Puebla: Documento Conclusivo, 629.

45. *Cfr.* Pew Hispanic Center y Pew Forum on Religion & Public Life, *Changing Faiths: Latinos and the Transformation of American Religion* (Washington, DC: Pew Research Center, 2007), 27–38, http://pewhispanic.org/files /reports/75.pdf.

46. *Cfr.* Concilio Vaticano II, Declaración sobre las relaciones de la Iglesia con las religiones no cristianas, *Nostra Aetate* (1965).

47. *Cfr. Nostra Aetate,* § 4; "La Interpretación de la Biblia en la Iglesia", cap. 4, A3.

48. *Cfr.* Tom W. Smith, *Hispanic Attitudes toward Jews: Report* (New York: American Jewish Committee, 2007), https://www.policyarchive.org/handle /10207/11858.

5

"Caminó con ellos"

las posadas, el Vía Crucis y
la proclamación bíblica parroquial

Arturo J. Pérez Rodríguez

~

Introducción

Como sugiere el título de este artículo, "Caminó con ellos", hemos sido invitados personalmente a ser el "ellos" del título. Permítanme comenzar compartiendo con ustedes dos recuerdos personales y una confesión de negligencia las cuales recalcan mi parte de este "ellos".

Para muchas personas el fragmento evangélico del camino a Emaús evoca la imagen familiar de dos discípulos abandonando Jerusalén después de la crucifixión y el entierro de Jesús. De camino hacia Emaús un extranjero, cuya presencia pasa aparentemente desapercibida, interrumpe su conversación y comienza a hacer preguntas acerca de lo que les ha sucedido. Sigue un diálogo emocional. Palabras como *triste, sombrío* y *sorpresa* marcan el encuentro. La identidad de Jesús se conoce al final de la jornada gracias a la famosa expresión "en el compartir del pan". Mi recuerdo de esta expresión es uno de dolor. Fue en el tiempo cuando la Arquidiócesis de Chicago cerró muchas parroquias y escuelas. Yo era párroco en una parroquia trilingüe en la cual estábamos planificando la celebración de nuestro centenario cuando entramos en un proceso de discernimiento con las parroquias circundantes. Dicho proceso de discernimiento fue largo, arduo y doloroso porque comunidades vecinas tenían que decidir qué parroquias debían permanecer abiertas y cuáles no. Nuestra parroquia fue canónicamente eliminada. Fue una experiencia mortal para todos aquellos de nosotros que habíamos estado envueltos. Recuerdo el disgusto y la rabia de los feligreses cuando no pudieron celebrar el centésimo aniversario de la fundación de la parroquia.

Una vez que la decisión fue anunciada públicamente sobre cuál parroquia cerraría y cuál permanecería abierta, una persona de fuera del ambiente fue enviada por parte de la Arquidiócesis, para hablar con nuestro personal administrativo. Dio comienzo a la reunión leyendo la narración de Emaús. Después de la lectura, ella hizo una simple pregunta: "¿Pueden compartir conmigo las vicisitudes de los pasados meses?" Su pregunta me tomó de sorpresa. Fue la primera vez que en todo el proceso de discernimiento, de reuniones y discusiones que alguien nos preguntaba cómo nos sentíamos, en otras palabras en una forma simple de caminar con nosotros en una forma que se sentía personal, preocupándose y sanando. Escuchó atentamente cada una de nuestras historias. Expresamos nuestros sentimientos con palabras como confusión, coraje, frustración, duda y pena. Cuando ella se fue no era ya más una extraña. Ahora, siempre que leo este pasaje el recuerdo doloroso de aquel momento vuelve a mi mente. La Palabra de Dios por su propia naturaleza evoca y provoca recuerdos que nunca borran los sentimientos que contienen.

Siempre podemos afirmar que la proclamación de la Palabra de Dios tiene poder, pero no es hasta que unimos las experiencias personales de tal Palabra, no hasta que nos confrontamos y mezclamos con la presencia real del Señor en la Palabra que entra en contacto y toca la vida que la Palabra lleva. Como un forastero, espera por nosotros para compartir nuestras historias. Esto implica el riesgo de revelarnos a nosotros mismos.

Encontraremos la Palabra viva de Dios, la presencia real de Dios, en dos tradiciones religiosas hispanas, las *posadas* y el *Vía Crucis*. Permítanme atreverme a compartir un segundo recuerdo con ustedes. Éste se refiere al *Vía Crucis Viviente*, las Estaciones de la Cruz en vivo tal cual las experimenté en San Antonio, Texas. Fui invitado a participar y reflexionar sobre los servicios de Semana Santa según son celebrados anualmente en la Catedral de San Fernando por parte del Padre Virgilio Elizondo, quien era el rector de la catedral en aquel momento.

La Catedral de San Fernando tiene reputación por haber logrado integrar exitosamente las prácticas religiosas del catolicismo hispano popular en la liturgia católica romana, sirviendo de esta manera como ejemplo de algo que trabaja en una inculturación litúrgica. Es lo que se ha dado en llamar la liturgia *mestiza*. Es la experiencia de la liturgia oficial que se transforma en una experiencia religiosa vital del pueblo que la celebra.

El típico servicio del Viernes Santo llamado Vía Crucis o Estaciones de la Cruz revive las últimas horas de la vida de Cristo. Comienza con el juicio ante Poncio Pilato, continúa con la flagelación, sigue con la cruz a cuestas, su encuentra con su madre y culminando con su crucifixión.

El Vía Crucis revivido es una actividad religiosa de la comunidad que dura todo un día. Aun cuando hay los turistas ordinarios de los días festivos, los periodistas locales y los viandantes curiosos, la mayoría de las personas que participan observan este evento como un acto público de fe que proclama el evangelio de la pasión y muerte de Cristo. El servicio da comienzo temprano en la mañana en el mercado local y concluye en la catedral en la puesta del sol. La procesión transcurre a través de la calle actualmente llamada *Vía Dolorosa*, libremente traducida como el Camino del Dolor. Después de la Crucifixión de Cristo, la ceremonia concluye con el *Pésame a la Virgen*, la acostumbrada vela funeraria con María, la Madre de Cristo, y finalmente con el *Santo Entierro*, el sepelio de Cristo.

Ciertamente ésta no era mi primera experiencia de la celebración del Vía Crucis. Como párroco he ayudado activamente planificando y celebrando estos servicios. Este hecho concreto fue diferente para mí ya que yo era invitado y tuve el privilegio de tomar parte y experimentarlo no como planificador, implementador o celebrante, sino más bien como un observador participante. Fue simplemente ser uno más de entre la multitud. Vuelvo y repito, fue un "privilegio" ya que me sentía libre de cualquiera de las obligaciones que no fuera la de estar presente, la de ser testigo y la de vivir la experiencia.

Trato de recordar que el clima soleado de San Antonio fue perfecto para esta clase de eventos. El hombre que hizo de Cristo fue condenado por Pilato, azotado y escarnecido por los soldados romanos. Ensangrentadas sus ropas de forma teatral, la pesada y áspera cruz de madera fue colocada sobre sus hombros. Comenzó a caminar calle abajo rodeado por los soldados romanos, los ciudadanos de Jerusalén burlándose, los turistas y los seguidores creyentes. Tomé mi lugar en la procesión como parte de la multitud que acompañaba a Jesús en su camino hacia el Calvario, el cual estaba ubicado en la escalinata frente a la catedral. Todo me parecía algo común para mí. Lo que lucía algo común y ordinario cambió dramáticamente en un simple momento.

Según iba caminando detrás de Cristo, me sentí empujado y envuelto por una multitud que me rodeaba. Yo acerté a mirar por casualidad hacia abajo hacia la calle adoquinada y observé una brillante salpicadura roja de sangre, brillante y que se reflejaba en el sol de San Antonio. Traté de evitar el pisarla. Mi mente me decía que era una mancha artificial de sangre. Sin embargo, lo que mi mente —y me atrevería a decir que mi corazón— hizo fue el detenerme e instantáneamente recordar todas las veces que fui testigo de huellas de sangre en las calles de las parroquias en las cuales yo había servido. Huellas de sangre en las calles procedentes de accidentes de tráfico y de tiroteos. Recuerdos de visitas a adolescentes heridos, sangrando, llorando en las salas de emergencia de los hospitales me venían a la mente por momentos, escuchando los lamentos de las madres y familiares llorando y preguntándose "¿Por qué mi hijo?" Reconocí esa sangre fresca sobre esta calle de San Antonio.

Esto no era ya un drama sino una experiencia personal de mi propia ira ante el sufrimiento de un inocente, de mi frustración de lo que se ha convertido en la violencia ordinaria de la calle, de mi propio sentimiento de ser incapaz de cambiar las cosas, de ser un mudo espectador de una gran injusticia. Muchas cosas pueden ocurrir en un momento de reconocimiento inmediato. Miré hacia arriba y reconocí a Cristo caminando delante de mí. Sentí, fui testigo de la Palabra Viva de Dios caminando la calle de la Vía Dolorosa. No es necesario que afirme que no esperaba tener esta clase de experiencia. Me volví ansioso por vivir el resto de acontecimientos que pudieran ocurrir ese día.

Experiencias religiosas como las posadas y el Vía Crucis son los nexos, los puentes que llevan la vida de las Escrituras a nuestras comunidades parroquiales. Lo que compartimos en común como ministros y comunidad es la forma en que estos dos eventos encarnan el Misterio Pascual, la vida, muerte y resurrección de Cristo. Somos testigos de cómo este Misterio se hace realidad en la vida de las personas a las cuales tenemos el privilegio de servir. Para muchas personas *estas prácticas* son la forma en que viven la fe, la manera en que la Palabra es proclamada, el estilo en que la Palabra se proclama, la forma de predicar la Palabra, y la manera que juntos forjamos la esperanza en que ministros y comunidad confrontamos los retos.

Hemos escuchado que la confesión es buena para el alma. Mi confesión de negligencia es la de aquél que nunca pensó en alguien que estuviera en la cárcel, sobre qué impacto la encarcelación tendría en sus familiares o incluso en las víctimas antes de mi primera visita a una cárcel hace seis años. Me sentía mal por las familias que fueron afectadas por el acusado, y a veces me preguntaba cómo podían vivir con su dolor. Me alegraba de que yo no era, ni alguno de mis conocidos. Las víctimas y los acusados eran nombres que aparecían impresos en los periódicos o los escuchábamos en la televisión. Actualmente, como director de la Kolbe House, el ministerio de la Arquidiócesis de Chicago para encarcelados y prisioneros, filtro todas mis experiencias a través de las vidas de aquellos que están encarcelados en la cárcel del condado de Cook, sus familias y las víctimas de sus acciones criminales. Este centro carcelario acoge acerca de 10,000 personas entre hombres y mujeres. Mi primera responsabilidad ministerial es visitar los hombres encarcelados en la zona de máxima o extrema seguridad de la cárcel.

Me convertí en un extraño abierto a cualquiera de aquellos frente a mí que quisieran compartir. Simplemente camino con ellos y escucho las historias de sus vidas. He aprendido de los encarcelados en la sección de máxima seguridad de la cárcel a valorar la Palabra de Dios de otra forma. He puesto sus nombres en los pasajes bíblicos de las posadas como la gente espera ver si van a ser deportados una vez son liberados de la cárcel. He visto el rostro del Cristo del Vía Crucis tanto falsamente acusado como injustamente sentenciado en los hombres con los cuales rezo. He sido testigo del sufrimiento del Cristo inocente en quien recae la carga de la conducta criminal de otros. Confieso que mirando hacia abajo en las calles no es más un hecho ordinario. Se convirtió en una experiencia contemplativa de la Palabra de Dios que está presente en las vidas de las personas a las cuales sirvo tanto dentro como fuera de la cárcel. Las posadas y el Vía Crucis siguen vivas en mi recuerdo.

Todos nosotros tenemos recuerdos los cuales son removidos por la Palabra de Dios. Mi finalidad aquí es remarcar la palabra viva de Dios en dos tradiciones religiosas particulares, las posadas y el Vía Crucis. Estas tradiciones marcan el comienzo y el final de la existencia terrena de Cristo. Construyen un diálogo vivo de fe entre Dios y su pueblo. Deseo ubicar en primer lugar las posadas y el Vía Crucis en el contexto del catolicismo popular hispano y a continuación una reflexión de cómo comenzaron estas tradiciones. Podemos observar el sentido pastoral que tienen para nuestras comunidades parroquiales. Concluiré con preguntas para nosotros, ministros de la Palabra, y una nota personal de cómo estas dos celebraciones revelan la presencia de Cristo el Criminal.

Catolicismo popular hispano

"Soy creyente, pero no practicante" es la respuesta más común a la pregunta "¿por qué no vas a Misa?" Más o menos se podría traducir esto a una afirmación que "yo soy creyente, pero no necesariamente practico mi fe". El sentir popular es que esta persona cree en la presencia de Dios, reza e incluso defiende a la Iglesia católica, pero no necesariamente practica su fe de acuerdo a las normas y rúbricas de la Iglesia católica, por ejemplo, asistiendo a la Misa cada domingo, confesando sus pecados al menos una vez al año, estar registrado en su parroquia local o incluso casarse en la Iglesia. Las diversas tradiciones que componen el catolicismo popular hispano son prácticas y expresiones de fe. Es la religión del pueblo enraizada en la fe de la Iglesia católica.

La Tercera Conferencia General del Episcopado Latinoamericano, celebrada en Puebla, México, define el catolicismo popular en su documento final:

> Por religión del pueblo, religiosidad popular o piedad popular [...], entendemos el conjunto de hondas creencias selladas por Dios, de las actitudes básicas que de esas convicciones derivan y las expresiones que las manifiestan. Se trata de la forma o de la existencia cultural que la religión adopta en un pueblo determinado. La religión del pueblo latinoamericano, en su forma cultural más característica, es expresión de la fe católica. Es un catolicismo popular.[1]

Este documento continúa señalándonos que el catolicismo popular incluye la devoción al Cristo sufriente, las procesiones y las novenas,[2] con una apertura hacia la Palabra de Dios, una actitud de oración y un sentido de amistad, caridad y unidad familiar.[3] El catolicismo popular es, según nos indica este documento, la matriz cultural de este pueblo.[4] Podemos afirmar que el catolicismo popular es la expresión religiosa de la espiritualidad hispana.

Desde una perspectiva pastoral, deseo indicar que el catolicismo popular hispano es la manera que la mayoría de nuestra comunidad católica se siente unida e identificada con la Iglesia. Estas prácticas religiosas no exigen prerrequisitos. Estas prácticas no se apoyan ni son dirigidas por clérigos ordenados para organizarse o implementarse. Son dirigidas y determinadas por el pueblo que se reúne para celebrarlas. Son inclusivas, no exclusivas. Atendiendo simplemente, estando personalmente presente es la forma en que una persona practica sus creencias en Dios. La asistencia más extensa de lo normal a las misas anuales de Nuestra Señora de Guadalupe, el Miércoles de Ceniza, el Domingo de Ramos y los servicios del Viernes Santo testifican lo dicho.

Me voy a limitar aquí a las posadas y el Vía Crucis como ejemplos de proclamaciones bíblicas de la Palabra de Dios para la comunidad hispana.

Agradezco a Mark Francis por ofrecernos un marco en el cual visualizar estos dos dramas religiosos particulares desde la perspectiva hispana.[5] Indica que tres de las características más obvias del culto hispano se pueden resumir con cuatro adjetivos: visual, procesional, personal, sensual.

Visual

Existe un refrán español que indica la naturaleza altamente visual de la práctica litúrgica hispana: "Ojos que no ven, corazón que no siente". El corazón no puede sentir aquello que los ojos no ven. El culto comunitario en el contexto hispano es intensamente visual y dramático: Viendo y caminando con María y José según iban buscando albergue por las calles de Belén, observando a Jesús y sus discípulos entrando en Jerusalén el Domingo de Ramos, viendo al Señor lavando los pies de sus discípulos, sufriendo en el jardín, siendo condenado, torturado y crucificado, asistiendo a la alegre reunión de la Madre y el Hijo resucitado en la mañana de Pascua en el *Santo Encuentro* marca a todos los que están presentes en esta actividad religiosa en tal forma que la comunidad *siente* lo que se proclama en las escrituras. La Palabra vive.

La parte visual espectacular y popular de la religiosidad popular hispana llega de diversas formas a su culmen a lo largo del año en el *Vía Crucis Viviente*, las Estaciones de la Cruz en vivo, cuando los feligreses reactualizan las horas finales de Jesús. Nadie puede quedarse indiferente cuando se confronta con esta reactualización de la condena de Cristo y el doloroso proceso hacia el Gólgota. El Evangelio y sus verdades son proclamados de forma que remueven las emociones y no tan sólo el intelecto.

Procesional

La religiosidad popular hispana es igualmente muy procesional y pública.[6] Las representaciones dramáticas y visuales de los últimos días de Jesús son evocadas en las liturgias de las posadas y de Semana Santa. De hecho "caminar con" se convierte en la metáfora de forma en que Dios nos acompaña en la vida. Es una experiencia espiritual para el creyente. Caminar físicamente —en procesión, tanto alrededor del vecindario como en el templo— con otros miembros de la comunidad creyente resume en gran parte la naturaleza sociocéntrica de la religiosidad popular hispana. Mientras estas prácticas son intensamente personales, su fuerza y significado derivan del hecho de que se han llevado a cabo con los otros quienes son nuestros compañeros en el camino de la vida. Nunca estamos solos. El caminar por las calles de nuestros vecindarios los santifican, los hacen santos, y públicamente proclamamos nuestra fe. Lo sagrado y lo profano ya no son dos realidades diferentes, sino un lugar unificado donde la Palabra de Dios está viva.

Personal

En ningún otro tiempo durante el año litúrgico se hacen las preguntas fundamentales de la existencia humana —en el nacimiento y muerte de Cristo, en su crucifixión— y se presentan con gran fuerza y unidad. Esta unidad es oración vista a través de una profunda identificación con las personas en estos hechos evangélicos, con María, José, Jesús, sus discípulos y la comunidad que camina con ellos. El diálogo de las posadas implica a alguien que pregunta por un lugar para estar y es expulsado. Este diálogo remueve la memoria y los sentimientos de rechazo de la persona quien después de esperar lo que parecen filas interminables, rellenando numerosos formularios burocráticos, es sumariamente rechazado y tratado como una persona que no existe. La muerte de Jesús es una calamidad para toda la comunidad hispana que sencillamente ve en la muerte del Salvador la muerte de muchos que mueren antes de tiempo, debido a la violencia de las gangas, conductores borrachos o venganzas espontáneas. La identificación con la tristeza de María es la de una madre más entre tantas otras, las cuales sufren por sus hijos. Se lleva a cabo el *Pésame a la Virgen* o servicio funerario para María tanto más conmovedor. Como harían con cualquier otra madre que ha perdido trágicamente un hijo, la comunidad va a la iglesia para acompañarla en su tristeza.

La expresión hispana más escuchada en los velorios en la comunidad mexicana, "Te acompaño en tus sentimientos", resume el sentido del Viernes Santo en la comunidad hispana. *Acompañamiento*, compañía, son los elementos claves para estos hechos. Es un comprender, un recordar la experiencia de sufrimiento y de muerte de cada persona las que conforman el dolor de la comunidad. Cada cual viene para juntos compartir el dolor y brindar un gesto de sanación con su presencia en el momento más terrible de la vida. A estas tres características importantes deseo añadir una más: sensual.

Sensual

La sensualidad implica un uso de los cinco sentidos, sin embargo, la comprensión más popular hace que sea una palabra cargada de imágenes sexuales, las fantasías y temas afines. Una definición estándar de sensualidad es aquello relacionado o consistente con el placer de los sentidos. Esta simple frase nos habla de las diversas maneras en que es contemplado el cuerpo humano. Es un entendimiento muy limitado, especialmente cuando se considera en referencia a la liturgia y al catolicismo popular hispano, los cuales dependen de la sensualidad para comunicar su mensaje y llevar a cabo la conexión con la vida de las personas que se reúnen para celebrar. Los símbolos litúrgicos, incluyendo la Palabra de Dios, son para ser sentidos. La sensualidad implica a toda la experiencia humana en un determinado momento. No podemos negar que la sexualidad es parte de la sensualidad. Ninguna liturgia o experiencia orante de Dios es asexual.

La tradición hispana está enraizada en la perspectiva indígena que ve armonía en todos los ámbitos de la naturaleza y por tanto en la naturaleza humana en sí. Los cuatro grandes elementos —fuego, tierra, aire y agua— están conectados a través de un quinto elemento, el Espíritu de la vida. No existe separación en la creación. La naturaleza sensual de nuestro cuerpo es el puente que nos conecta con el Creador. Para entender que la Palabra se hizo carne (Jn 1:14) es declarar que la proclamación de la Palabra de Dios tiene que ser escuchada, sentida, olida, tocada y saboreada por la persona para ser entendida. Tiene que ser sentida, experimentada abierta y públicamente.

Estas cuatro características —visual, procesional, personal y sensual— nos ofrecen un marco, un contexto cultural, una traducción viva por la cual las posadas y el Vía Crucis se convierten en la Palabra viva de Dios y en la proclamación de la Presencia Real de Dios en la vida de nuestro pueblo que la celebra. Esto no es un diálogo confinado por las rúbricas eclesiásticas o el pensamiento teológico, sino más bien un encuentro personal de fe que une los recuerdos y sentimientos con la presencia viva de Dios. La Palabra ilumina este encuentro y espera una respuesta.

La vulnerabilidad de Dios

Las posadas y el Vía Crucis son dos de las celebraciones más populares de la comunidad hispana. Una razón para ello es que están centradas en una imagen bíblica particular de Cristo. Ambas enfocan la atención de la comunidad sobre la vulnerabilidad de Dios presente en la persona de Jesús. Es una imagen paradójica de un Jesús humano vulnerable y un Dios omnipotente Salvador del mundo. Digo paradójica ya que la imagen de pobreza de un niño nacido de unos padres sin hogar y la figura de un hombre inocente, impotente, condenado son diferentes de las imágenes de los títulos de omnipotencia usados para Dios en las oraciones del Misal Romano. "Omnipotente Dios y Padre de la luz; Padre en el cielo, Creador de todo; todopoderoso e invisible Dios; omnipotente y eterno Dios" son ejemplos de los títulos referentes a Dios en las oraciones del tiempo de Navidad y en las Plegarias Generales del Viernes Santo.

La paradoja continúa con la comunidad hispana. Lo humano y lo divino se encarnan no solamente en la persona de Cristo sino también en la vida del pueblo que se identifica con él. Nos sentimos vulnerables y limitados cuando nos sometemos a las reglas y requisitos parroquiales para la recepción de los sacramentos o la práctica de nuestras tradiciones religiosas. Nos sentimos demasiado indefensos cuando tenemos que enfrentarnos con los poderes políticos y religiosos en el mundo en que vivimos. A pesar de todo, somos la Iglesia, el Cuerpo de Cristo que trae esperanza y sanación, que sigue siendo fiel a pesar de todos los obstáculos que enfrentamos. Esta relación entre Cristo y el pueblo nos habla de la necesidad mutua que tenemos el uno del otro. En las posadas y el Vía Crucis Jesús nos necesita para protegerlo, auxiliarlo y defenderlo. Nosotros necesitamos de Jesús para que nos apoye en nuestros momentos vulnerables. Somos *carnales* hacia la persona de Jesús. Esta mutua vulnerabilidad es lo que nos atrae hacia Cristo y lo hace a él creíble. Habla nuestro lenguaje y conoce nuestras vidas.

El origen de las posadas

Danza se traduce de forma inadecuada al inglés como "dance". *Danza* es un movimiento religioso, una expresión física, sensual de una persona en conexión con lo divino. Es una plegaria en movimiento no necesariamente confinada a individuos particulares sino más bien llevados a cabo por toda la comunidad. La *danza* es parte esencial en cualquier ceremonia religiosa indígena. En 1528, escasamente siete años después de la conquista, Fray Pedro de Gante observaba que las prácticas religiosas de la gente estaban centradas en la canción y la danza frente a sus dioses. En 1541 Fray Toribio de Motolinia escribía en sus memorias que en la ciudad de Tlaxcala, durante las celebraciones de la Navidad, el pueblo entraba en la iglesia danzando, cantando y portando flores.

Vale la pena recordar que el corral o el atrio de la iglesia era el lugar de muchas procesiones religiosas. Aun más, a finales del siglo XV la palabra *corral* significaba igualmente "teatro" y este significado de la palabra no se debe subestimar. "Es mucho lo que hay que hacer con la catequesis y la liturgia teatralizada. Las capillas *posadas* que se utilizaron como capillas estacionales muestran signos de haber tenido un altar o plataforma que servía como altar provisional para el descanso de objetos".[7]

La palabra *posada* que nosotros conocemos significa lugar de alojamiento. Sin embargo, en el sentido que fue utilizado por los primeros misioneros significaba también un lugar sagrado público al aire libre y un lugar utilizado durante las procesiones para rezar. Existe una unidad de fe y oración dentro y fuera del templo. Ambos estaban unidos a través de la actividad llevada a cabo.

Las posadas se iniciaron como una respuesta por parte del sacerdote misionero agustino para reemplazar la práctica espiritual anual indígena azteca en honor del dios Huitzilopochtli. Este evento anual azteca se llevaba a cabo en diciembre. Se atribuye a Fray Diego de Soria el inicio de la ceremonia de las posadas de una manera organizada después que obtuvo del Papa Sixto V, en 1586, un documento autorizando las "misas de aguinaldo", nueve misas antes de la Navidad. Las misas daban comienzo en la iglesia parroquial de Acolman, localizada a 40 kilómetros en el noreste de la ciudad de México. Eran básicamente una novena de misas conmemorando los nueve meses del embarazo de María, intercaladas con pasajes de la Biblia y pequeñas representaciones dramáticas las cuales se celebraban en el atrio de la iglesia. Podríamos decir que se trataba de una catequesis que preparaba al pueblo para el nacimiento del Salvador cristiano. Las misas eventualmente viajaban desde el atrio de la iglesia, y se dirigían cada día a diferentes capillas circundantes que estaban bajo la jurisdicción de la iglesia parroquial local. Estas celebraciones fueron vistas como momentos de fiesta con música adaptada a la ceremonia, fuegos artificiales y *piñatas*.

Lo que llevaron a cabo estos primeros misioneros fue tener en cuenta las formas y medios naturales con que los pueblos indígenas expresaban su fe. Ellos tradujeron la Palabra de Dios al lenguaje de la gente. Con lenguaje no me refiero tan sólo a las palabras, sino más extensamente un desarrollo del lenguaje donde lo verbal, el gesto físico, emocional, intelectual y espiritual todo ello converge. Esto se convirtió en traducciones vivas de las Escrituras navideñas de antes y después. Las Escrituras se experimentaban en formas que la gente sentía la conexión con sus vidas. El efecto fue inmediato hasta el punto que las posadas llegaron a ser populares en otras partes de México.

Los orígenes del Vía Crucis

Sabemos que las primeras comunidades cristianas estaban más preocupadas por sobrevivir en medio de las persecuciones que cultivando cualquier devoción en lugares sagrados. Su identificación con el Misterio Pascual se manifestaba en forma de martirio. Cuando la Iglesia obtuvo su libertad después del año 313, los peregrinos comenzaron a visitar los lugares donde Cristo sufrió su pasión y muerte. Los creyentes podían ir y tocar estos lugares santos. El caminar por la *Via Sacra*, el Camino Santo, era la nueva forma para compartir los últimos momentos del Señor. Las estaciones fueron construidas en estos lugares sagrados y se desarrollaron actos litúrgicos adecuados de manera que los peregrinos pudieran parar y rezar en el sitio auténtico donde Cristo sufrió y murió. Estas estaciones se convirtieron en la manera popular de conectar con los momentos decisivos de la vida de Cristo a un nivel personal.

El dicho "Prediquen el evangelio en todo tiempo y de ser necesario usen palabras", se atribuye a San Francisco de Asís (1182–1226), el fundador de la orden franciscana. Era un tiempo cuando la liturgia oficial era celebrada por rezadores oficiales, es decir, por los clérigos. Los rituales eran manejados por los clérigos con la comunidad como observadores pasivos. Me atrevería a decir que estaba fuera de la experiencia de la vida del pueblo común y corriente quienes se convirtieron en simples testigos. Fue en esta realidad en la que Francisco creció.

Francisco se destaca como el innovador de la escena del pesebre de Navidad y de las Estaciones de la Cruz, a través de las cuales se visualiza y dramatiza la narración del nacimiento humilde de Cristo y su pasión y muerte. Fue una forma creativa para hacer que el pueblo rezara y sintiera una conexión con la liturgia de la iglesia la cual era celebrada por los clérigos. Francisco centró su propia espiritualidad en el sufrimiento de Cristo.

En el año 1342 la custodia de la *Vía Sacra* se le asignó a la orden franciscana. El número exacto de las estaciones puede variar al igual que los hechos reflejados como ha pasado a lo largo de los siglos. La práctica de las Estaciones se hizo popular y fue llevado a diferentes partes del mundo por los franciscanos. Me siento en deuda con el trabajo fundamental llevado a cabo por Jaime Lara quien cita el trabajo de los franciscanos en México.

> El Camino de la Cruz —una imitación de la Vía Dolorosa de Jerusa-
> lén— fue uno de esos inventos llevados de Tierra Santa a Iberia en el
> siglo XV y desde allí al Nuevo Mundo. En España la práctica estacional
> fue introducida primero en las ciudades y pueblos, no por casualidad,
> en los cuales existían conventos franciscanos. Las estaciones indivi-
> duales, *calvarios*, evolución de las capillas del *humilladero* las cuales
> fueron grandes cruces colocadas en las afueras de los pueblos, gene-
> ralmente sobre un promontorio [...] El Alto de Puebla se convirtió en
> uno de esos Vía Crucis.[8]

Lara señala a continuación:

> En efecto, el erigir calvarios fue uno de los primeros compromisos de
> los frailes en México, de tal forma que los frailes ubicaron la cima del
> Gólgota en su ubicación topográfica correcta: fuera de las murallas
> (imaginarias) de la Jerusalén americana. La línea procesional de la pla-
> za del pueblo al Gólgota sigue funcionando como una vía sacra en el
> paisaje urbano [de Puebla].[9]

Los misioneros franciscanos que vinieron a México en el siglo XVI estaban impregnados en la espiritualidad de la pasión de Cristo. La norma
de sus esfuerzos evangelizadores y catequéticos fueron expresión de esta
espiritualidad.

Lo que algunos misioneros hicieron fue trasladar la Palabra de Dios a
la experiencia de la vida del pueblo al que ellos servían. Nuestro propósito
aquí no consiste en delinear la metodología de la evangelización que muchos han utilizado sino reconocer una estructura subyacente que ya existe
en la comunidad hispana ya que escucha la Palabra de Dios proclamada.
Lara sintetiza esto bien cuando escribe:

> Todas las actividades verbales, como la predicación, las exhortaciones
> morales, la catequesis, estaban dirigidas a conducir a los indios a la
> acción litúrgica y a la recepción de los sacramentos. Los conversos Na-
> hual estaban desesperados por un orden cósmico y por nuevos ritua-
> les, y deseaban grandemente ejecutarlos [...] Por lo tanto, una forma

de apreciar el éxito de la evangelización de México es reconocer que ofreció a los pueblos nativos una nueva serie de metáforas, narraciones, protectores, abogados, héroes y heroínas, patrones y patronas, al igual que pautas rituales y actividades —todas las cuales les permitió enfrentar la situación y convivir con el cambio y con las realidades cambiantes.[10]

Proclamación bíblica parroquial: el significado pastoral de las posadas y el Vía Crucis para nuestras comunidades parroquiales

Vuelvo a la experiencia del Vía Crucis en San Antonio para tender un puente del catolicismo popular hispano con la sangre que vi en las calles de la *Vía Dolorosa*. Confieso que me encontraba sobrecogido por tal momento. Sigue siendo un recuerdo vivo que continúa inspirándome y que me asalta cada Viernes Santo. No fue hasta que leí las palabras de Nathan Mitchell que llegué a comprender más plenamente, apreciar más profundamente lo que nuestro pueblo tiene larga experiencia: "El temor no es sobre nosotros, o nuestras preferencias, o nuestras reacciones. Es la irrupción totalmente inesperada de Dios en la vida humana —en exceso, incomprensible. Los que esperan ser intimidados nunca lo son".[11]

La proclamación bíblica parroquial de las posadas y del Vía Crucis forma parte de la irrupción inesperada de la presencia de Dios en las vidas de nuestras comunidades. La Palabra es un diálogo. Estas dos celebraciones públicamente representan la voluntad y el poder de la gente para enfrentar juntos los obstáculos que deben encarar en el cada día de la vida. Nos sentimos intimidados por estar en la presencia de Dios.

Encontramos al Señor cara a cara según vamos caminando con él buscando refugio. No hay duda de que las posadas, la dramatización del viaje de María embarazada y su marido José siendo dirigido por un ángel, ha tomado un tono político. Esta procesión al aire libre está unida con la experiencia del exilio de la Sagrada Familia cuando se ven forzados a huir a Egipto para evitar la persecución. Es un hecho que las posadas hoy en día tienen un significado mayor debido al clima creado en torno al debate actual sobre emigración. Palabras como "Minutemen", redadas en factorías, deportación, patrullas fronterizas y santuario forman parte del texto de las posadas de hoy en día. Buscar refugio es una metáfora para seguridad y protección entre los más vulnerables de nuestra sociedad. Conecta con cualquiera sin hogar. Esto no es únicamente una experiencia hispana, sino una humana que se encarna en la vida de todos los pueblos. Fronteras, pueden ser geográficas, raciales, económicas o legales, tan sólo existen en el papel. Las personas detrás de las palabras tienen familias e historias personales.

El Vía Crucis dramatizado en las calles donde nuestra gente vive remarca las injusticias que nuestra comunidad confronta. Temas como la violencia doméstica, abuso físico y sexual de cualquier persona, uso excesivo de la fuerza policial, guerras de gangas, disparos a granel, son los equivalentes modernos de la Pasión de Cristo que él sufre entre nosotros. Veo sangre en las calles y sé que hay rostros, nombres, individuos airados, frustrados, asustados, desconcertados, aburridos y en duelo por lo que ha sucedido. La Palabra de Dios se encarna en las vidas de las personas que observo y veo la sangre auténtica. El Vía Crucis es una proclamación comunitaria de la irrupción de Dios en la vida de una ciudad. Me indica las líneas del sistema actual de justicia y la necesidad de aquellos que están encarcelados así como las víctimas de crímenes.

Al comienzo de esta presentación establecí que la proclamación de la Palabra de Dios tiene poder, sin embargo no es hasta que unimos nuestras experiencias personales de la Palabra, no es hasta que nos confrontamos y confundimos con la presencia viva del Señor en la Palabra que entramos en contacto y tocamos la vida que la Palabra contiene en sí.

Cristo en la narración de Emaús es un extraño que invita a los dos discípulos que se los encuentra por el camino que le cuenten sus historias, que compartan con él lo que ocurre en sus vidas, que confíen en él con los recuerdos de los días recién pasados. Ellos se abrieron a él y le contaron todas las emociones que habían experimentado. Creo que podemos afirmar que estas dos tradiciones religiosas particularmente hispanas sirven como ejemplo de Cristo, el extranjero quien continúa caminando con nosotros. Sigue invitándonos a mostrarnos nosotros mismos en la verdad a través de las formas que nosotros como católicos latinos lo encontramos en nuestras devociones y prácticas del catolicismo popular. Dos ejemplos de esas devociones lo son la adoración nocturna y la devoción al Sagrado Corazón.

La *adoración nocturna* es una devoción de hombres hacia el Santísimo Sacramento. Emplean la noche en vigilia delante del Santísimo Sacramento donde rezan, socializan, comparten la escritura y se dedican a estar de servicio. La devoción al Sagrado Corazón no es tanto una imagen de Cristo sufriente sino más bien una experiencia del amor apasionado de Cristo hacia aquellos que le abren sus corazones. Esta imagen nos trae a la mente el pasaje de la escritura de la Ultima Cena cuando el apóstol Juan físicamente se inclinó sobre el pecho de Cristo. Cristo es encontrado personalmente.

Las devociones populares están vivas. Se están desarrollando constantemente y tocando las realidades de las personas a las que ellas sirven. La estatua del *Santo Niño de Atocha* se encuentra en Plateros, México. Esta imagen de un Cristo Niño de pie vestido con ropajes medioevales es un popular destino de peregrinaciones. Una imagen similar se encuentra en la catedral de la ciudad de México. Es casi la misma imagen del Cristo Niño, pero con una diferencia, su mano izquierda sostiene un par de esposas. A este Cristo se le llama el *Santo Niño Cautivo*. Él representa a todos aquellos que actualmente tienen familiares, amigos o compañeros que han sido secuestrados y siguen cautivos a la espera de un rescate. Esta devoción ha ido ganando rápidamente gran popularidad según van aumentando los secuestros en México.

La narración de Emaús revela igualmente la frustración y la sorpresa del extraño cuando les dice "Hombres duros de entendimiento, cómo les cuesta creer todo lo que anunciaron los profetas" (Lc 24:25). Les revela los acontecimientos del pasado y les presenta los planes de Dios para ellos. ¿No es esto lo que quizás se haya perdido entre nosotros como agentes pastorales lo que debemos hacer con y para nuestras comunidades parroquiales hoy en día? La proclamación bíblica de estas tradiciones religiosas siguen necesitando reflexión con el fin de que la Luz de la Palabra de Dios pueda iluminar las experiencias que estamos viviendo hoy en día. Un encuentro con la Palabra viva de Dios es un diálogo de fe que siempre es un nuevo encuentro. Yo me he encontrado con este extraño en una forma nueva.

Cristo el Criminal

Yo debo confesarles que antes de que comenzara mi ministerio actual, yo no pensaba a menudo acerca de la cárcel y menos aun de aquellos que vivían en ella. Fue iniciativa de una madre, madre dolorosa, quien me pidió que visitara a su hijo encarcelado que mi camino comenzó. Aquella visita me abrió a una nueva forma de vida. Desde que comencé a visitar a los detenidos en la Cárcel del Condado de Cook he filtrado todas mis experiencias a través de esa lente. Las historias de las vidas de esos hombres, tanto culpables como inocentes según sus propias palabras o declaradas como tales por el jurado o el juez, se han convertido en el centro de mi vida.

Cuando observo las posadas y el Vía Crucis estoy viendo la imagen de Cristo el Criminal. La proclamación bíblica presentada en las posadas proyecta esta imagen sobre una parte particular e integral de nuestra comunidad hispana. Los indocumentados están ilegalmente aquí en los Estados Unidos. Según muchas personas en los Estados Unidos, lamentablemente incluso algunos de nuestros queridos católicos, ellos son por definición criminales. María embarazada representa para algunos todos los cuidados gratuitos prenatales y cuidados en el parto que se ofrecen innecesariamente a todas aquellas que han cruzado las fronteras. José es el hombre que trata de proveer a su familia utilizando sus habilidades de carpintero y obrero de la construcción, sus trabajos de servicio en los restaurantes y el cuidado del césped, su trabajo en las granjas y los campos mal pagados, el caminar y el arreglo de los caballos en los hipódromos. Todos estos trabajos se llevan a cabo a la sombra de las leyes, haciéndolos ilegales en este país. Según las leyes de este país tanto él como su esposa son criminales. El niño que porta María es también un criminal a punto de nacer.

El Vía Crucis es la dramatización e identificación con un hombre inocente, injustamente condenado y sentenciado a muerte. Los dos criminales a su lado nos recuerdan también a aquéllos que son juzgados y encontrados culpables de conducta criminal. Algunos se arrepienten, otros no. Cristo en persona está también en cada persona que ha sido convicto y sentenciado a servir un tiempo en prisión.

El Vía Crucis es una narración bíblica viva que destaca la Pasión de Cristo el Criminal. Vemos en este Cristo a los hombres y mujeres que se encuentran en el sistema de justicia criminal bajo el cual todos nos regimos y quizás sea así hasta que nos veamos personalmente afectados y tocados por el proverbialmente fuerte brazo de la ley. La defensa inadecuada ofrece una interpretación subjetiva y política de la ley, un trato a aquéllos que aún no han sido encontrados culpable, pero reciben un trato como si lo fueran, los derechos restringidos de las familias a visitar a quienes están en la cárcel y en lugares de detención, los castigos inhumanos dados por aislamiento prolongado son todos la encarnación de Cristo presente en nuestras cárceles y prisiones. El Vía Crucis no es una celebración anual para los jóvenes, hombres y mujeres recluidos en nuestras cárceles y prisiones sino es la vida de cada día que llevan oculta del gran público y de la conciencia de la sociedad y en muchas ocasiones de la comunidad eclesial. Todas nuestras parroquias, tienen jóvenes, hombres o mujeres encarcelados.

Debemos de recordar que el Vía Crucis es una expresión de sufrimiento de aquéllos que igualmente son víctimas inocentes de crímenes. Su sentencia no tiene limitación. Sufrimos con ellos a la vez que tratamos de ofrecer palabras de sanación, reconciliación y perdón. Son otra faceta del Cristo vivo y vulnerable que vive en nuestras parroquias. Confieso que yo he aprendido de aquéllos que visito en la cárcel, sus familias y de aquéllos que son víctimas de crímenes a no mirar el suelo de la calle sino a los ojos de aquéllos que están dispuestos a contarme sus historias.

Comencé esta presentación compartiendo unos recuerdos personales incómodos. A través de las formas de oración de las posadas y del Vía Crucis vemos la manera cómo la Palabra de Dios se hace realidad y me toca personalmente y a las personas a las que tenemos el privilegio de servir. Concluyo con la imagen del Cristo Criminal quien está entre nosotros y la necesidad que tenemos de reconocer su presencia.

Conclusión: caminó con ellos

Permítanme concluir afirmando lo obvio. La proclamación bíblica de las posadas y del Vía Crucis son encuentros con el Señor que camina con nosotros. Estas expresiones de religiosidad popular establecen el diálogo entre Dios y aquéllos que desean escucharlo. Podemos preguntar: ¿para quiénes son las posadas y el Vía Crucis? Son para aquellas personas que reconocen la irrupción inesperada de Dios, la real presencia de Jesús caminando por nuestras calles, identificándose con nuestra vulnerabilidad y consagrando el lugar en donde vivimos.

La imagen del Cristo Criminal suscita más preguntas: ¿Quién abrirá sus puertas y ofrece la seguridad y protección que es buscada tanto por los emigrantes como por los recién salidos de la prisión? ¿Cuál es mi posición como persona y cuál es nuestra posición como comunidad parroquial en los temas legales de hoy en día? ¿Somos observadores preocupados, religiosos interesados con mentalidad de turistas? ¿Somos capaces de no juzgar a aquellas personas que han sido recientemente excarceladas?

La pregunta más profunda a considerar por los ministros de la Palabra es: ¿Quién es el extraño que camina junto a nosotros y nos invita a compartir las historias de nuestras debilidades? Al igual que los discípulos de Emaús, nos vemos emocionalmente envueltos en los acontecimientos que hemos vivido. Sentimos el ardor de la Palabra hablándonos en nuestro corazón. Como ministros de la Palabra no podemos dar a los otros lo que no tenemos. No podemos decir a los que servimos que hagan lo que nosotros no hemos hecho primero por nosotros mismos. Nos atrevemos a manifestar públicamente nuestras esperanzas y desacuerdos, nuestras frustraciones y odios, deseos y sueños.

La proclamación de la Palabra de Dios es siempre una conversación familiar, un diálogo sincero que nos empuja y lanza en direcciones hacia las cuales quizás no deseamos ir. Nos trae recuerdos, muchos de ellos dolorosos. La Palabra nunca cesa. Plantea problemas con los cuales debemos enfrentarnos cada día. Nos pregunta por nuestra respuesta.

Hay un proverbio que dice: "Entre lo dicho y lo hecho hay mucho trecho". Las posadas y el Vía Crucis nos ofrecen caminos para subsanar las divisiones que existen entre lo que se vive en las calles y lo que se proclama en nuestras iglesias. Las posadas y el Vía Crucis nos enseñan a leer la Palabra de Dios no con nuestros ojos sino con nuestros corazones, *para que no haya mucho trecho*, para que nunca estemos divididos.

◠

Notes

1. Consejo Episcopal Latino Americano, *Documento Final de la Tercera Conferencia General del Episcopado Latinoamericano* (1979), 444.
2. *Ibid.*, 912.
3. *Ibid.*, 913.
4. *Ibid.*, 445S.
5. Ver Mark Francis, introducción no publicada a *Semana Santa*, 2001.
6. Para una discusión histórica de esta característica, vea Jaime Lara, *Christian Texts for Aztecs* (Notre Dame, IN: University of Notre Dame Press, 2008), cap. 6, "Processional Liturgy: The Witness of Feet".
7. *Ibid.*, 175–76.
8. Jaime Lara, *City, Temple, Stage: Eschatological Architecture and Liturgical Theatrics in New Spain* (Notre Dame, IN: University of Notre Dame Press, 2004), 107.
9. *Ibid.*, 109.
10. Lara, *Christian Texts for Aztecs*, 260.
11. Nathan D. Mitchell, "The Amen Corner," *Worship* 81, no. 6 (2007): 562.

6

"Comenzando con Moisés y todos los profetas"

la investigación bíblica entre latinos y la Palabra de Dios en la Iglesia

Jean-Pierre Ruiz

∼

Aquel mismo día dos discípulos se dirigían a un pueblecito llamado Emaús, que está a unas siete millas de Jerusalén, e iban conversando sobre todo lo que había ocurrido. Mientras conversaban y discutían, Jesús en persona se les acercó y se puso a caminar con ellos, pero algo impedía que sus ojos lo reconocieran. Él les dijo: "¿De qué van discutiendo por el camino?"

—Lucas 24:13–17

Todo pasa y todo queda,
pero lo nuestro es pasar,
pasar haciendo caminos,
caminos sobre el mar…
Caminante, son tus huellas
el camino, y nada más;
caminante, no hay camino,
se hace camino al andar.
Al andar se hace camino,
y al volver la vista atrás
se ve la senda que nunca
se ha de volver a pisar.
Caminante, no hay camino,
sino estelas en la mar.

—Antonio Machado, "Proverbios y Cantares"

Introducción: leyendo a lo largo del camino

Te invito a que te imagines conmigo por unos momentos cómo estas palabras habrían resonado si no hubieran sido escritas en los primeros años del siglo veinte. Vamos juntos a imaginarnos que fueron escritos hacia finales del primer siglo:

> Caminante, son tus huellas
> el camino, y nada más;
> caminante, no hay camino,
> se hace camino al andar.

Imagínate conmigo, por un breve momento, que estas líneas poéticas fueron escritas no en el resonante verso español de Antonio Machado sino en la pulida prosa griega de un autor quien quizás fue demasiado modesto para reclamar su propia obra por el nombre, un escritor al cual la venerable tradición cristiana le asigna el nombre de Lucas y el título de evangelista:

> Todo pasa y todo queda,
> pero lo nuestro es pasar,
> pasar haciendo caminos

Imagínate conmigo, por un breve momento, que estas palabras nacieron no en España y no fueron escritas, sino más bien palabras suavemente pronunciadas en voz alta en el camino de Jerusalén a Emaús, habladas por la Palabra-hecha-carne crucificada y resucitada a dos viajeros abatidos mientras camina con ellos, aún un desconocido según van compartiendo el viaje:

> Al andar se hace camino,
> y al volver la vista atrás
> se ve la senda que nunca
> se ha de volver a pisar.

Si has dejado que tu imaginación conmigo tan lejos, de ahí que hayamos aprendido algo sobre cuán importantes son los caminos para Lucas, y algo de cuán importantes son los viajes y los viajeros para este evangelista. Es la narración de Lucas del encuentro entre el Jesús resucitado y dos de sus discípulos a lo largo del camino a Jerusalén (Lc 24:13–35) que ofrece un marco para mis reflexiones sobre la formación bíblica latina y la Palabra de

Dios en la Iglesia. Ya que esta narración se va abriendo paso a través de los capítulos de este libro, espero que me permitan profundizar en este texto un poco más, y pregunto esto puesto que espero que nuestra reflexión será *menos* un asunto que yo *deba explicarles acerca de* la formación bíblica latina, y más un tema de nuestro envolvimiento conjunto en la formación bíblica *latinamente.* Para decir la verdad, si nos hemos permitido el reimaginar la narración de Lucas a través de las palabras del poema de Antonio Machado, ya hemos comenzado a realizarlo juntos.

Lucas no nos habla demasiado acerca de los dos discípulos en sí. No sabemos a qué se parecían, no sabemos de dónde venían, tan sólo conocemos a uno de ellos por el nombre, Cleofás. Algunos investigadores bíblicos se han preguntado si el discípulo sin nombre es una mujer, incluso la propia esposa de Cleofás, y por qué no, ya que el Evangelio de Lucas nos habla de que las mujeres también formaban parte del círculo de los discípulos de Jesús. Ésta es la razón que la hermosa imagen de Filippo Piccone, "Camino de Emaús," nos presenta uno de los dos discípulos como una mujer. Según leemos la narración de su caminar desde la confusión a la confianza, desde la desesperación a la esperanza, desde el miedo hasta la fe ya que tal vez la auténtica razón por la cual Lucas nos habla demasiado poco acerca de los dos discípulos es debido a que la historia no es sobre ellos. En el fondo la historia es de cómo ellos llegan a reconocer a Jesús. Los encontramos en el camino, es en medio de su conversación sobre las cosas que han ocurrido recientemente en Jerusalén (Lc 24:14) que Jesús se acerca y comienza a caminar con ellos. Citando el Jesús de Mateo, "Pues donde están dos o tres reunidos en mi Nombre, allí estoy yo, en medio de ellos" (Mt 18:20). A medida que continúan a lo largo junto con su compañero no identificado, los discípulos en el camino hacia Emaús comparten sus historias —o al menos la parte de la misma que les hace sentido. Es obra de Jesús el poner los puntos juntos: "¿No tenía que ser así y que el Mesías padeciera para entrar en su gloria? Y les interpretó lo que se decía de él en todas las Escrituras, comenzando por Moisés y siguiendo por los profetas" (Lc 24:26–27). No fue hasta que su huésped se convirtió en su anfitrión, no hasta que Jesús se sentó a la mesa con ellos, "tomó el pan, pronunció la bendición, lo partió y se lo dio" (Lc 24:30), cuando se abrieron sus ojos, y sólo entonces lo que ocurrió en la carretera junto a él adquirió sentido: "¿No sentíamos arder nuestro corazón cuando nos hablaba en el camino y nos explicaba las Escrituras?" (Lc 24:32). Para los viajeros en el camino de Emaús el encuentro con Jesús —en palabra y sacramento— les cambió absolutamente todo. Caminando con Jesús, el camino hacia Emaús se convirtió en el camino que les apartaba de la desesperación, y las escrituras se convierten en su hoja de ruta hacia la fe en la resurrección.

> Al andar se hace camino,
> y al volver la vista atrás
> se ve la senda que nunca
> se ha de volver a pisar.

La fascinación del evangelista Lucas con los caminos y las jornadas de camino se extiende a los Hechos de los Apóstoles. Es, después de todo, en la ruta entre Jerusalén y Damasco que Saulo ve la luz —por decirlo de alguna manera— y se la dirige Jesús resucitado (Hch 9:1–21; igualmente Hch 22:1–16). Para nuestros propósitos esta tarde, sin embargo, deseo que prestemos atención a otro encuentro en otro camino, el encuentro en la carretera de Jerusalén a Gaza entre Felipe y el etíope oficial de la corte según aparece en Hechos 8:26–40.[1]

Felipe recibe instrucciones de un ángel que se dirija hacia el sur a lo que es descrito como un "camino desierto" (Hch 8:26) y cuando Felipe llega allá se tropieza con un etíope oficial de la corte y dicho oficial, sentado en su carro, lee —probablemente en voz alta— del profeta Isaías. "Y mientras Felipe corría, le oía leer al profeta Isaías. Le preguntó: '¿Entiendes lo que estás leyendo?' El etíope contestó: '¿Cómo lo voy a entender si no tengo quien me lo explique?' En seguida invitó a Felipe a que subiera y se sentara a su lado" (Hch 8:29–31). Juntos leen las palabras de Isaías 53:7–8: "Fue llevado como oveja al matadero, como cordero mudo ante el que lo trasquila, no abrió su boca. Fue humillado y privado de sus derechos. ¿Quién podrá hablar de su descendencia? Porque su vida fue arrancada de la tierra (Hch 8:32–33). El etíope le pregunta a Felipe: "Dime, por favor, ¿a quién se refiere el profeta? ¿A sí mismo o a otro?" Felipe "empezó entonces a hablar y a anunciarle Jesús, partiendo de este texto de la Escritura" (Hch 8:34–35). Evangelizado por Felipe, y convencido de la verdad de la Buena Nueva que acababa de recibir, el etíope recibe el bautismo de manos de Felipe (en lo que probablemente es el proceso de RICA más rápido de que se tiene récord en la historia de la Iglesia). En el camino de Gaza con el etíope y con los dos discípulos en el camino de Emaús, los versos de Machado tienen otro significado:

> Al andar se hace camino,
> y al volver la vista atrás

se ve la senda que nunca
se ha de volver a pisar.

Me permito sugerir que algunos elementos clave de esta historia tienen implicaciones importantes. Primero de nada, el libro de los Hechos identifica ambos caracteres según su etnicidad. El Felipe de Hechos 8:26–39 es realmente el mismo que lanza la proclamación del Evangelio más allá de Jerusalén según Hechos 8:5–12. Es uno de los siete varones escogidos por los apóstoles según Hechos 6:1–6 para manejar el primer caso informado de tensión étnica en la Iglesia después de Pentecostés: "como el número de los discípulos iba en aumento, hubo quejas de los llamados helenistas contra los llamados hebreos, porque según ellos sus viudas eran tratadas con negligencia en el servicio diario" (Hch 6:1). La decisión de nombrar a Felipe, junto con Esteban y los otros cinco (Prócoro, Nicanor, Timón, Pármenas y Nicolás quien se presenta así mismo como "un prosélito de Antioquía") se lleva a cabo debido a que los apóstoles concluyen que "No es correcto que nosotros descuidemos la Palabra de Dios por hacernos cargo de este servicio" (Hch 6:2). A pesar de la división del trabajo según la cual la obligación más importante de los apóstoles implica la proclamación de la Palabra de Dios, el libro de Hechos nunca nos dice nada acerca del trabajo que estos siete realizaron en la despensa o el comedor de beneficencia de la iglesia de Jerusalén en el primer siglo. Conocemos solamente la predicación de la Palabra llevada a cabo por Felipe y Esteban y en absoluto nada más de los otros cinco. ¡Oh, cuán a menudo nos encontramos en el ministerio hispano realizando cosas que nunca esperábamos llevar a cabo! ¡Cuánto más cambian las cosas (incluso en la Iglesia) las cosas siguen igual! Inmediatamente después de su nombramiento para atender las necesidades de las viudas grecoparlantes, encontramos a Esteban provocando controversia por la fuerza de su predicación (Hch 6:8–7:60) y encontramos a Felipe proclamando la Buena Nueva de Jesucristo con buenos resultados en Samaria (Hch 8:5–12).

El oficial de la corte etíope permanece anónimo, pero es identificado en Hechos 8:27 según su raza, según su condición, según su posición en la corte de la reina etíope y según la magnitud de sus responsabilidades al servicio de ella (estaba "a cargo de todos sus tesoros").[2] No sabemos nada acerca de los negocios del etíope en Jerusalén (ni tampoco lo hace Felipe), no sabemos que le había llevado al etíope a leer a Isaías según viaja sobre la carretera de Gaza (ni tampoco lo hace Felipe). Lo que nosotros conocemos es que el etíope viaja en cierto tipo de carro, que va sentado en el carro, y que es lo suficientemente confortable para poder ir leyendo según va haciendo el camino dirigiéndose hacia el sur por la carretera de Gaza. Sabemos también que no es casualidad que se encuentra con Felipe a lo largo del camino. Forma parte del plan de Dios para Felipe y para el etíope. Corriendo para encontrarse con la caravana del dignatario, Felipe pregunta —incluso sin presentarse él mismo— "¿Entiendes lo que estás leyendo?" y el etíope le replica "¿Cómo yo puedo, a no ser que alguien me explique?" (Hch 8:30–31).

Leer la Biblia *latinamente*

Le he invitado a que lea conmigo dos textos, sugiriendo en primer lugar que puede ser más efectivo para nosotros el leer juntos *latinamente* de lo que hubiera sido para mí un alto razonamiento teórico para explicarle lo que es la investigación bíblica latina todo ello y qué diferencia esto conlleva. Como cuestión de demostrar y no sólo de hablar, he preferido guiarles por un camino distinto, uno que lleva a la experiencia de la lectura seriamente. Esta decisión, creo yo, es una de entre varias características interconectadas de una lectura *latina* de la Biblia. ¿Qué significa entonces leer cualquier texto *latinamente* y, más específicamente, leer la Biblia *latinamente*? ¿Qué hay en las formas que acabamos de utilizar en la lectura de Lucas 24 y Hechos 8 que caracteriza lo que hemos llevado a cabo juntos en la forma de leer esos textos *latinamente*? ¿Acaso necesita uno ser latino para leer la Biblia *latinamente* y si no, acaso los latinos leen la Biblia *latinamente* mucho "mejor" o más *latinamente* que los no-latinos la leen *latinamente* o de otra manera?

Teniendo en cuenta los hechos acaecidos durante el primer verano de la administración Obama en Washington, es difícil hacer una serie de preguntas sin sentir los ecos de ciertos expertos que llegaron a una conclusión con una línea sacada fuera de contexto de una conferencia en 2001 de la Jueza Sonia Sotomayor, "La Voz de una Jueza Latina". En la conferencia dictada en honor del Juez Mario G. Olmos en la Escuela de Leyes de la Universidad de California recinto de Berkeley, la Jueza Sotomayor dijo: "Yo espero que una mujer sabia latina con la riqueza de su experiencia la mayoría de las veces alcanzaría una mejor conclusión que un hombre blanco que no ha vivido esa vida".[3] Si aún no ha leído el discurso en su totalidad, se lo recomiendo encarecidamente. Reflejando autobiográficamente lo que para ella significa ser latina, he aquí lo que ella comparte:

> Si yo hubiera seguido mi carrera en mi concentración en Historia en los cursos subgraduados, probablemente les hubiera presentado una descripción muy académica de lo que significa ser latino o latina. Por ejemplo, yo puedo definir como *latinos* a aquellas personas y culturas pobladas o colonizadas por España quienes mantienen o adoptan el español o el español criollo como su lengua de comunicación. Usted puede afirmar que yo he sido muy bien educada. Esta descripción antiséptica sin embargo no explica realmente el recurso de la morcilla […] para un niño nacido americano. Esto no ofrece una explicación adecuada del por qué individuos como nosotros, muchos de quienes hemos nacido en esta cultura americana completamente diferente, todavía nos identificamos fuertemente con aquellas comunidades en las cuales nuestros padres han nacido y crecido.
>
> América tiene una imagen profundamente confusa de sí misma que la lleva a una tensión perpetua. Somos una nación que se siente orgullosa de su diversidad étnica, reconociendo su importancia en la formación de nuestra sociedad y añadiendo grandes riquezas a su existencia. Aún más, al mismo tiempo insistimos que podemos y debemos actuar y vivir en un ambiente que ignora las diferencias de raza y color que en otro contexto alabamos. Esta tensión entre el "crisol de culturas y la ensaladera" —una metáfora popular recientemente utilizada para describir la diversidad de Nueva York— está siendo debatida fuertemente hoy en día en las discusiones a nivel nacional sobre la acción afirmativa. Muchos de nosotros luchamos con este problema y tratamos de mantener y promover nuestras identidades étnicas y culturales en una sociedad que es con frecuencia ambivalente acerca de cómo tratar las diferencias. En este momento de gran debate debemos recordar que no han sido las luchas políticas las que han creado la identidad latino o latina. Llegué a ser latina por la forma que amo y la forma que vivo mi vida.[4]

Con el debido respeto a esta famosa nuyoriqueña, por lo menos para este nuyoriqueño nacido en Queens, la morcilla no tiene el más mínimo significado. ¡Espero que esta confesión no le lleve a pensar que yo soy menos latino que Sonia Sotomayor! Entonces, ¿qué significa leer la Biblia *latina-*

mente? ¿Significa leer la Biblia en español? Las cosas se complican también aquí y las ideas de la Jueza Sotomayor ayudan a clarificar el tema. Sotomayor explica: "Ser latina en Estados Unidos no significa que se hable español. Ocurre que lo habla bastante bien. Pero mi hermano, solamente tres años más joven, igual que muchos de nosotros educados aquí, apenas lo habla. Muchos de nosotros nacidos y criados aquí lo hablamos muy pobremente".[5] En mi propia familia, mi hermano mayor (el único de nosotros nacido en Puerto Rico) y yo, ambos hablamos español muy bien, mientras que mi hermano menor —tan sólo un año más joven que yo— apenas lo entiende. Esto significa que utilizar el poema de Antonio Machado junto con Lucas 24 y Hechos 8 no es suficiente para indicar que estamos leyendo con una interpretación *latina*. Después de todo, muchos latinos y latinas leen a muchos poetas, incluso la poesía alemana de Johann Wolfgang von Goethe.[6]

Indico igualmente que la lectura de la Biblia *latinamente* no significa simplemente leer la Biblia justamente como lo hacen los latinoamericanos. La mezcla y complejidad del contexto latino en Estados Unidos marca una diferencia de lo que significa la lectura desde *este* lugar y cruzando la frontera marca una diferencia en la visión.[7] Para estar seguro, la rica herencia y la enorme vitalidad de las investigaciones bíblicas latinoamericanas ofrecen recursos que refuerzan la investigación bíblica y teológica de los latinos y latinas en Estados Unidos. Estas percepciones incluyen, entre otras cosas, un replanteamiento serio y crítico del valor de la investigación bíblica y la deferencia prestada a la interpretación propuesta por investigadores bíblicos profesionalmente preparados por sobre aquellos surgidos de comunidades de lectores comunes de la Biblia. Como Pablo Richard anota:

> La exégesis de los últimos cien años ha producido trabajos de enorme importancia y relevancia; muchos exegetas, tanto hombres como mujeres, han emergido como auténticos maestros de la fe y profetas. Sin embargo, el *espíritu* dominante de esta exégesis ha sido, sin duda alguna, el espíritu de la modernidad —marcado por el positivismo, racionalismo, liberalismo, individualismo y existencialismo. La exégesis normalmente se lleva a cabo en círculos académicos cerrados, donde la búsqueda de poder y prestigio ha sido conformada por el espíritu de competición y la economía de mercado.[8]

Teniendo en cuenta la cuestión crucial de cuáles de las enseñanzas de la Biblia tienen que ser tomadas en serio, o cuáles de las enseñanzas del texto bíblico son normativas, el investigador bíblico y sacerdote católico nigeriano Justin Ukpong toma prestada una página de los hallazgos de la investigación bíblica latinoamericana para subrayar las formas según las cuales los acercamientos académicos para el entendimiento de la Biblia han impuesto su exclusiva —y excluyente— autoridad: "en las lecturas clásicas occidentales, el privilegio epistemológico se le ha dado a la academia, ya que es sólo la interpretación de los expertos en la materia lo que se considera válido dentro del mundo académico. Las interpretaciones llevadas a cabo por personas no especializadas entre la gente común se consideran mal realizadas y por tanto inconsecuentes para determinar el auténtico texto bíblico".[9] El esfuerzo hacia rehabilitación y recuperación de estrategias de lectura, las cuales habían sido rechazadas como ingenuas y minusvaloradas y "pre criticas", requirió que los investigadores bíblicos profesionales —muchos de los cuales han recibido su preparación en centros académicos europeos y norteamericanos— vuelvan a restablecer sus contactos con las comunidades de lectores comunes de la Biblia, para aceptarse ellos mismos no como maestros o mediadores sino como compañeros oyentes y estudiantes. Mientras que los investigadores bíblicos latinos en Estados Unidos y los teólogos han tomado este concepto muy internamente, no ha logrado avanzar mucho en otros lugares.

Entonces, si no se ha de entender simplemente como una emigración hacia el norte de las prácticas de interpretación bíblica de América Latina, ¿qué significa por tanto leer la Biblia *latinamente* en los Estados Unidos? Permítanme sugerirles únicamente dos rasgos característicos de este acercamiento a la Biblia:

- Lectura *como*: interpretación y contexto
- Lectura *con*: interpretación y comunidad

Identificando estos rasgos como características de la lectura *latina* de la Biblia *latinamente* yo no estoy implicando de forma alguna que cualquiera de ellos es exclusivo de las prácticas latinas de lectura. Tampoco estoy proponiendo que cualquiera que utilice alguno de los dos o ambos cualifica como un genuino intérprete latino de la Biblia. Sugiero que estos rasgos caracterizan un acercamiento a la interpretación bíblica que resuena de manera significativa con la experiencia de los cristianos católicos en los Estados Unidos, un acercamiento a la interpretación bíblica que tiene mucho que ofrecer a la larga a la Iglesia —católicos y protestantes— en los Estados Unidos y más allá.

Leyendo *como*: interpretación y contexto

Sugiriendo que leer la Biblia *latinamente* es una cuestión de lectura *como* estoy reconociendo que la interpretación bíblica latina, como la interpretación bíblica afroamericana y la interpretación bíblica asiático-americana, es un acercamiento contextual intencionado para entender la Biblia. Estos enfoques se basan en la idea de que, como James Earl Massey indica, "La interpretación de la Biblia depende grandemente de la perspectiva social del intérprete". Sugiere que "la cuestión para ser intérpretes capaces y efectivos de los significados bíblicos necesita entender y comprender cómo nuestro pensamiento y visión del mundo han sido formados. Necesitamos reconocer y apreciar cómo las diferentes comunidades sociales dentro de la sociedad en general nos han brindado no solamente nuestras identidades sino también nuestras diferentes perspectivas sobre la Escritura".[10]

En palabras de Fernando Segovia y de Mary Ann Tolbert, los estudios bíblicos "han comenzado a tomar en serio la función del lector en la interpretación y por lo tanto la relación entre la interpretación y el contexto social del intérprete". Desde numerosas y diversas direcciones la investigación bíblica "ha comenzado a cuestionar la antigua metodología teológica y exegética, la cual había reclamado a menudo la universalidad y objetividad en la formación de un lector objetivo y sabio, un lector universal e informado". Al servicio de dicha reconfiguración de la disciplina de los estudios bíblicos, "factores tradicionalmente dejados fuera de consideración se convierten ahora en áreas de investigación —por ejemplo, género, raza, orígenes étnicos, clases [...] enfocándose en lectores reales de carne y sangre quienes siempre e inevitablemente debemos ubicar histórica y culturalmente y a quienes la lectura e interpretación de los textos se vieron afectados por su situación social".[11]

La vuelta al genuino lector de carne y hueso en el contexto de la interpretación bíblica significa una vuelta de hoja significativa de lo que ha sido por muchas décadas el paradigma predominante en los círculos académicos bíblicos (incluso en los círculos católicos romanos) denominado el acercamiento histórico-crítico, enfocado en el mundo detrás del texto. Como explica Fernando Segovia, "El modelo histórico-crítico se acercó al texto bíblico primordialmente como un medio, como una evidencia histórica de y para el tiempo de la composición. Como tal, el texto iba a ser leído y analizado en un contexto histórico propio y considerado como un medio directo para la reconstrucción de la época histórica que presupone, reflejada y enmarcada".[12] De acuerdo a un ascetismo singular que el paradigma histórico-crítico impone a sus profesionales, a los exegetas se les exige que tomen conciencia de los presupuestos con los que deben acercarse al texto bíblico para que, con neutralidad apropiada e imparcialidad completa, se pueda obtener el sentido original del texto.[13] El acercamiento a la tarea de interpretación sin un dejar de lado totalmente cualquiera y todas las interpretaciones (ya sea teológica, sociocultural o alguna otra) se entendía como poner al investigador en peligro de contaminar la objetividad de la investigación bíblica y sustituyendo *eisegesis* (leyendo un significado dentro del texto) por exégesis —entendiendo cándidamente que es simplemente cuestión de permitir que el texto por sí mismo hable a cualquier intérprete medianamente entrenado y bien dispuesto. Esto condujo a una división extraña de trabajo según la cual el exegeta debía llegar a una conclusión de lo que el texto bíblico había querido decir, mientras que era responsabilidad del teólogo el explicar lo que el texto *significa*.[14] Entendida como exégesis pura y simple, la interpretación bíblica según el paradigma histórico-crítico fue altamente criticada como elitista y como disciplina aislada de la vida de la Iglesia. La Instrucción de la Pontificia Comisión Bíblica de 1993 "La Interpretación de la Biblia en la Iglesia" enmarca la crítica en estos términos:

> En vez de permitir un acceso más fácil y seguro a las fuentes vivas de la Palabra de Dios, hace a la Biblia un libro cerrado. La interpretación siempre ha causado algunos problemas, pero hoy en día exige ciertos refinamientos técnicos reservados a ciertos especialistas únicamente. Para algunos de éstos se aplica la frase del Evangelio "se adueñaron de la llave del saber. Ustedes mismos no entraron, y cerraron el paso a los que estaban entrando" (Lc 11:52; *cfr.* Mt 23:13).[15]

En su intervención durante la Decimocuarta Congregación General del Sínodo de los Obispos del 14 de octubre del 2008, el Papa Benedicto XVI enfatizó la necesidad de superar el dualismo entre exégesis y teología el cual desafortunadamente es un subproducto del deficiente entendimiento de la interpretación bíblica como exégesis pura y simple. El Papa insistió: "Cuando la exégesis no es teológica, la Escritura no puede ser el alma de la teología, y viceversa, cuando la teología no es esencialmente interpretación de la Escritura en la Iglesia, esta teología ya no tiene fundamento".[16]

Como un acercamiento deliberadamente contextual a interpretación bíblica, la investigación bíblica latina insiste no únicamente que sea imposible de comprobar suposiciones y presunciones de entrada antes de envolverse en la interpretación bíblica, pero dichas suposiciones presuntas (teológicas, socioculturales y demás) no son menos importantes para la interpretación bíblica que las destrezas gramaticales, lingüísticas e históricas que son el equipamiento estándar para la interpretación académica bíblica. Leer la Biblia *como* latinos y latinas significa reflexionar sobre las cuestiones que nuestra historia, nuestras experiencias, nuestras creencias y prácticas de fe le brindan al texto. Leer la Biblia *latinamente* honra la relación existente entre Escritura y tradición rechazando la despectiva caracterización de la interpretación bíblica anterior al siglo XIX nacida de un enfoque histórico-crítico como "pre crítico". Pretender que esta interpretación bíblica seria solamente se dio con el desarrollo de la exégesis histórica-critica ignora más de cinco siglos de interpretación bíblica en las Américas, y muchos más siglos de interpretación bíblica entre nuestros antepasados ibéricos. Leer la Biblia *latinamente* rechaza el privilegiar la interpretación bíblica académica e invita a los lectores en varios entornos —pastoral, popular y académico— a aprender unos de otros.

Leyendo *con*: interpretación y comunidad

Sugiriendo que leer la Biblia *latinamente* es cuestión de leer *con*, deseo poner en primer plano un principio ético que ha tenido una gran motivación entre los investigadores bíblicos latinos al igual que entre los teólogos, el concepto de *teología de conjunto*. Inspirado en el concepto de *pastoral de conjunto* que tomó forma primeramente en el *Encuentro* proceso en la Iglesia católica en los Estados Unidos que fue el comienzo de la aceptación de la realidad de la presencia hispana, el concepto de *teología de conjunto* reconoce que el sujeto primero de la reflexión teológica no es el ministro aislado individual pastoral o el investigador. El trabajo de la teología se lleva a cabo no en primera persona singular, sino en primera persona plural, ya que el primer destinatario de la reflexión teológica es la comunidad —la Iglesia. Puesto que la interpretación bíblica es una disciplina teológica, lo mismo se debe decir de la lectura de la Biblia *latinamente,* el cual debe llevarse a cabo por y para el bien de la comunidad, y no *únicamente* la comunidad latina.

Hablar acerca de "la comunidad latina" pura y simplemente no ayuda realmente. Después de todo existen muchas comunidades latinas muy diferentes. ¿Qué significa ser latino en primer lugar? Con motivo de la denominación de la jueza Sotomayor a la Corte Suprema, el Pew Hispanic Center enfocó su atención sobre esta cuestión. El informe explica que "en 1976 el Congreso de los Estados Unidos aprobó la única ley en la historia de este país que obliga la recopilación y análisis de datos de un grupo étnico específico: 'Los americanos de origen o descendencia Hispana'. El lenguaje de esta legislación describe este grupo como americanos quienes se identifican así mismo como seres con antecedentes hispanohablantes y rastrean sus orígenes o descienden de México, Puerto Rico, Cuba, Centro y Sur América y otros países hispanohablantes".[17] En contraposición a esta definición la Oficina del Censo de los Estados Unidos ha adoptado una definición más amplia según la cual *tú eres* "hispano" si tú dices que lo eres, y *no* eres hispano si no reclamas que eres hispano. Los autores de la investigación de Pew prepararon el siguiente P & R para ilustrar este punto:

Pregunta: Yo emigré a Phoenix desde México. ¿Soy hispano?
Respuesta: Lo eres si dices que lo eres.
Pregunta: Mis padres se trasladaron a Nueva York desde Puerto Rico. ¿Soy hispano?
Respuesta: Lo eres si dices que lo eres.
Pregunta: Mis abuelos nacieron en España, pero yo crecí en California. ¿Soy hispano?
Respuesta: Lo eres si dices que lo eres.
Pregunta: Nací en Maryland y me casé con una emigrante de El Salvador. ¿Soy hispano?
Respuesta: Lo eres si dices que lo eres.
Pregunta: Mi madre es de Chile y mi padre es de Iowa. Yo nací en Des Moines. ¿Soy hispano?
Respuesta: Lo eres si dices que lo eres.
Pregunta: Yo nací en Argentina pero crecí en Texas. Yo no me considero a mí mismo como hispano. ¿El Censo me cuenta como hispano?
Respuesta: No si tu dices que no lo eres.[18]

Siguiendo esta línea de razonamiento, ser hispano no es solamente cuestión de haber nacido de esta forma. Tomando prestada una frase del Evangelio de Juan, es cuestión de haber nacido y volver a nacer, abrazando deliberadamente dicha identidad. Más aún reclamando mi propia identidad individual esto no me hace a mí automáticamente miembro de una comunidad, ya sea latinos o no: hay mucho más en juego para pertenecer a una comunidad. Déjame llevar esto a un paso siguiente: lo que nos hace a nosotros una comunidad de latinos católicos es la Eucaristía. En parroquias a lo largo de los Estados Unidos, en cada diócesis y en cada vecindario, emigrantes de cada nación de América Latina junto con sus hijos, sus nietos etcétera y se unen impulsados por el Espíritu de Dios en la comunidad que es el Cuerpo de Cristo, la comunidad sin fronteras fortalecida por la Palabra de Dios y alimentada con el Pan de Vida que nos hace lo que somos. Leyendo la Biblia *en* y *con* esta comunidad —la comunión que es la Iglesia— hace todo diferente en el mundo. Quizás esto es la razón por la cual el testimonio de los discípulos que se encontraron a Jesús en el camino de Emaús nos suena tan familiar a nosotros como latinos, el por qué no nos sorprende que llegaron a reconocer a Jesús en el partir del pan.

¿Qué pasa con aquellos latinos con los cuales compartimos nuestra fe cristiana pero con los cuales no compartimos una comunión plena? ¿Qué ocurre con los elementos comunes entre católicos latinos y *evangélicos* latinos? ¿Podemos y debemos leer la Biblia con estos hermanos y hermanas cristianas a pesar de nuestras diferencias? Déjenme darles un ejemplo de la forma provechosa en la cual esto puede ocurrir, de las formas en que está ocurriendo, reconociendo mi propia amistad con mi colega, el Rev. Dr. Efraín Agosto, un cristiano pentecostal, quien era profesor de Nuevo Testamento y decano en el Seminario Teológico de Hartford.[19] El Dr. Agosto y yo hemos sido amigos y colegas por largo tiempo, trabajado juntos en muchos proyectos en una amistad que ha sido alimentada por nuestra pasión común de ser guiados por la Palabra de Dios y estar al servicio de esta Palabra en nuestra entrega a las comunidades cristianas latinas. El Dr. Agosto y yo hemos colaborado en escribir capítulos para un libro (en inglés) titulado *Construyendo puentes, haciendo justicia: elaborando una teología ecuménica latino/a,* un proyecto que ha reunido a católicos y protestantes latinos no para resaltar nuestras diferencias o construir muros de suspicacias entre nosotros, sino para trabajar juntos para ver qué pasos debemos dar para hacer teología seriamente juntos *latinamente* para el bien de la Iglesia.[20] Nos ha tocado al Dr. Agosto y a mí el elaborar una teología ecuménica latina de la revelación, y no es una sorpresa para ninguno de los dos que al final estemos íntimamente trabajando en una teología de la revelación que es genuinamente latina y genuinamente ecuménica. Estoy seguro que el Dr. Agosto coincide conmigo que los cristianos católicos latinos y los cristianos protestantes latinos no tienen nada que temer y mucho que ganar de un diálogo paciente, generoso y mentalmente abierto con cada uno de nosotros. Únicamente dicho diálogo hará disminuir el miedo y la sospecha que impide a los cristianos católicos latinos y a los evangélicos latinos el reconocerse cada uno como hermanos y hermanas en Cristo.

Debo de añadir que no es suficiente para nosotros como latinos el mantener nuestra lectura entre nosotros. Después de todo, Felipe fue llamado por Dios para un viaje a lo largo de la carretera de Gaza con un etíope, con alguien muy diferente de él, y fue en las páginas de la Escritura donde encontraron algo en común. Como católicos *latinos* en los Estados Unidos tenemos mucho que aprender y mucho que ofrecer, leyendo la Biblia con los afroamericanos y los asiático-americanos, con los indígenas y con todos los descendientes de aquéllos que llegaron a este país. Leyendo *latinamente* nos debe de abrir a leer como cristianos católicos que leen la Biblia en forma *católica,* conscientes de que la Palabra de Dios está dirigida a todos los pueblos de cada lengua y nación en un idioma que es el suyo.

Conclusión: somos un pueblo que camina

Caminante, no hay camino,
se hace camino al andar.
Al andar se hace camino,
y al volver la vista atrás
se ve la senda que nunca
se ha de volver a pisar.

Como latinos y latinas católicos, como los discípulos a lo largo del camino hacia Emaús, y como el etíope en la carretera de Gaza, *somos un pueblo que camina.* Para nosotros, el camino nos reta pero podemos caminar con confianza y sin miedo, porque sabemos que Jesús mismo camina con nosotros, acompañándonos y guiándonos, abriendo nuestros ojos para reconocerlo en las Escrituras y en el partir del pan. Conocemos igualmente que el Espíritu Santo de Dios nos envía personas como Felipe para ayudarnos a comprender las Escrituras y, más importante, para ayudarnos a dar sentido a nuestras vidas con la guía de las Escrituras, y algunos de ellos a los cuales Dios pone en nuestro camino, incluso puede ser investigadores bíblicos quienes leen *con* nosotros a lo largo del camino de la vida.

Todo pasa y todo queda,
pero lo nuestro es pasar,
pasar haciendo caminos

⁓

Notes

1. El *Instrumentum Laboris* para la XII Asamblea Ordinaria del Sínodo de Obispos que se centra en la Palabra de Dios en la vida y la misión de la Iglesia explícitamente menciona a este texto: "La familiaridad con la Sagrada Escritura no es fácil. Como el ministro de la reina de Etiopía, para comprender lo que dice el texto es necesaria una pedagogía que, partiendo de la Escritura, abra la mente para comprender y aceptar la buena noticia de Jesús (cf. Hch 8, 26–40)", *Instrumentum Laboris* § 47, http://www.vatican.va/roman_curia /synod/documents/rc_synod_doc_20080511_instrlabor-xii-assembly_sp.html.

2. Con respecto al significado etnográfico y geográfico de este carácter, vea Clarice J. Martin, "A Chamberlain's Journey and the Challenge of Interpretation for Liberation", *Semeia* 47 (1989): 105–35. Con respecto a la identificación del etíope como un eunuco, vea F. Scott Spencer, "The Ethiopian Eunuch and His Bible: A Social-Science Analysis", *Biblical Theology Bulletin* 22 (1992): 155–65.

3. Sonia Sotomayor, "A Latina Judge's Voice", *New York Times*, May 14, 2009, http://www.nytimes.com/2009/05/15/us/politics/15judge.text.html.

4. *Ibid.*

5. *Ibid.*

6. Vea, por ejemplo, Jean-Pierre Ruiz, "The Word Became Flesh and the Flesh Becomes Word: Notes toward a U.S. Latino/a Theology of Revelation", en *Building Bridges, Doing Justice: Constructing a Latino/a Ecumenical Theology*, ed. Orlando O. Espín (Maryknoll, NY: Orbis Books, 2009), 47–68.

7. Vea Fernando F. Segovia, "Two Places and No Place on Which to Stand: Mixture and Otherness in Hispanic American Theology", *Listening: A Journal of Religion and Culture* 27 (1992): 26–40.

8. Pablo Richard, "The Hermeneutics of Liberation: A Hermeneutics of the Spirit", en *Reading from This Place*, vol. 2: *Social Location and Biblical Interpretation in Global Perspective*, ed. Fernando F. Segovia y Mary Ann Tolbert (Minneapolis: Fortress, 1995), 275.

9. Justin S. Ukpong, "Reading the Bible in a Global Village: Issues and Challenges from African Readings", en *Reading the Bible in the Global Village: Cape Town*, ed. Justin S. Ukpong et al. (Atlanta: Society of Biblical Literature, 2002), 22.

10. James Earl Massey, "Reading the Bible from Particular Social Locations: An Introduction", en *The New Interpreter's Bible: A Commentary in Twelve*

Volumes, ed. Leander E. Keck et al. (Nashville: Abingdon, 1994), 1:150. También vea Massey, "Reading the Bible as African Americans", en *The New Interpreter's Bible*, 1:154–60; Chan-Hie Kim, "Reading the Bible as Asian Americans", en *The New Interpreter's Bible*, 1:161–6; Fernando F. Segovia, "Reading the Bible as Hispanic Americans", en *The New Interpreter's Bible*, 1:167–73; George E. Tinker, "Reading the Bible as Native Americans", en *The New Interpreter's Bible*, 1:174–80; Carolyn Osiek, "Reading the Bible as Women", en *The New Interpreter's Bible*, 1:181–87; así como *Voices from the Margin: Interpreting the Bible in the Third World*, ed. R. S. Sugirtharajah (Maryknoll, NY: Orbis Books, 1991).

11. Fernando F. Segovia y Mary Ann Tolbert, prefacio a *Reading from This Place*, vol. 1: *Social Location and Biblical Interpretation in the United States*, ed. Fernando F. Segovia y Mary Ann Tolbert (Minneapolis: Fortress, 1995), ix.

12. Fernando F. Segovia, "'And They Began to Speak in Other Tongues': Competing Modes of Discourse in Contemporary Biblical Criticism", en *Reading from This Place*, 1:10; reimprimido en Fernando F. Segovia, *Decolonizing Biblical Studies: A View from the Margins* (Maryknoll, NY: Orbis Books, 2000), 10.

13. Segovia, "'And They Began to Speak in Other Tongues'", 1:12; reimprimido en Segovia, *Decolonizing Biblical Studies: A View from the Margins*, 14.

14. Vea Krister Stendahl, "Biblical Theology, Contemporary", en *The Interpreter's Dictionary of the Bible*, ed. George Arthur Buttrick et al. (Nashville, TN: Abingdon, 1962), 1:418–32.

15. Comisión Bíblica Pontificia, "La Interpretacón de la Biblia en la Iglesia" (15 de abril de 1993), http://www.foroexegesis.com.ar/Textos_Magisteriales /interpretacion_de_la_biblia_en_la_iglesia.htm.

16. Benedicto XVI, "Intervención durante la XIV Congregación General de Sínodo de los Obispos" (14 de octubre de 2008), http://www.vatican.va /holy_father/benedict_xvi/speeches/2008/october/documents/hf_ben-xvi _spe_20081014_sinodo_sp.html.

17. Jeffrey Passel y Paul Taylor, "Who's Hispanic?" Pew Hispanic Center, 28 de mayo de 2009, http://pewhispanic.org/reports/report.php?ReportID=111.

18. *Ibid.*, 2.

19. Agosto es el autor de *Servant Leadership in Jesus and Paul* (St. Louis, MO: Chalice Press, 2005).

20. Vea Efraín Agosto, "*Sola Scriptura* and Latino/a Protestant Hermeneutics: An Exploration", en *Building Bridges, Doing Justice*, 69–87; también Ruiz, "The Word Became Flesh and the Flesh Becomes Word", en *Building Bridges, Doing Justice*, 47–68.

7

El camino de la justicia

una lectura latino-protestante de Lucas 24:13–35

Efraín Agosto

~

Introducción

¿Qué significado tiene el análisis de Lucas 24:13–35 desde una perspectiva latina-protestante? Ante todo es necesaria una confesión. Aun cuando soy protestante, no me identifico con la "corriente general del protestantismo". Pertenezco a una congregación latina la cual forma parte de la corriente general, la Iglesia Unida de Cristo. Sin embargo, yo aún sigo considerándome pentecostal en cierto aspecto o forma, ya que fue la tradición en la cual yo crecí e afectó mi fe y mi vida para siempre. Por ejemplo, me siento más wesleyano que reformado, pero más importante, estoy convencido del importante papel que desempeña la experiencia religiosa en el auto entendimiento, a veces a favor, otras en contra, enraizado en la Biblia o en expresiones doctrinales de la enseñanza bíblica por su grupo específico pentecostal.

De diversas maneras investigo el Nuevo Testamento desde la perspectiva de un latino que ha crecido en una iglesia pentecostal hispana en una ciudad donde los principales grupos protestantes y católicos romanos eran sospechosos en términos de su fe y la práctica de la misma. A pesar de años de experiencia ecuménica, participación en iglesias bautistas y congregacionales latinas, y de una preparación académica en estudios bíblicos tanto en centros evangélicos como escuelas protestantes, necesito ayuda para superar prejuicios arraigados en mí, contra los queridos creyentes en Cristo, incluso latinos y latinas. Yo me veo a mí mismo como parte y parcela de esa gran realidad latina que habita en nuestro país, proveniente de todos los países de América Latina, con toda clase de tradiciones religiosas, incluyendo protestantes, católicos y pentecostales.

Hacia una hermenéutica protestante pentecostal latina

Sin embargo, las preguntas permanecen. ¿Qué significa tener una hermenéutica pentecostal y cómo influye ella en mi lectura del Nuevo Testamento? Más aún, cómo hace un protestante pentecostal, este latino protestante pentecostal que lee el texto de Lucas 24:13–35, el encuentro después de la resurrección entre dos discípulos itinerantes y Jesús? Para ser un lector de las escrituras se necesitan varias cosas.[1] Ciertamente, los pentecostales latinos tienen siempre un gran conocimiento de la Biblia, aun cuando no siempre la practican como los anglos protestantes, especialmente los evangélicos. El teólogo pentecostal Eldin Villafañe afirma que los pentecostales tienden a creer en los "cuatro principios básicos de la Reforma: *sola gracia, solo Cristo, sola Escritura* y *sola fe*". Sin embargo, como afirma Villafañe, el pentecostalismo hunde sus raíces en lo que él llama el "ala izquierda de la Reforma", la cual tiene su base principal en el pobre y en el oprimido.[2] Además, el pentecostalismo igualmente se enfoca en la doctrina de la Reforma acerca de la presencia interna del Espíritu Santo. Teniendo un grupo humano necesitado de justicia social y una creencia en la presencia viva del Espíritu de Dios, Villafañe escribe diciendo que "los pentecostales hispanos suscriben implícitamente a una perspectiva de la revelación que es dinámica y continua en su naturaleza," leyendo la Biblia de "una manera que llamaríamos existencial-espiritual".[3] Este hecho de la experiencia es fundamental para un pentecostal latino que lee la Biblia, y quizás nos marca a muchos de nosotros tanto en el protestantismo como en el catolicismo latino.

En segundo lugar, como acabo de indicar, dado que los ciudadanos han sido atendidos históricamente por el pentecostalismo latino, existe un rol decisivo por la justicia en la hermenéutica pentecostal latina. Por ejemplo, el mismo Villafañe explora el liderazgo del profeta Amós en el Antiguo Testamento.[4] Discute sobre la naturaleza de la justicia bíblica, aquélla que Amós clama a favor de sus hermanos israelítas. Según Villafañe en su lectura de Amós, la justicia es algo acerca del compromiso para con la propia comunidad:

> El cuadro que las Escrituras nos presentan es el de la persona humana creada en y para la comunión —creado para vivir en comunidad. En el Antiguo Testamento, por encima de todo, uno ve la importancia

de vivir en relación con Dios y con cada uno. Los individuos están en relación con Dios a través de la Alianza que existe entre Dios y el Pueblo (de Dios).[5]

La relación en la vida humana debe ser guiada por la búsqueda de la justicia, ya que la justicia yace en el corazón de la naturaleza divina. De esta manera, sean los pueblos vecinos de Israel o en el mismo Israel, la práctica de la justicia, especialmente para con el pobre o el oprimido, es una señal de la cercanía a Dios. Amós denuncia la injusticia por todas partes y llama a Israel de forma particular a practicar la justicia, siendo el Pueblo de Dios.

Más aún, para Villafañe éstas son las enseñanzas fundamentales de la Biblia. Liberación y justicia, en comunidad, yacen en el corazón del mensaje evangélico. Villafañe lamenta la tendencia en el mundo intelectual evangélico protestante de dividir, por ejemplo, los aspectos personales del evangelio de los sociales. Escribe: "Si nuestra nación —y por extensión nuestro mundo— va a oír la entera Palabra de Dios, debe estar lejos de esas falsas dicotomías que limitan la Palabra de Dios y define el evangelio como evangelismo o doctrina social [...]" Semejante a una división entre la salvación personal y la justicia social, divide el evangelio en dos, y por tanto socaba la enseñanza bíblica de un evangelio que promueve "la preocupación apasionada de Dios por la justicia para todos —especialmente los pobres, los débiles y los miembros oprimidos de la sociedad".[6] Un evangelio dicótomo limita la creación de la comunidad. Por tanto, para este intelectual pentecostal, la Biblia promueve la justicia y la comunidad, y cualquier interpretación bíblica que devalúe estos valores, no es bíblica.

Otro erudito pentecostal latino, Samuel Solivan, se concentra en una teología latina del sufrimiento desde una perspectiva pentecostal-hispana en Estados Unidos. Su estructura teológica del "orthopathos" —sufrimiento redentor— está "fundamentada principalmente aunque no exclusivamente en los textos del Antiguo Testamento, el Nuevo Testamento y la figura de Jesucristo como Salvador." Además del enfoque cristológico el cual debe conformar todo entendimiento de la revelación bíblica, Solivan argumenta que "junto a éstos debemos colocar la tradición, la reflexión racional y crítica sobre nuestra realidad actual." Debemos incluir "metodologías intelectuales modernas las cuales acercan el texto y la situación sociopolítica" desde la cual uno lee el texto. Más que un acercamiento ecléctico "demuestra una alta estima por la autoridad de la Escritura, una aguda visión en los temas sociopolíticos actuales, una gran sensibilidad sobre las necesidades del laico y un inteligente uso de la crítica bíblica académica".[7]

De esta forma Solivan presenta una hermenéutica pentecostal la cual incorpora la reflexión sobre la persona y el trabajo de Cristo, la tradición, la razón, la erudición crítica y la reflexión sobre la situación actual, todos unidos en torno a la Escritura, "ambos iluminando los temas y la fuerza actual". De lo contrario, sin una yuxtaposición de los diversos problemas sociales y teológicos, "el método histórico-crítico tiende a desprenderse de la Escritura, de su fuerzo para hablarnos de nuevo hoy en día", cuando se presenta ella sola. Solivan afirma que debemos pasar de una forma de dependencia del llamado proceso histórico "objetivo" por sí mismo a uno de los "testigos del Espíritu tanto en la tradición de la Iglesia y en el reflejo en la comunidad". De esta manera la comunidad "retiene el poder de la Palabra".[8]

Solivan también aborda el tema de la autoridad en las interpretaciones de la Escritura bajo el punto de vista de los latinos pentecostales. Argumenta que más que apoyarse en el testimonio mismo de la Escritura, el latino pentecostal tiende a buscar el orden o la orientación en aquéllos que tienen autoridad relacionados con la propia familia y comunidad, incluyendo su propia comunidad creyente. La "necesidad de un orden, dirección y armonía se expresa en la Iglesia a través de una matriz de autoridad bíblica y espiritual en las cuales hay un liderazgo impuesto y ordenado".[9] Esto señala de nuevo la importancia de participar en la comunidad para que se dé una interpretación bíblica auténtica.

Solivan apunta que la interpretación bíblica pentecostal debe sus raíces a uno de sus antepasados, el metodismo, y al "principio tetralateral de la Escritura, experiencia, razón y tradición". Sin embargo, Solivan también afirma que "de estas cuatro, la Escritura, como iluminada por el Espíritu Santo y la experiencia como guiada por el mismo Espíritu Santo, en la práctica son las que tienen más peso y autoridad".[10] En este sentido el pentecostalismo vuelve a Calvino y a su afirmación de que "lo que le da la autoridad a la Escritura no son sus autores o la precisión de sus alegaciones, sino la presencia interna del Espíritu Santo en nuestros corazones y nuestras mentes la cual da fruto en nuestra transformación".[11] Solivan argumenta sin embargo que mucho del pentecostalismo norteamericano va más allá de una comprensión "pneumatológica" de la autoridad e interpretación bíblica en su deseo de moverse de la "calle lateral" a la "avenida central", en términos de aceptación entre los fundamentalistas y evangélicos con sus declaraciones de fe en torno a la inerrancia de la Escritura y las palabras de la Escritura. Los pentecostales latinos han intentado aferrarse "al dato presentado por Calvino en el reconocimiento de la presencia interna del Espíritu en la Palabra y su poder transformador en la vida de uno (*Instituciones* 7,5)".[12]

Además, se da una dimensión socioeconómica en los puntos de vista de la autoridad bíblica entre los pentecostales latinos. El pentecostalismo en su totalidad "estaba y continúa estando enraizado en la vida de los pobres" de ahí que "el elemento intelectual" ("el medio literario"), no siempre accesible para el pobre, "fue visto con sospecha". Utilizaban una "hermenéutica de la sospecha" si la "carta legal" eran la única autoridad en sus vidas. Después de todo, algunos libros, como los textos legales, han sido empleados a menudo para controlar al pobre.

Solivan también cita la realidad de transformar vidas como criterio para determinar la autoridad de la Escritura:

> La transformación, tanto personal como colectiva [fue] la norma contra la cual las preguntas de autoridad debían ser determinadas. La verificación de las exigencias de la Escritura no debía ser encontrada en los reclamos internos de la Escritura sino en el poder externo del Espíritu Santo en la transformación de la vida de las personas a la luz de esas exigencias.[13]

Sintiendo la experiencia de Dios a través de la sanación y la conversión hacen a la Escritura viva y la dan autoridad.

Sin embargo, la sanación personal y la conversión no son los únicos símbolos para una autoridad bíblica, argumenta Solivan, sino incluso la liberación de los modelos destructivos que alienan al vecino del vecino. Éste es también un "elemento de autoridad de la Escritura".[14] Por tanto, una vez más, justicia y comunidad empiezan a destacar como los aspectos críticos de una auténtica interpretación bíblica como lo han comprendido los pentecostales latinos. La autoridad de la Escritura tiene que ver con el poder mismo de la Escritura, como experiencia a través del Espíritu de Dios, para ofrecernos una conversión, no solamente en nuestras vidas individuales, sino también en la vida de las comunidades. Para llegar a ser una comunidad que señala la autoridad de la Biblia como guía para la fe y una vida en la cual la Escritura se hace viva en la vida de cada persona y de la misma forma ellos viven su fe en comunidad.

Para Solivan no podemos hablar de la fe sin haber experimentado los resultados de la fe y la Escritura en nuestras vidas. Más aún, sin la experiencia de la fe, las verdades propuestas acerca de la autoridad de la Escritura se convierten en estática y descontextualizada. Necesitamos declaraciones acerca de la Escritura que reflejen el impacto de la situación social y el trasfondo cultural en sus formulaciones. La crítica mutua entre la fe experimentada y

las declaraciones de fe, lo que Solivan define "el aspecto existencial de la autoridad bíblica" ve a la Escritura tanto *logos* como *pneuma* —razón y Espíritu.[15]

De hecho, concluye Solivan, el pentecostalismo latino ha aprendido a
leer la Escritura desde la perspectiva del no dominante, el pobre, quien
a menudo no se fija en los aspectos literarios de la Escritura. "La comprensión pentecostal de la Escritura atemperada por el estudio crítico
igualmente cuestiona el otro aspecto del fundamentalismo, el cual está
enamorado de la letra del texto". Éste es el caso de un fundamentalismo tanto de derecha como de izquierda, no sabemos si enfocado en la
inerrancia literaria (la derecha) o en el análisis cultural (la izquierda) que
limita la conversación a una mera interpretación literaria. El pobre, las
culturas analfabetas nos han enseñado a experimentar la Escritura, no
únicamente a estudiarla o a hacer alegatos estáticos sobre ella. "Cuando
las Escrituras las reducimos a un género literario encajonado en la historia, los resultados son similares —una palabra muerta, sin vida, lejos
de la Palabra creadora y viva de Dios, hablada por los profetas y experimentada por los apóstoles y la Iglesia del pobre".[16] De esa manera, en
el pentecostalismo hispano, como lo entiende Solivan, la hermenéutica
bíblica tiene un entendimiento expansivo que abarca el texto escrito, una
experiencia de comunidad y una interpretación viva de dicho texto y su
objetivo es la transformación personal y de la comunidad. Además de
eso, el pobre abre el camino hacia una perspectiva liberadora de la autoridad de la Escritura.

Hacia una hermenéutica ecuménica latina de la escritura

Estos enfoques pentecostales sobre la experiencia, la comunidad, la justicia, demostrados con la transformación de vida, son de hecho, deseo argumentar, los ladrillos para la construcción de una hermenéutica ecuménica
latina de la Biblia. En su análisis de las hermenéuticas bíblicas emergentes
entre los latinos, Francisco García-Treto reconoce el crecimiento ecuménico de las investigaciones bíblicas entre protestantes latinos y católicos
romanos que trasciende la separación fundamentada en los principios de
la Reforma:

> Hoy, entre las iglesias hispano/latinas en Estados Unidos, y especial-
> mente en el campo académico teológico profesional, se ha desarrollado
> una nueva relación ecuménica franca de cooperación, diálogo y respe-

to mutuo entre la corriente principal y otras denominaciones protestantes y la iglesia católica romana en investigaciones bíblicas a tal nivel que se puede reconocer una auténtica comunidad interpretativa.[17]

Más que los principios doctrinales de denominaciones de origen, el enfoque de las hermenéuticas bíblicas latinas por parte de ambos investigadores bíblicos, católicos como protestantes, se ha enfatizado sobre la comunidad y la naturaleza sociocultural de tal comunidad. De ahí que García-Treto argumente:

> Justo como una conciencia transnacional hispano/latina de ser un pueblo está surgiendo y afianzándose una agenda sociocultural en los Estados Unidos, de ahí que está creciendo una conciencia transdenominacional de ser una comunidad que lee e interpreta la Biblia desde la realidad social de nuestro pueblo, y está empezando a dar frutos visibles.[18]

Está surgiendo una interpretación bíblica ecuménica hispano/latina por lo menos desde los círculos académicos de los estudios bíblicos y teológicos a través del mundo católico y protestante, "dividido" con su consiguiente impacto en las mentes y los corazones del pueblo latino en los Estados Unidos de cualquier denominación.

Una de las prácticas en la lectura de la Biblia por los latinos más interesantes es su participación en comunidades de interpretación. Más que ser "llaneros solitarios" en la tarea de interpretación, los hispanos/latino(a)s leen la Biblia a la luz de la comunidad. García-Treto explora el concepto de una "comunidad interpretativa" en estudios literarios y concluye que "el énfasis emergente en el contexto o ubicación social de la lectura de la Biblia converge" con "la teología de conjunto la cual ha sido desarrollada en las iglesias hispanas en los Estados Unidos", esto es, la teología en función de la comunidad implica que "unas nuevas estrategias hermenéuticas y puntos de vista se están poniendo en marcha".[19] Esto nos lleva a la lectura de Lucas 24:13–35, la cual tiene en cuenta la creación de una comunidad de interpretación entre los viajeros hacia Emaús y Jesús, y entre esos mismos viajeros, ahora transformados por su encuentro con Jesús, y el resto de los discípulos de Jerusalén.

Lucas 24:13–35: una narrativa exegética

Éste es uno de los encuentros más dramáticos de toda la Biblia. Dos peregrinos de la Pascua judía en Jerusalén, apenados, en duelo, confundidos, y peregrinos del movimiento de Jesús, discuten intensamente sobre los acontecimientos del fin de semana recién pasado. Su amado líder ha sido ejecutado, y recién salidos de la casa —Emaús dista alrededor de siete millas de Jerusalén ("seis estadios")— han escuchado noticias sobre una tumba vacía. El lector conoce algo que ellos no conocen —que existe una tumba vacía y noticias de la resurrección. Varias mujeres discípulas e incluso Pedro han sido testigos de esto (Lc 24:1–13). Sin embargo, para estos viajeros estos son sólo rumores. Sin embargo ellos proceden a hablar sobre los acontecimientos. ¿Quiénes eran estos dos discípulos de Jesús ("dos de ellos, 24:13") y qué les ocurrió en su caminar hacia Emaús? En lo que sigue, ofrezco una panorámica de la narrativa, con algunos comentarios relevantes y preguntas para nuestra consideración acerca de este "camino de justicia" desde la perspectiva latina-protestante.

Una narrativa general

El capítulo 24 de Lucas pareciera como si se hubiera preparado para llevarse a cabo en un día, el día de la resurrección, desde la resurrección (24:1–12) al encuentro en el camino de Emaús (24:13–35), a la aparición de Jesús delante de sus discípulos en Jerusalén (24:36–53), en la cual él les indica la última recomendación que esperen por "poder de lo alto" (24:48). Alrededor de estos hechos milagrosos de la resurrección, la apariencia y realización en la narrativa de Lucas es toda la discusión que se lleva a cabo entre las diversas partes. En nuestro pasaje, los dos caminantes discuten entre sí los acontecimientos trascendentales que ellos acaban de experimentar (24:14). Entonces un extraño se une a ellos y les pregunta acerca de lo que están discutiendo. Me atrevo a decir que el compañero de viaje es un extraño para ellos, pero no para nosotros, ya que Lucas nos dice que es "Jesús mismo". Para los dos viajeros, la pregunta de Jesús les sorprende y reta al mismo tiempo. En griego, Lucas hace la pregunta de una forma viva: "¿Cuáles son esas palabras que intercambian el uno con el otro [*literalmente* "se echa el uno al otro"] mientras caminan?" (24:17). La pregunta personifica la naturaleza del diálogo en comunidad. Hablan según van caminando, se envuelven en un diálogo acerca de la vida y la fe, llevando a cabo las cosas normales del día, lo que Ada Maria Isasi-Díaz llama "lo cotidiano". En este caso, el caminar y la discusión se llevan a cabo durante el regreso de un peregrinaje religioso. Cierto, ha sido una peregrinación como ninguna otra. Un líder querido ha sido asesinado, y la conversación en el regreso a casa es una entre el asombro y la tristeza. Cuando Jesús, el extraño, hace la pregunta acerca de lo que ellos van hablando, ambos, "deteniéndose con tristeza", nos dice el texto, no hay duda que están reflejando todas las cosas negativas que han experimentado los últimos días, con un rayo de esperanza en esta noción de una tumba vacía.

Una palabra en torno a estos dos individuos puede ser apropiada. Se nos dice simplemente que eran "dos de ellos", el "ellos" probablemente refiriéndose a "los once y todo el resto" (24:8). Más tarde encontramos el nombre de uno de ellos —Cleofás— quien finalmente responde la pregunta que Jesús había hecho sobre lo que ellos iban discutiendo (28:12). No sabemos de ningún otro discípulo con este nombre, excepto tal vez el esposo de María, esta última una testigo de la Crucifixión según Juan (Jn 19:25). Allí su nombre aparece como Clopas, nombre semita en lugar del nombre griego, Cleofás. Sin embargo, como Sharon Ringe señala, "la experiencia de los inmigrantes en cualquier época justamente nos indica la variación en los nombres cuando las personas se mueven del contexto de un lenguaje a otro". Por tanto, ambos nombres ("Cleofás" y "Clopas") es posible se refieran al mismo discípulo.[20] La pregunta más intrigante es quién era su compañero. Muchos han especulado sobre la posibilidad de que fuera una pareja casada y ésta era la situación como muchas otras, donde las mujeres permanecen sin nombre (aunque no en el Evangelio de Juan).

Sin embargo Jesús se une a ellos y les dirige la palabra: "Mientras ellos hablaban y discutían, se acercó y se fue con ellos" (24:15). Aun cuando el lector conoce la identidad del nuevo caminante, Lucas nos ofrece una información interesante: "sus ojos eran incapaces de reconocerle" (24:15). El misterio se prolonga para estos dos discípulos por el momento, pero los discípulos que leen el relato de Lucas conocen algunas respuestas. Éste es el propósito de Lucas en este pasaje —incluso cuando Jesús no está más con nosotros, sigue siendo reconocible, a veces más que aquéllos que caminaron junto a él cuando aún vivía en la tierra. La Resurrección hace posible el reconocimiento por parte de todos, siempre.

De hecho, lo que hace finalmente posible el reconocimiento por parte de los discípulos que el extraño es Jesús (24:31), es cierto intercambio de conocimiento (24:32) —por parte de ellos (24:18–24) y de él (24:25–27)— que ellos han adquirido en el encuentro, así como la experiencia de verle partiendo el pan (24:30).

Lo que los discípulos conocen: 24:18–24

Primero, los discípulos piensan que ellos conocen más que este extraño. Cuando Jesús pregunta sobre qué están conversando, Cleofás responde:

"Acaso eres tú el único extraño viviendo en Jerusalén que no conoce lo que ha ocurrido en Jerusalén en estos días?" De nuevo, los lectores saben más que los discípulos saben, y eso hace Jesús, por supuesto, quien responde, no obstante, "¿Qué cosas?" Cleofás responde con una versión lucana de la historia evangélica, indicando cómo "Jesús de Nazaret" fue "un profeta poderoso en palabras y acciones ante Dios y ante todo el pueblo" (24:19). A pesar de este servicio divino al pueblo de Dios, los líderes políticos y religiosos de la comunidad conspiraron contra él, y Jesús fue crucificado (24:20). Ésta es por tanto la noticia que les entristeció (24:17). Además, ése no fue el sentido de esperanza que Jesús había suscitado, ya que ellos creían que podría ser él que "redimiría a Israel" (24:21). Algunos expertos leen esta referencia como la esperanza de redención de su tierra del poder imperial. No obstante, a pesar de que han pasado tres días desde que fue asesinado, y la esperanza parecía destrozada, "algunas de nuestras mujeres" han visto la tumba vacía (24:22) y han oído a unos "ángeles" que Jesús está vivo (24:23). Otros testigos fueron a la tumba y contemplaron lo que las mujeres habían visto. Así, los hechos detallados en Lucas 24:1–12 son resumidos por Cleofás y su compañero. Y a pesar de que han narrado esta historia al auténtico Jesús, de quien los ángeles proclamaron que está vivo, ellos finalizan su narración con la declaración: "pero ellos [*refiriéndose a los diversos testigos de la tumba vacía*] no lo han visto". Una vez más el lector elabora, a través de esta narración, lo que él conoce en contraste con lo que los discípulos conocen. Incluso ya que ellos son testigos vivos, su conocimiento a este punto es limitado comparado con la próxima generación de creyentes. De ahí que se necesite una mínima interpretación acerca de lo que los viajeros han visto y experimentado.

Lo que Jesús conoce: 24:25–27

Jesús vive su vida, ministerio, muerte y resurrección de una forma diferente de la de éstos y los demás discípulos. Así como Cleofás intenta reprender a su compañero de viaje por su ignorancia (24:18: "¿Acaso eres tú el único extraño en Jerusalén que no conoce […] ?"). Jesús confronta la falta de una correcta interpretación de la escritura. De esta manera, la narrativa también reta al lector a colocar los hechos correctamente. La historia de Jesús fue anunciada por los auténticos profetas a quien los discípulos comparan Jesús. Es por ello que aquellos personajes eran demasiado "estúpidos y lentos para creer en su corazón todas las cosas que los profetas habían anunciado"

(24:25). Entre las profecías, está la realidad del sufrimiento de Cristo. De esa manera, las palabras del Jesús resucitado lo identifican con la espera mesiánica de Israel. La muerte es parte de ese sufrimiento, el cual Lucas identifica con "entrar en su gloria" (24:26). El resto de cómo Jesús interpreta las escrituras de Israel a partir de su nueva realidad de resucitado la resume Lucas con la afirmación de que Jesús utiliza todas las Escrituras, desde las narraciones de Moisés a través de los profetas y los escritos, para demostrar lo que querían decir "las cosas que se refieren a él". Es interesante cómo los dos discípulos con los cuales Jesús comparte que no le dejan seguir su camino, de ahí que le inviten a su hogar, una vez llegados a Emaús, incluso sabiendo que Jesús estaba dispuesto a seguir su camino (24:28–29). Sin embargo, esta muestra de hospitalidad por parte de esos cansados peregrinos les brinda la gran oportunidad para entender y reconocer.

Comida de reconocimiento: Lucas 24:30–32

Las imágenes litúrgicas en estos tres versos cortos son sorprendentes. Después de sentarse para comer con él, Jesús "toma el pan, lo bendice, lo parte y se lo da" (24:30). Estas acciones son un eco muy directo de los mismos actos que hizo cuando dio de comer a cinco mil anteriormente y Lucas narra cuando Jesús "tomando los cinco panes y los dos peces y mirando al cielo [...] dio gracias y lo partió. A continuación lo entregó a los discípulos para que los repartieran al pueblo" (Lc 9:16). Hay un paralelo más cercano en la narrativa lucana, Jesús en la última cena con sus discípulos, cuando "toma el pan, dio gracias y lo partió y se lo dio diciendo, 'éste es mi cuerpo entregado por ti; haz esto en recuerdo mío'" (Lc 22:19). El efecto acumulativo de estas acciones, estando en la mesa (no hay duda de que Jesús partió el pan con sus discípulos en diversas ocasiones con gestos parecidos) era para limpiar la nubosidad de los ojos de los compañeros de Jesús. Han viajado con él varias millas, han escuchado su interpretación de las escrituras con respecto al significado de la vida, ministerio y muerte de Jesús, tanto como él les escuchaba a ellos, y ahora, finalmente, en la mesa, con la bendición, con el partir y compartir la comida de una forma peculiar, "se abrieron sus ojos y lo reconocieron" (24:31a). El hecho extraño fue que inmediatamente se desapareció de su lado (24:31b). Una vez más el narrador indica a sus lectores que la experiencia física de Jesús no es necesaria para un reconocimiento auténtico.

Verdaderamente, los dos invitados no se fijaron tanto en su desaparición repentina. Ellos se fijaron más bien en su reconocimiento repentino, el cual después de todo no había sido tan repentino. "¿Acaso no ardían nuestros corazones cuando él nos hablaba por el camino y nos explicaba las escrituras?" (24:32). Ya en la "explicación de las escrituras" había una explicación acerca de quién era el que viajaba con ellos. Sin embargo, la interpretación de las Escrituras no fue completa sin la experiencia de la mesa, la experiencia de comer y estar en comunidad, tomar el pan, bendecirlo y compartirlo. Hermana Miriam Therese Winter llama a esta escena en Emaús "la eucaristía con la 'e' minúscula" ya que refleja el poder de reconocer y de crear comunidad alrededor de una mesa compartida".[21] Cuando las comunidades latinas ponen énfasis en las comidas y las fiestas como maneras de construir comunidades de fe, no están muy lejos de esta noción de "eucaristía con la 'e' minúscula," no lejos del espíritu de reconocimiento y comunidad ejemplarizado en la comida de Emaús.

El reconocimiento lleva a la misión: Lucas 24:33–35

Sin embargo, el reconocimiento no está completo sin misión. Aun cuando es tarde en el día, los dos discípulos partieron para Jerusalén para anunciar a sus compañeros en la fe conocida que ellos han visto a Jesús, aunque brevemente, pero con el convencimiento real de quién era. Cómo es posible una jornada de día completo en el atardecer del mismo día va más allá del interés narrativo de Lucas. Él desea que sus lectores conozcan que han ocurrido muchas cosas en un día: resurrección, testimonio, enseñanza, compartir la mesa, reconocimiento. Sin el testimonio misionero de parte de aquéllos que lo conocen hacia los que están en la oscuridad, el día es incompleto. De ahí que el regreso de dos viajeros cansados volviendo de Emaús a Jerusalén, fortalecidos por la noticia: Jesús ha resucitado. En consecuencia proclaman lo que se convertirá en una verdad evangélica: "Realmente el Señor ha resucitado" (24:34a).

Aquéllos identificados como "los once" por Lucas están reunidos con los otros discípulos igualmente testigos marcados por una aparición del resucitado. Ellos proclamarán lo que se convertirá en una verdad evangélica: "Realmente el Señor ha resucitado" (24:34a). Sin embargo, de todos los testigos importantes de esta verdad, es importante en la narrativa de Lucas, en su evangelio así como en los Hechos, que Pedro (llamado Simón aquí como igualmente en Lc 4:38, 5:1–10, 6:14 y 22:31) ha sido testigo del Señor resucitado. Su liderazgo en la Iglesia primitiva se apoya en su experiencia, aunque el Evangelio de Lucas no incluye una descripción narrativa de tal encuentro en la tumba vacía o en Jerusalén. Pablo igualmente narra la afirmación de la primera Iglesia de la experiencia fundamental de Pedro del Señor resucitado como es recordado en este texto kerigmático: "y se apareció a Pedro, y a continuación a los doce. Después de esto, se apareció a más de quinientos de los hermanos al mismo tiempo, muchos de los cuales aún viven, aunque algunos ya se durmieron" (1 Co 15:5–6).

Alentados por estos testimonios y por su propia experiencia del Resucitado, ambos cuando no se han dado cuenta y cuando lo han experimentado, los viajeros de Emaús cuentan sus experiencias enfocándose en el encuentro en el camino hacia Emaús así como la experiencia en la mesa. En el camino, el desconocido Resucitado les explicó las Escrituras, pero fue en el partir del pan en la mesa compartida que se les revela a ellos su auténtica identidad. Como un analista ha destacado, el pasaje sobre el camino de Emaús es acerca de cómo Jesús llega a nuestro entendimiento a través de un "proceso revelador" más que a través de una necesaria presencia física.[22] De hecho, cuando intenta explicarles el significado de su muerte, él era un desconocido, aun cuando los hechos referentes a él son conocidos. Cuando están en la mesa amigablemente, se da la experiencia de verle partir y bendecir el pan, lo cual revela su verdadera identidad. "La escena es casi un mimo, es una en la cual el desconocido compañero de viaje es reconocido por sus acciones".[23]

Ellos comparten todo esto con sus queridos discípulos, añadiendo los testimonios de la resurrección recientemente conocidos y experimentados. Los temas reflejados a lo largo del texto, de la palabra hablada y del informe, de las apariciones y el reconocimiento, de la amistad y el compartir del pan están recogidos en este texto final de la perícopa: "Y ellos contaron las cosas que les habían ocurrido en el camino y cómo lo reconocieron en el partir del pan", un final apropiado para un texto dramático en este capítulo final muy memorable del Evangelio de Lucas.

Lecciones en una hermenéutica protestante latina

¿Qué hemos aprendido de esta lectura narrativa acerca de una hermenéutica protestante latina? Primero de todo, la interpretación de la escritura es crítica para un auténtico entendimiento. Jesús "abrió" las escrituras a sus queridos acompañantes, y ellos percibieron que había algo especial en el encuentro. Sin embargo, no fue hasta que se creó la comunidad con él, comiendo, cuando la auténtica identidad del extraño fue revelada. Interpretación bíblica, simples hechos e información, sin experiencia y encuentro entre seres humanos buscando fe y transformación, es insuficiente. Los latinos pentecostales, protestantes y católicos por igual sabemos de esto por intuición. Más recientemente la investigación bíblica por medio de una variedad de nuevas metodologías, incluyendo enfoques orientados al lector y estudios postcoloniales, han dado legitimidad a estas preocupaciones por la experiencia del lector, como igualmente importante en la correcta interpretación de la Escritura. Sin la experiencia de la mesa compartida, los dos discípulos viajeros quizás no habrían tenido sus ojos abiertos para reconocer la auténtica identidad de Jesús y el significado de su vida, ministerio, muerte y resurrección.

El camino hacia la justicia

Finalmente, los exegetas pentecostales, protestantes y católicos latinos han enfatizado estas preocupaciones por la experiencia. En este pasaje, lo que más entristece a los viajeros de Emaús, aparte de la muerte de su líder, es que Israel no va a ser liberado de su status de esclavo imperial. Había mucha injusticia en sus vidas. Una de sus grandes esperanzas fue ejecutada por el sistema dominante que abruma su tierra. Aún más, incluso en las circunstancias más terribles, cuando todas las esperanzas parecen perdidas, se da la resurrección, se descubre la tumba vacía, el testimonio de los creyentes (en este caso inicialmente sólo mujeres), la esperanza por la justicia es restaurada. No sólo eso, sino que comienza la misión y la comunidad se reaviva, tanto que los discípulos se reúnen, hablan y planifican. Proclaman "Realmente el Señor ha resucitado". El imperio no tiene por qué decir la última palabra. En este sentido, el Camino de Emaús finalmente se convierte en el camino de la justicia.

⏤

Notes

1. Esta discusión de la hermenéutica pentecostal latina es adaptada de mi ensayo "*Sola Scriptura* and Latino Protestant Hermeneutics: An Exploration"

publicado en *Building Bridges, Doing Justice: Constructing a Latino/a Ecumenical Theology*, ed. Orlando O. Espín (Maryknoll, NY: Orbis Books, 2009), 69–87.

2. Eldin Villafañe, *El Espíritu liberador: Hacia una ética social pentecostal hispanoamericana* (Buenos Aires: Nueva Creación, 1996), 109.

3. *Ibid.*, 177.

4. Eldin Villafañe, *Beyond Cheap Grace: A Call to Radical Discipleship, Incarnation and Justice* (Grand Rapids, MI: Eerdmans, 2006), 57–81.

5. *Ibid.*, 66.

6. *Ibid.*, 75–76.

7. Samuel Solivan, *The Spirit, Pathos and Liberation: Toward an Hispanic Pentecostal Theology* (Sheffield, UK: Sheffield Academic Press, 1998), 72.

8. *Ibid.*

9. *Ibid.*, 93–94.

10. *Ibid.*, 93, n. 1.

11. *Ibid.*

12. *Ibid.*, 95.

13. *Ibid.*

14. *Ibid.*

15. *Ibid.*

16. *Ibid.*, 96–97.

17. Francisco García-Treto, "Reading the Hyphens: An Emerging Biblical Hermeneutics for Latino/Hispanic U.S. Protestants," en *Protestantes/Protestants: Hispanic Christianity within Mainline Traditions*, ed. David Maldonado Jr. (Nashville: Abingdon Press, 1999), 164.

18. *Ibid.*

19. *Ibid.*, 161.

20. Sharon H. Ringe, *Luke*, Westminster Bible Companion (Louisville, KY: Westminster, 1995), 287.

21. Miriam Therese Winter, *Eucharist with a Small "E"* (Maryknoll, NY: Orbis Books, 2005).

22. Vea Robert C. Tannehill, *Luke*, Abingdon New Testament Commentaries (Nashville: Abingdon Press, 1996), 352–58.

23. Alan Culpepper, "Luke," en *New Interpreter's Bible: A Commentary in Twelve Volumes*, ed. Leander Keck et al. (Nashville: Abingdon Press, 1995), 9:479.

8

La Palabra, fuente de vida

Juan I. Alfaro

~

E l gran orador español Juan Donoso Cortés en su ingreso a la Real Aca-demia Española pronunció su "Discurso académico sobre la Biblia" que durante más de un siglo cristalizó la visión de fe de los pueblos hispanos sobre la Biblia. Donoso Cortés comenzó diciendo:

> Hay un libro, tesoro de un pueblo, que hoy es fábula y ludibrio de la tierra, y que fue en tiempos pasados estrella del Oriente, a donde han ido a beber su divina inspiración todos los grandes poetas de las regiones occidentales del mundo y en el cual han aprendido el secreto de levantar los corazones y de arrebatar las almas con sobrehumanas y misteriosas armonías. Ese libro es la Biblia, el libro por excelencia.[1]

La Biblia, en las últimas décadas, ha pasado a ser el libro por excelencia de las comunidades cristianas de las Américas. Durante cuarenta años el pueblo hispano de los Estados Unidos ha ido caminando con el Señor Jesús a Emaús, escuchando su voz que le ha ido abriendo, una vez más, el sentido de las Escrituras. Vamos a hacer una presentación del caminar bíblico del pueblo hispano de los Estados Unidos en los años que siguieron al Segundo Concilio Vaticano (1962–1965). El pueblo hispano ha buscado hacer una lectura pastoral de la Palabra de Dios para que le dé vida y le sirva de guía y alimento. La Palabra, fuente de vida, es la que mueve a la acción salvadora en comunión con Jesús, la que comunica paz y alegría. Es la Palabra de amor que da seguridad y esperanza, afirmando todo lo bueno que existe en la cultura del pueblo hispano.

El Segundo Concilio Vaticano, con la Constitución Dogmática *Dei Verbum*, marca un despertar bíblico en toda la Iglesia católica, especialmente en las comunidades de América Latina, y más adelante, casi por extensión, entre los hispanos de los Estados Unidos.[2] Este despertar, como ya lo señaló el Cardenal Joseph Ratzinger, ya se había estado preparando, durante muchos años, entre los expertos en Sagrada Escritura, especialmente en Europa, desde antes del Concilio.[3] Las grandes encíclicas pontificias sobre la Biblia, y durante el Concilio la "Instrucción sobre la Verdad Histórica de los Evangelios", de la Comisión Bíblica Pontificia de 1964, abrieron el paso y animaron los nuevos estudios científicos sobre la Biblia: León XIII, *Providentissimus Deus*, 1893; Benedicto XV, *Spiritus Paraclitus*, 1920; Pío XII, *Divino Afflante Spiritu*, 1943.

Los esfuerzos para difundir la Palabra de Dios llevaron a la celebración de numerosos encuentros y círculos bíblicos, así como a la publicación de nuevas traducciones de la Biblia.[4] En el período pre-conciliar, como se había hecho durante siglos, mientras que en Europa el pueblo "leía" la Biblia en las vidrieras y en las imágenes esculpidas en piedra en las catedrales, en América Latina florecían escuelas de pintura y arte religioso, con infinidad de cuadros y obras de arte, que familiarizaban al pueblo con las historias bíblicas, y que buscaban no sólo el enseñar lo básico del contenido de esas historias sino principalmente el motivar y provocar en los fieles respuestas de amor y de fe; el arte sacro hispano se distinguió por sus imágenes de gran viveza, con mucha sangre, para excitar la piedad y devoción de los fieles. Más adelante fueron haciéndose comunes los catecismos y la doctrina, con menos contenido bíblico y con énfasis en la memorización de sus contenidos; el pueblo sencillo se fue haciendo familiar con el contenido de la Biblia de una manera muy limitada, a través de libros de "Historia sagrada" con numerosas imágenes y dibujos que ayudaban al pueblo a conocer mejor algunas secciones "históricas" de la Biblia. En el siglo XX, como respuesta al Modernismo y a la enseñanza de la Iglesia católica, surgieron publicaciones bíblicas, de origen francés y alemán, de un tipo muy popular para "probar" que "la Biblia tenía razón". Hacía falta una presentación de la Biblia que fuera más de desafío y alimento que de mera información.

El contenido final de la Constitución Dogmática sobre la Divina Revelación, la *Dei Verbum*, se fue gestando a lo largo del Concilio a medida que nuevas luces iban surgiendo durante la discusión de otros temas conciliares. Desde el enfoque de la Palabra Inspirada como Fuente de Revelación junto con la Tradición, se fue pasando a consideraciones de la Palabra como historia providencial y sagrada del pueblo de Israel y finalmente a la Palabra presentada como la historia de la salvación de todos los pueblos, porque

Israel debía ser visto como el modelo oficial y el patrón de los modos de obrar y de relacionarse de Dios con todos los pueblos. También se subrayó que la Palabra debe ser leída en relación con los acontecimientos y los signos de los tiempos en los cuales Dios continúa revelándose en la historia de los pueblos. Un desafío para nuestro tiempo iba a ser cómo acompañar al pueblo cristiano para que fuera descubriendo la mano y la acción de Dios en su historia de hoy.

El nuevo amanecer bíblico después del concilio

Entre los hispanos de los Estados Unidos, la apertura del Centro Cultural México-Americano, el MACC, en San Antonio, Texas, fue un acontecimiento cultural, pastoral y bíblico para todas las comunidades hispanas del país. La apertura del MACC había sido pedida insistentemente por PADRES, la Asociación Nacional de Sacerdotes Hispanos, después de un exitoso retiro bíblico con John Linskens, C.I.C.M., en el seminario de Santa Fe, Nuevo México, en 1971. Al año siguiente, el MACC abrió sus puertas, ofreciendo anualmente cursos bíblicos y pastorales en los que participaron varios millares de líderes y pastoralistas hispanos de todo el país; se dieron cita en el MACC para familiarizarse y enriquecerse con las nuevas líneas de interpretación y aplicación de la Biblia a la vida cristiana. Profesores pastoralistas y biblistas de gran renombre internacional fueron invitados a ofrecer cursos que enriquecieran y motivaran la vida y la participación de los fieles con sus expresiones de fe, y dieran dirección al entusiasmo pastoral que se estaba creando: John Linskens, C.I.C.M., y Juan Alfaro fueron los biblistas en residencia que ofrecieron cursos sistemáticos sobre temas bíblicos; Johannes Hoffinger, S.J., originario de Austria, que había sido misionero en China y Filipinas, un pionero en la renovación catequética con sus bases bíblicas desde antes del Concilio; los profesores del Instituto Biblico Pontificio de Roma, Luis Alonso Schökel, S.J., y Juan Mateos, S.J., fueron invitados para transmitir la visión bíblica del Concilio; Alfonso Nebreda, S.J., vino desde el Japón para ofrecer magníficos aportes para una catequesis bíblica; José María Calle, S.J., del Instituto Pastoral del Este de Asia en Manila, Filipinas, ayudó a complementar la labor de Nebreda; Jacques Audinet, conocido pastoralista profesor de la Universidad de la Sorbona y del Instituto Católico de París, enriqueció a los participantes con su metodología pastoral bíblica. De Latinoamérica vinieron profesores que ayudaron a poner en nueva perspectiva las aspiraciones de los hispanos en los Estados Unidos: Pablo Richard, Roberto Viola, S.J., Eloisa Choury, Francisco Aguilera (más adelante, obispo auxiliar de la Ciudad de México) y Ricardo Ramirez, C.S.B, que fue segundo director del MACC y después consagrado como Primer Obispo de Las Cruces, Nuevo México.

Virgilio Elizondo, sacerdote de la diócesis de San Antonio, fundador y primer director del MACC, desde los comienzos tuvo una visión providencial del MACC fundada en la Palabra de Dios. Su amor a la Sagrada Escritura lo llevó a trabajar en una tesis doctoral en el Instituto Católico de París sobre el *Mestizaje, la Violencia Cultural y el Anuncio del Evangelio.* Una visión popular de su tesis doctoral fue publicada con el título de *Galilean Journey: The Mexican-American Experience,* que invitó directamente a los hispanos de origen mexicano a releer los evangelios para verse llamados y desafiados de una manera especial a convertirse en los nuevos misioneros de valores evangélicos para el pueblo americano de los Estados Unidos.[5]

A principios del año 1974 tuvo lugar en el MACC la Conferencia del National Catholic Rural Life, con obispos y delegados de las áreas rurales de los Estados Unidos. En esa conferencia, los profesores del MACC ofrecieron a los participantes una visión bíblica de la tierra prometida como instrumento y sacramento de la liberación del pueblo de Israel de Egipto. Cada familia de Israel tenía que poseer una porción de tierra, inalienable, que le diera seguridad, independencia, suficiencia y dignidad. En muchas regiones de nuestro mundo, la posesión de un trozo de tierra sigue siendo hoy el instrumento de seguridad y suficiencia para muchas familias, especialmente para los pobres. Las presentaciones bíblicas de esa conferencia despertaron un hambre y deseo de conocer mejor cómo la Biblia hablaba a los problemas y desafíos de nuestro tiempo. Los participantes pidieron unánimemente que se publicaran los textos de las presentaciones bíblicas hechas durante la conferencia. Pronto comenzaron a llegar al MACC invitaciones de diversas partes del país para poder conocer mejor cómo la Biblia habla a los desafíos de hoy.

Desde el comienzo, el MACC empleó la metodología nacida del Concilio Vaticano II y desarrollada en la conferencia del episcopado latinoamericano en Medellín, Colombia, en 1968 con los tres pasos de *ver, juzgar* y *actuar,* buscando recuperar el lenguaje bíblico que ayudaría a expresar los fundamentos de la fe del pueblo mexicoamericano. Rituales populares como las posadas, piñatas, pastorelas, dramas bíblicos, celebraciones de la Semana Santa, fiestas patronales y el Corpus Christi fueron ocasiones para enraizar al pueblo en la historia de su fe en el Dios que nos ha hablado en la Biblia.

La conferencia de Medellín tuvo gran impacto en el desarrollo del movimiento bíblico en los Estados Unidos. El anuncio de la convocación del Concilio Vaticano II por parte del Papa Juan XXIII hizo soñar a muchos en un nuevo renacer de la Iglesia en el siglo XX. Se esperaba un *aggiornamento* de la Iglesia, una puesta al día de los temas y desafíos presentados por nuestros tiempos. El Papa habló repetidamente de su esperanza de que el Concilio ayudara a abrir la Iglesia al mundo moderno, a los hermanos separados y a los pobres. La apertura al mundo moderno y a los hermanos separados se desarrolló bien durante el Concilio; la apertura hacia los pobres fue mínima. El cardenal belga León José Suenens, uno de los moderadores del Concilio, en una de sus últimas intervenciones subrayó que no se había respondido suficientemente al urgente clamor de los pobres y que eso sería visto como una laguna en los documentos conciliares. Algunos pensaron que Juan XXIII y Pablo VI habían ya salido al paso de ese desafío en las encíclicas *Pacem in Terris* y *Populorum Progressio*, ambas publicadas durante el Concilio. Los obispos de Sudamérica sintieron esta carencia en los documentos conciliares, y así inmediatamente después del Concilio llamaron a la celebración de la conferencia de Medellín, en la que se presentaron abiertamente los puntos de vista mas importantes para su continente. La inmensa mayoría de los participantes en la conferencia de Medellín habían sido padres conciliares en Roma; ellos conocían muy bien el espíritu del Concilio y las esperanzas despertadas por él. En Medellín se afirmó la fuerza de la Palabra que convoca y promueve a las comunidades y las invita a un compromiso por la justicia y el compromiso a favor de los pobres. En Medellín comienza un movimiento bíblico destinado a ser el alma de la pastoral y de la vida del pueblo latinoamericano.

La conferencia de Medellín tuvo sus ecos en los Estados Unidos, cuando en muchas comunidades que se consideraban pobres se comenzó a buscar en la Biblia la inspiración y dirección para promover la justicia y el respeto que deseaban y se merecían en el seno de la sociedad y de la Iglesia norteamericana. Los teólogos y biblistas latinoamericanos llegados al MACC invitaron a las comunidades a ver en los ejemplos y luchas de Israel los modelos para encontrar y promover su propia liberación.

Inspirados por el ejemplo y el éxito del MACC, con los cursos bíblicos y pastorales, pronto se abrieron centros pastorales para hispanos en varias regiones del país que abrieron sus puertas a los teólogos y biblistas invitados por el MACC: en Nueva York, el señor Mario Paredes abrió el Centro Pastoral del Noreste, y en Miami el P. Mario Vizcaino, Sch.P., abrió el Instituto Pastoral del Sureste. Otros centros pastorales temporalmente se abrieron en California, Chicago y Ohio. El intercambio de profesores de los nuevos centros pastorales con el MACC contribuyó a dar una relativa unidad de visión y esperanza a los enfoques pastorales y bíblicos de muchas comunidades hispanas de todo el país.

Desde un principio se subrayó entre los hispanos que ellos eran ahora el nuevo Pueblo de Dios, y que la Biblia, como lo había enseñado el Concilio, era un libro que les pertenecía y al que tenían que tener acceso con fe y sin miedos (*cfr. Dei Verbum* § 22). La Biblia, además de transmitir la historia y la experiencia de Dios del pueblo de Israel, era un libro que transcendía las fronteras de Israel al ofrecer los modelos revelados de la pedagogía divina con los hombres en general (*cfr. Dei Verbum* § 14). Cada pueblo ha vivido o está viviendo su antiguo testamento, con su experiencia peculiar de Dios, y los hispanos en los Estados Unidos están también viviendo su experiencia del evangelio y de la acción de Cristo en sus vidas. La Biblia, con Israel y los apóstoles, fue presentada y vista como el modelo para descubrir e interpretar la acción de Dios en el pueblo hispano de hoy. Era muy importante el instruir al pueblo para interpretar la vida a la luz de la Biblia e interpretar la Biblia a la luz de la vida de fe.

El Sínodo de la Palabra, celebrado en Roma en octubre del año 2008, vuelve a afirmar esta visión de la Biblia como modelo de las relaciones de Dios con los pueblos al citar al profeta Isaías cuando dice: "Bendito sea mi pueblo Egipto, la obra de mis manos Asiria, y mi heredad Israel" (Is 19:25). Más severo se había ya mostrado el profeta Amós al recordar a Israel las obligaciones nacidas de su elección por Dios: "¿No son ustedes para mí como etíopes, hijos de Israel? Oráculo del Señor. ¿No saqué yo a Israel de Egipto, a los filisteos de Creta y a los sirios de Quir?" (Am 9:7). San Lucas, en los Hechos de los Apóstoles, había ya apuntado que Dios había tenido con todos los pueblos una providencia semejante a la que tuvo con el pueblo de Israel, ya que toda la acción de Dios estaba encaminada, como la historia de Israel en el Antiguo Testamento, a que todos buscaran y encontraran a Dios: "De uno solo formó toda la raza humana, para que poblase la toda de la tierra. Él determinó las etapas de la historia y las fronteras de los pueblos para que buscaran a Dios y lo encontraran, como a tientas" (Hch 17:26–27). El Antiguo Testamento puede ser leído como una descripción de cómo hizo Dios esto con Israel para que el pueblo le buscara y encontrara.

Esta visión de la Biblia y del evangelio fue afirmada por el enfoque teológico de los documentos de la Conferencia de Medellín; en los Estados Unidos produjo un gran efecto la presentación de las intuiciones de Dom Helder Cámara, arzobispo de Recife, Brasil, en su librito titulado *El desierto fértil*.[6] Dom Helder Cámara invitaba a releer la historia bíblica teniendo en cuenta las experiencias de otros grupos y culturas, ya que la mano de Dios ha estado presente en la historia de todos los pueblos, aunque solamente en la Biblia encontramos la interpretación revelada de esa acción de Dios con un pueblo concreto y particular. Dom Helder Cámara recordaba que la voz de Dios ha encontrado respuesta en muchas personas que fueron personas de fe y visión en sus tiempos y que se sacrificaron por el bien de sus pueblos:

> El primero que así fue llamado por Dios fue Abrahán. No dudo ni un momento. Se puso en camino. Tuvo que hacer frente a pruebas difíciles […] Judíos, cristianos, musulmanes conocen la historia del padre de los creyentes. ¿Cómo se llamará en las demás religiones? […] Que los no judíos, los no cristianos, los no musulmanes nos permitan darles a estas minorías llamadas a servir, el nombre de abrahamíticas. No hay inconveniente en que cada raza y cada religión les dé un nombre equivalente, respondiendo mejor a su propio talante y a su tradición particular.[7]
>
> […]
>
> Se dice de Abrahán, y de otros padres de creyentes y guías de multitudes, que un día escucharon la llamada de Dios. Esta llamada del Señor, ¿podemos escucharla también nosotros?[8]

Recordando que todo lo bueno proviene de Dios, después del Concilio hubo biblistas de Asia que quisieron ver la mano providencial de Dios en la riqueza de valores espirituales en los antiguos libros sagrados de la India y de China. Esto lo afirma el *Documento Final del Sínodo de la Palabra* al decir:

> El cristianismo encuentra, además, sintonías comunes con las grandes tradiciones religiosas de Oriente que nos enseñan en sus Escrituras el respeto a la vida, la contemplación, el silencio y la sencillez, la renuncia, como sucede en el budismo. O bien, como en el hinduismo, exaltan el sentido de los sagrado, el sacrificio, las peregrinaciones, el ayuno, los símbolos sagrados.[9]

La historia bíblica nos invita a releer la historia y las experiencias de otros grupos y culturas a la luz de nuestra Biblia. En la misma línea, como apuntamos, Virgilio Elizondo invitaba al pueblo mexicoamericano a verse incluido y llamado a releer la historia de los primeros pasos del evangelio en la comunidad mexicoamericana de nuestro tiempo. Jesús continúa obrando y viviendo entre nosotros, y somos privilegiados al responder a su llamado.

En mismo este período se publicó también el *Evangelio en Solentiname*, del P. Ernesto Cardenal, donde invitaba a los lectores a hacer el Evangelio parte de sus vidas, leyéndolo desde las aspiraciones de los pobres y como Buena Noticia para los pobres.[10] El autor subrayaba que así como San José y la Virgen María escuchaban las Buenas Noticias transmitidas por los pastores de Belén, así nosotros podemos escuchar y aprender de los nuevos modos que florecen entre los pobres y sencillos para actualizar la Palabra de Dios en cada ambiente particular. A principios de los años setenta se publicó la poesía de Corky Gonzalez, *Yo Soy Joaquín*, que tuvo gran resonancia en círculos chicanos y que parecía seguir un paralelo a algunas líneas bíblicas de interpretación, especialmente entre los jóvenes. Corky Gonzalez se identificaba con personajes de la historia mexicana y mexicoamericana del pasado, ya con Moctezuma, Cuauhtémoc, el padre Hidalgo, Benito Juárez y otros; se veía a sí mismo como parte de sus antepasados y llamado a ser mucho más que ellos. De manera semejante, en la Biblia, a Jesús se le veía como el nuevo Adán que creaba una nueva humanidad, el nuevo Abrahán pionero y modelo de nuestra fe en la Carta a los Hebreos, el nuevo Moisés que promulgó su ley en el sermón de la montaña, el Hijo de David, más grande que Salomón y los profetas, y más sabio que todos los sabios. Jesús, en el plan de Dios, es el origen y la meta de toda la historia de todos los pueblos. Cuando las naciones lleguen a conocer a Cristo, podrán reconocer cómo la mano de Dios se fue haciendo presente en su historia. Se podría decir que hasta que lleguen al conocimiento de Cristo, cada nación está viviendo su antiguo testamento, sin ser consciente de ello. Después de la revelación de Cristo, cada creyente a lo largo de la historia está viviendo su evangelio personal, de modo que cada uno pueda sentirse llamado a escribir un quinto evangelio basado en su experiencia personal al ser testigo de Cristo, de la acción de Jesús en su vida. Teniendo esto en cuenta, muchos hispanos pasaron a ver en su propia historia y en la historia bíblica los fundamentos para su visión actual de su condición social y religiosa. La publicación de la *Biblia Latinoamericana*, en su tercera edición, con fotografías de Dom Helder Cámara y de Martin Luther King, en la introducción a los profetas, y con una imagen del héroe mexicano, Pípila, al comienzo del Libro de los

Jueces, fue fuente de mucha controversia, pero también llevó a muchos a ver su propia historia reflejada y fundada en la Biblia.[11]

En los primeros años del renacer bíblico, gran parte del pueblo hispano comenzó a apropiarse la Biblia y a hacerla parte de su historia. A causa de la experiencia de opresión o discriminación que muchos sentían, el Libro del Éxodo, con la experiencia de Israel en Egipto, se convirtió en tema obligado en muchos artículos y publicaciones sencillas. El cántico de María, el *Magníficat,* también inspiró a muchos a luchar en favor de los humildes, desprestigiados y pobres. Hubo algunos que recurrieron a la experiencia de Israel en la cautividad de Babilonia para releer la experiencia de los hispanos que se sentían ahora cautivos, aunque estaban en su propia tierra.

Cuando en 1977 se celebró el Segundo Encuentro Hispano que reunió en Washington, DC, a líderes de las comunidades hispanas de todo el país, había ya una fuerte conciencia entre los participantes de ser el nuevo Pueblo de Dios en la historia del presente. Durante diez años, muchos grupos hispanos se consideraron a sí mismos llamados a ser "voces proféticas" en medio de la sociedad norteamericana. Así, el Plan Pastoral Nacional para el ministerio hispano aprobado por la Conferencia Nacional de Obispos Católicos en su Asamblea General de Washington, el 18 de noviembre de 1987, inspiró la publicación de un libro bilingüe titulado *Visión profética,*[12] que afirmaba el llamado del pueblo hispano de los Estados Unidos a desempeñar una función en medio de la sociedad y de la Iglesia; en este libro se hacía una referencia explícita a la historia de Israel en el Libro de los Números (Nm 11:16–30) cuando Moisés, inspirado por Dios, eligió a 72 jueces para compartir su misión; dos de aquellos jueces, Eldad y Medad, también recibieron el espíritu de Moisés a pesar de haber estado ausentes cuando el espíritu se comunicó al grupo de los demás. Ante el reparo de algunos porque los dos que habían estado ausentes también estaban profetizando en el campamento, Moisés exclamó: "Ojalá que todo el pueblo profetizara" (Nm 11:29). Ya desde el Segundo Encuentro de Washington muchos grupos hispanos parecían sentirse llamados a ser nuevas voces proféticas en medio de la sociedad norteamericana, y especialmente en la Iglesia, para que su voz resonara llamando a toda la Iglesia al cambio, a la conversión.

Características de la interpretación hispana de la Biblia

Desde los primeros momentos en que se comenzó a difundir la Biblia y fue haciéndose patente un hambre de la Palabra, suscitada por Dios (Am 8:11), se multiplicaron los grupos y círculos de estudio bíblico. Pronto fueron emergiendo algunos principios y valores, frutos de una larga experiencia de la Palabra desde el tiempo de las primeras misiones, que debían ser fuente de unidad para enfocar los grupos en una misma línea de acuerdo a las enseñanzas de la Iglesia.

En primer lugar, siguiendo una muy antigua tradición hispana traída por misioneros hasta nuestros días, era muy importante buscar cómo regular la vida diaria del pueblo cristiano desde los textos de la Biblia. Ya en la antigüedad, San Benito había compuesto su *Santa Regla* como una vivencia práctica de la Biblia; San Isidoro de Sevilla, que fue el maestro de la teología hispana durante siglos, también había subrayado el cómo hacer parte de la vida las enseñanzas de la Biblia para poder comprenderlas mejor. El sentido "moral" de la Escritura, afirmado durante el tiempo de la Escolástica, buscaba su fundamento en la creencia de que la Biblia no es sólo regla de fe sino que también es regla de la conducta de las personas; hasta las interpretaciones alegóricas de los textos bíblicos buscaban hacer la Biblia parte de la vida ayudando a entender la vida cristiana. Más adelante, por presiones nacidas del Tribunal de la Inquisición, y como secuela de la Reforma Protestante, no parecía tan importante ver en la Biblia la única fuente de "verdades", ya que para eso estaba el magisterio de la Iglesia para guiarlos interpretando la Biblia especialmente a través de la predicación. La Biblia fue encaminada hacia la oración y la vida diaria; así pues, la Biblia debía ser mirada no como un libro en el cual encontrar citas para aprender fórmulas de fe que ayudaran a mantener la ortodoxia de los fieles, sino que más bien la Biblia debía ser enfocada hacia la ortopraxis, dirigida hacia una vivencia cristiana de la fe en la caridad, buscando normas para guiar la vida de los fieles. Esto enlazaba bien con una tradición hispana de asociar la Biblia con la vida, más que con fórmulas y dogmas que había que aprender de memoria, una práctica que se había fortalecido desde los días de la Reforma Protestante.

Además, era necesario subrayar que la Biblia es la Palabra de Dios y el alimento espiritual para los creyentes, ya que *"no sólo de pan vive el hombre"* (Mt 4:4). Era necesario tener sumo cuidado para evitar convertir el pan bíblico en un libro de pruebas de prejuicios o agendas personales, demostrando que unos están bien y los demás están mal; sobre todo, no había que convertir el pan y alimento bíblico en piedras o citas, muchas veces fuera de su contexto, con las que atacar a otros grupos, ya católicos ya evangélicos.

La Biblia, especialmente el mensaje de Jesús, debía verse como un llamado apremiante a la conversión y al cambio, no solamente individual sino también colectivo y social, en términos de trabajo por la justicia, esperanza, paz y solidaridad, llevando a la eliminación de estructuras de injusticia. La Biblia debía ser enfocada como un libro lleno de desafíos y llamadas. Por esto algunos grupos bíblicos fueron tildados de peligrosos y subversivos, porque leían en la Biblia desafíos para la situación social en que se encontraban. Las notas de la *Biblia latinoamericana,* que gozó de gran popularidad en ese período, fueron vistas por algunos en Estados Unidos y en países de Sudamérica como subversivas y peligrosas; hubo personas que fueron asesinadas por tener esa Biblia. Como nos lo recordaba Benedicto XVI en su encíclica *Spe Salvi,* la Biblia, el Evangelio, no es una comunicación de verdades y cosas que se pueden o deben conocer, sino que es efectiva y creadora, destinada a hacer que sucedan cosas y que cambia la vida del lector (*Spe Salvi* § 39). En el Documento Final de Aparecida, fruto de la reunión de los obispos latinoamericanos con el Santo Padre en Brasil, se nos recuerda que la lectura y el estudio bíblico tienen por finalidad que las personas se abran, no a algo del Mesías, sino al mismo Mesías, camino de crecimiento en "la madurez conforme a su plenitud" (Fe 4:13), proceso de discipulado, de comunión con los hermanos y de compromiso con la sociedad (*Aparecida* § 24).

La historia del pueblo de Israel ha sido estudiada y releída por muchos hispanos a la luz de la experiencia del presente: El pueblo de Israel, en el Antiguo Testamento, fue siempre un pueblo de lo que entonces podría haberse llamado el Tercer Mundo: Israel, durante siglos, se encontró apresado entre el poder y los intereses de los países poderosos de su tiempo: Egipto, Asiria, Babilonia, Persia, Grecia y Roma; fue un país pobre y a merced de la política internacional. Aunque sus líderes eran requeridos a anclarse en la justicia y en su Alianza con Dios, ellos buscaron con frecuencia alianzas políticas que los llevaron repetidamente al desastre; el pueblo pobre cargaba con el peso de los impuestos tributarios. En tiempos actuales, las tensiones entre Oriente (Rusia) y Occidente dejaban a muchos países pobres a merced de los intereses de los poderosos; muchas nacientes comunidades de base comenzaron a recalcar que ahora, como antaño, era tiempo de volver a anclarse en los valores de justicia y fraternidad de los profetas y en los desafíos al amor de los evangelios. Algunos llegaron a sugerir que para comprender a los profetas bíblicos podría ser más provechoso el convivir con una comunidad de base de América Latina, que luchaba por hacer vida de los desafíos bíblicos, que el ir a estudiar la lengua hebrea en una universidad alemana; esto se ha debido a que veían una afinidad y continuidad social y de fe con el antiguo Israel. Verdaderamente nuestros antepasados fueron los patriarcas, los profetas y los apóstoles cuyo espíritu sigue vivo en el pueblo hispano.

Dado que la Biblia fue escrita como "la Buena Noticia para los pobres" (Lc 4:18), había que tener presente que todo estudio bíblico auténtico tendría que convertirse también Buena Noticia para los pobres, ya que se esperaba que llevaría a los estudiosos a un compromiso en favor de los pobres. Esto era más de desear en la sociedad norteamericana en la que muchos predicadores parecían tergiversar la Biblia para convertirla en Buena Noticia para los ricos, sin preocuparse de los pobres. Don Samuel Ruiz, obispo de Chiapas y totalmente comprometido por los marginados y los pobres, publicó un pequeño libro titulado *Teología bíblica de la liberación,* en el que advertía que si los ricos, según el Evangelio, van a entrar en el Reino de los Cielos como de milagro, también hará falta un milagro para que los ricos (o quien haga juego a los ricos) puedan entender el Libro del Reino sin oscurecer la revelación de este Reino.[13] Al hablar de pobres y ricos no se debe entender puramente en términos materiales, ya que los ricos del mundo, que comparten con los pobres y hacen suyas sus causas, son ya de algún modo pobres de espíritu, merecedores de bienaventuranza.

El tema de la relación de la Biblia con los pobres ha sido recalcado en el "Mensaje al Pueblo de Dios" del Sínodo de los Obispos cuando dice:

> Jesús proclama liberación a los pobres, la Buena Nueva [...] Sus manos tocan repetidamente los cuerpos enfermos o infectados, sus palabras proclaman la justicia, infunden valor a los infelices, conceden perdón a los pecadores [...] El cristiano tiene la misión de anunciar esta Palabra divina de esperanza, compartiéndola con los pobres y los que sufren, mediante el testimonio de su fe en el Reino de verdad y vida, santidad y gracia, de justicia, amor y paz, mediante cercanía amorosa que no juzga ni condena, sino que sostiene, ilumina, conforta y perdona, siguiendo las palabras de Cristo: "Vengan a mi todos los que están fatigados y agobiados y yo les daré descanso" (Mt 11:28).[14]

El Sínodo ha sido muy prudente, ya que no trae a la memoria los juicios y condenas contra los ricos y poderosos del Evangelio de San Lucas y de la Carta de Santiago; además, en San Juan, la palabra de Jesús es la que condena a quien no la recibe.

En este primer período del movimiento bíblico entre los hispanos de los Estados Unidos, en los años setenta, comenzó a penetrar en varios lugares la *Catequesis Familiar* venida de Puebla, México. Don Ricardo Ramírez, C.S.B., director del MACC y, más adelante, obispo de Las Cruces, Nuevo México, fue promotor de esta catequesis. El método empleado tenía fuerte dimensión bíblica, comenzando por el escuchar la Palabra, pasando a meditarla, hacerla parte de la vida y de la oración, a celebrarla, culminando en la proclamación de la Palabra. La *Catequesis Familiar* llegó a convertirse en muchos lugares en un profundo estudio bíblico familiar de padres con hijos, con una profunda dimensión de oración y *Lectio Divina*. A esos grupos se les podría haber aplicado la cita del mensaje final del Sínodo de la Palabra:

> La familia, encerrada en su hogar, con sus alegrías y sus dramas, es un espacio fundamental en el que debe entrar la Palabra de Dios. La Biblia está llena de pequeñas y grandes historias familiares, y el Salmista imagina con vivacidad el cuadro sereno de un padre sentado a la mesa, rodeado de su esposa, como una vida fecunda, y de sus hijos como "brotes de olivo" (Sal 128). Los padres se convierten en "los primeros predicadores de la fe" (*Lumen Gentium* 11).[15]

El Sínodo de la Palabra, en el mismo mensaje final de los obispos, ha continuado subrayando el importante papel de la familia en la transmisión del mensaje bíblico:

> Cada casa deberá, pues, tener su Biblia y custodiarla de modo concreto y digno, leerla y rezar con ella, mientras que la familia deberá proponer formas y modelos de educación orante, catequística y didáctica, sobre el uso de las Escrituras, para que "jóvenes y doncellas también, los viejos junto con los niños" (Sal 148,12) escuchen, comprendan, alaben y vivan la Palabra de Dios.[16]

La conferencia de la Iglesia de Latinoamérica en 1979, en Puebla, México, impulsó el movimiento y apostolado bíblico, relacionando la Palabra con la evangelización. Allí se reforzaron algunas de las características de la *Catequesis Familiar*, afirmando las características fundamentales del acceso a la Palabra de Dios: escuchar, profundizar, celebrar y proclamar, dando testimonio de la Palabra y denunciando las situaciones de pecado, a fin de llevar a cabo la propia conversión personal y ayudar a construir una nueva sociedad.[17] A la conferencia de Puebla asistieron un buen número de observadores de los Estados Unidos, ya que veían que los resultados de la conferencia iban a tener fuertes repercusiones en la pastoral entre los hispanos de este país, sobre todo al insistir no tanto en la interpretación de la Biblia, cuanto en interpretar la Biblia a la luz de la vida.

En la década de los ochenta, comenzaron a llegar al MACC numerosas peticiones de cursos y conferencias para enseñar en las parroquias hispanas métodos sencillos y prácticos para enfocar el estudio de la Biblia. Entre 1982 y 1990, cada verano, se ofrecieron cursos de este tipo y los equipos del MACC se desplazaron por muchas diócesis de los Estados Unidos para ofrecer metodologías sencillas al alcance del pueblo. En este período hubo una gran colaboración con los centros pastorales de Nueva York y de Miami. Se desarrollaron métodos de estudio por libros, por temas, por textos individuales, y especialmente siguiendo el esquema de *ver-juzgar-actuar*. Fue importante enseñar a los grupos a hacer preguntas vitales para la vida y para la pastoral comunitaria, ya que muchos se sentían rodeados por tipos de estudio con fuerte perspectiva fundamentalista y por otros enfoques con preguntas superficiales y triviales, con lo que se creaban los juegos de "Bible trivia," que estaban totalmente desligados de la vida de fe de las personas y del mensaje bíblico.

El método de estudio: ver-juzgar-actuar

El método de estudio bíblico de *ver-juzgar-actuar* fue visto, ya en muchos lugares de América Latina, como el más apropiado para que la Biblia fuera realmente fuente de vida para los grupos de estudio. Por su sencillez y eficacia fue adoptado en varias formas por muchos grupos, ya que era un método productivo de resultados transformativos. Este método de estudio generalmente incluye sesiones que duran alrededor de una hora, con veinte minutos para cada uno de sus tres pasos. Suele suceder que al final de la hora los participantes se quedan con hambre y deseo de estudiar y entender más, en lugar de quedar artos, como a veces sucede con algunos métodos que llevan más tiempo. Todas las sesiones de estudio, no importa su método, debían comenzar con una oración y un compartir de las *"noticias de los pobres"*, de las cosas positivas y negativas que suceden en el seno del barrio o de la comunidad, y que no llegan a los periódicos. Estas noticias pueden servir de base, al final de la sesión de estudio, para pasar a algún tipo de acción de caridad o compromiso. Unos pocos ejemplos pueden ayudar a entender cómo funciona este método: Si tomamos como ejemplo los primeros capítulos del Génesis puede verse la sencillez y eficacia del método.

Tomando la narración sacerdotal de la creación, del primer capítulo del Génesis, se invita a los participantes, en un primer paso, *ver,* desde una perspectiva de fe, a compartir ejemplos y casos en los que ellos han "creado" alguna cosa, ya sea un vestido, un platillo de comida, una tarjeta de felicitación, una decoración o cualquier otro objeto. Se les puede pedir que recuerden en qué o quién pensaban al crear su obra; cuál fue su expectación cuando la regalaron o pusieron a disposición de los destinatarios; cómo fue recibida su obra de "creación", si hubo aceptación, gratitud o silencio. En el segundo paso, *juzgar,* se les invita a leer y escuchar el texto bíblico, fijándose no sólo en el contenido sino también en las palabras que se repiten; los miembros se explican mutuamente lo que alguno no haya entendido bien del texto: de este modo se van dando cuenta de que la narración es sumamente artificiosa, que Dios crea diciendo o pronunciando diez palabras, que Dios "llamó" a lo que creaba, y que Dios "vio" que todo lo creado era bueno. A la luz de su reflexión y de su experiencia en el "ver", los participantes comienzan a descubrir ante todo la grandeza y el amor de Dios, cómo debía pensar en nosotros al hacer tal creación; y finalmente que Dios, después de crearlo todo, se lo regala a la pareja que había creado; Dios creó para revelar principalmente su amor. En tercer paso del método, *actuar,* se pasa a considerar cómo recibimos y usamos esta creación que Dios nos ha regalado. Hubo una comunidad en la que, a consecuencia de este estudio, se desarrolló un programa de ecología local, ya que aprendieron que todo lo que nos rodea es un regalo del Padre amoroso, al que a veces ofendemos llenando con su gran don bolsas de basura.

En la narración de la tentación de Adán y Eva, después de compartir y *ver* los muchos modos en que la gente es tentada y cómo justifica sus caídas —piensen en esta sociedad de consumo de cosas innecesarias que se compran cuando nos engaña la publicidad— se pasa a *juzgar,* leer y meditar sobre la tentación de Adán y Eva, para descubrir generalmente que nosotros nos comportamos como ellos, con las mismas escusas y falta de arrepentimiento que ellos mostraron. En el tercer paso, el *actuar,* los participantes en el estudio pueden compartir los modos en que se pueden evitar las muchas tentaciones que nos rodean.

En la historia de Caín y Abel se puede comenzar por compartir en detalle y *ver* las experiencias comunes de violencia que afligen a muchas comunidades. La lectura del texto bíblico, tomando nota de los verbos y, sobre todo, de las palabras repetidas, lleva a los participantes con frecuencia a *juzgar* y pensar que nosotros también podemos llevar un Caín dormido dentro de nosotros, al que debemos controlar para que no aflore. En la sección de *actuar* se puede reflexionar de qué modos los individuos y la sociedad deben precaverse para que los brotes de violencia no sucedan.

Otros temas que interesan a muchos hispanos pueden ser el de la Torre de Babel y la confusión de lenguas, con su antítesis el día de Pentecostés; la vocación y migración de Abrahán con las pruebas que lo acompañaron, ya que muchos inmigrantes viven ahora en una situación semejante; la historia de José en Egipto, y muchas otras más. Los milagros e historias de los evangelios ofrecen muchas oportunidades para el estudio, ya que tienen un mensaje muy significativo que habla a las situaciones de hoy.

El estudio por temas y por textos

El estudio bíblico por temas se puede desarrollar adaptando el método de *ver-juzgar-actuar*. Una vez escogido un tema, se pueden encontrar en una *Biblia temática* algunos textos de la Escritura que traten de ese tema. Los participantes comienzan por compartir su experiencia de fe de el tema escogido (ya sea vocación, conversión, sacrificio, amor, paciencia, etc.), para pasar a leer algunos textos bíblicos sobre el tema, fijándose en los verbos y términos especiales de las narraciones. Lo más importante en este método de estudio son las preguntas que los participantes hacen a los textos. Deben ser preguntas pastorales que tengan en cuenta la experiencia de fe de los participantes. Si tomamos como ejemplo la vocación en la Biblia, después de compartir casos conocidos de personas que han abrazado una vocación en su vida y los sacrificios que han hecho por seguirla, se pueden leer varios textos de vocaciones bíblicas, fijándose en la variedad y diversidad de detalles que hallamos en la Biblia: Dios no llama directamente a muchas personas, ya que emplea muchas veces intermediarios; Dios llama a personas de todas clases sociales y con cualidades totalmente diversas; Dios las llama en medio de sus actividades diarias y a veces hasta en el sueño. La finalidad de las vocaciones es siempre la formación y dirección del pueblo de Dios; nadie es llamado para beneficio personal y exclusivo suyo. La vida de las personas llamadas por Dios suele cambiar radicalmente, considerándose "consagradas" a su misión. La última parte del estudio puede dedicarse a discernir cómo ayudar a las personas hoy a descubrir su vocación y animarlas a seguirla.

El estudio por textos o por perícopas, con comunidades sencillas, se puede adaptar a las necesidades y la capacidad del grupo. Una manera sencilla de hacerlo es el invitar a los participantes a escuchar una lectura bíblica, después de la cual se puede responder a las preguntas sobre palabras o ideas que no se hayan entendido bien; después se le pide a cada participante que escoja el versículo o la idea del texto leído que considera más importante o que más le ha influido, reflexionando sobre ella, y fijándose en las razones que tiene para mirarla de ese modo. A continuación se le pide que cada uno escriba brevemente esa idea, con su valoración, en unas pocas líneas, para después compartirla con los participantes en el estudio. Es sorprendente cómo en este método todos los participantes son a la vez maestros y discípulos. Al final, la persona que coordina el grupo puede hacer un resumen de los frutos compartidos y pasará reflexionar con los miembros sobre qué es lo que el texto está pidiendo hoy hacer a los participantes.

El fundamentalismo

El fundamentalismo bíblico ha tenido una influencia limitada en los estudios bíblicos de las comunidades hispanas. Hay que tener presente que ahora el fundamentalismo ha pasado a ser un fenómeno que tiene dimensiones culturales, políticas, económicas y éticas. Existen muchas tendencias que proclaman estar en lo cierto y lo correcto mientras que los demás están equivocados. A nivel bíblico, para la mayoría, el fundamentalismo bíblico ha quedado separado de sus raíces protestantes, sobre unas verdades que son fundamentales para salvaguardar la revelación bíblica, y ha pasado a ser una manera de enfocar los textos bíblicos desde un punto de vista literal y a-histórico, sin relación al contexto literario e histórico que dio origen al texto que ahora tenemos a mano.

Se ha venido inculcando a las comunidades hispanas que lo más importante al acercarse al texto bíblico no es el preguntar meramente qué dice, o qué me dice a mí, sino el preguntar qué es lo que el autor quería transmitir a sus lectores, qué actitudes buscaba despertar en ellos, y cómo ese texto nos continúa hablando hoy a nosotros. La pregunta sobre si lo que dice el texto sucedió o no sucedió históricamente, queda relegada a un segundo o tercer plano, ya que se busca discernir el mensaje de Dios en lo que el autor dijo y en lo que el texto nos dice hoy a nosotros.

El fundamentalismo pierde su fuerza y atractivo entre las comunidades hispanas cuando se hacen al texto preguntas pastorales que lleven al lector a ir más allá del texto para descubrir su dimensión teológica y pastoral, cómo el texto puede llegar a ser parte de su vida de fe.

En nuestra experiencia con grupos de estudio bíblico, las deficiencias del fundamentalismo son vistas mejor a través de ejemplos prácticos, con lecturas bíblicas bien conocidas por nuestro pueblo, para que la gente vea lo que puede haber de positivo en el fundamentalismo y lo mucho que se pierde al ignorar otras riquezas que hay en el texto; casi se podría decir que el fundamentalismo, al leer la Escritura, se limita a *tomar el rábano por las hojas.* Al presentar la Biblia al pueblo tenemos presente que la Palabra vive en la fe y el amor del pueblo creyente, al que se procura familiarizar con tres niveles de interpretación:

1. Un nivel literal o fundamentalista que se fija en el texto y a veces busca encontrar afirmaciones tajantes de fe
2. Un nivel teológico y revelatorio, que procura descubrir más la mente del autor, y si hay algo más que el autor trata de comunicar a través de su texto
3. Un nivel pastoral de actualización en el que se deja vivir al texto, procurando hacerlo parte de la experiencia de fe del lector

Para ayudar a entender este proceso a veces hemos recurrido a los textos del Evangelio de San Lucas, bien conocidos por el pueblo, relacionados con los misterios gozosos del Rosario; la gente sencilla puede apreciar lo que el fundamentalismo se pierde, y a la vez ir aprendiendo a situar la Biblia en su propia vida, como ya lo pedían los documentos de Puebla.

Así, el misterio gozoso de *la anunciación del ángel a María,* a un nivel literal y fundamentalista, puede llevar al lector a apreciar el anuncio del ángel con su doble promesa de que iba a ser la Madre del Hijo de David, cuyo reino sería eterno, y pasar a apreciar la segunda promesa que el ángel hace de que su hijo sería llamado Hijo del Altísimo. Pasando de este nivel literal, se invita al lector a mirar a la narración desde un nivel o una perspectiva más teológica: en la tradición hispana, el primer misterio gozoso se suele anunciar como "La Encarnación del Hijo de Dios", pues aquel día hay que considerar que mucho más importante que la venida de un ángel a María, fue la venida del Espíritu Santo sobre ella, y la venida del Hijo de Dios a su seno. También se invita al lector a meditar sobre qué clase de persona era María a la que vienen el Espíritu y Jesús aquel día: María era la mujer sencilla y obediente a los planes de Dios, la mujer que hacía suyos los deseos y anhelos de los pobres como lo proclama en su canto del *Magníficat.* El nivel pastoral del texto se hace presente al invitar al lector a reflexionar sobre qué personas son hoy como la María del Evangelio, personas de fe sencillas que están anhelando esa presencia de Dios/Jesús en sus vidas y su liberación de las muchas presiones que sufren en la sociedad presente.

En el segundo misterio gozoso, a un nivel literal y fundamentalista, se puede apreciar *la visita de María a su pariente Isabel,* descubriendo las actitudes y valores de fe, amor y esperanza que el texto revela. Se puede notar además que el texto sugiere dos visitas: la de las dos mujeres y la de los dos niños en el seno de sus madres. Uno podría reflexionar también sobre las tres bienaventuranzas contenidas en el texto, sobre la fe de las dos mujeres y sobre el contenido del cántico de María, el *Magníficat.* A un nivel más teológico se puede invitar al lector a pensar en la clase de persona a la que Jesús viene a visitar y que es la que experimenta el gran gozo celebrado en este misterio; se trata de Juan Bautista, el último y más grande de los profetas. Se podría pensar que el niño salta de gozo en el vientre de su madre al experimentar que la salvación anunciada y esperada durante siglos por los profetas se está ahora haciendo realidad con la presencia de Salvador en la vida de Juan. A un nivel pastoral y de aplicación a la vida de hoy, el lector puede meditar en los profetas de hoy, personas comprometidas ardientemente por el cambio en la sociedad o en la Iglesia, que necesitan una nueva presencia de Jesús en su vida y su compromiso para que puedan seguir luchando y trabajando con alegría y esperanza, a pesar de la oposición y las dificultades que encuentran en su camino.

En el tercer misterio gozoso, *el nacimiento de Jesús en Belén,* a un nivel literal o fundamentalista se puede considerar que en medio de los poderes humanos, políticos y religiosos, es el poder de Dios el que va a dirigir la historia de la humanidad; se puede meditar en la sencillez, pobreza y humildad de la Sagrada Familia en aquellas circunstancias. A un nivel teológico se puede preguntar quién tuvo el gozo y la alegría en aquel acontecimiento: fueron los más pobres y humildes, los pastores, los elegidos por Dios una vez más y los que llevaron la Buena Noticia a los demás. A un nivel pastoral se puede considerar y rezar por las personas de hoy que equivalen a los pastores, la gente humilde y sacrificada, muchas veces ignorada o despreciada por la sociedad, a la que hoy se desea que Cristo venga una vez más y la llene de alegría.

En el cuarto misterio gozoso, *la presentación del niño Jesús en el templo,* a un nivel literal o fundamentalista, uno puede considerar la fidelidad a la Ley de José y María, la presencia de Jesús como un pobre entre los pobres, que hace la ofrenda de los pobres en el templo. A otro nivel, más teológico, se puede considerar el significado de las dos personas que son los que experimentan el gozo especial ante la presencia de su Salvador, Simeón y Ana. Los dos eran ancianos, que por largos años habían estado esperando el cumplimiento de las promesas que Dios les había hecho; eran símbolos de fe y de fidelidad. En un nivel pastoral se puede pensar en las muchas personas que ahora están esperando la acción salvadora de Dios en sus vidas y experimentan que Dios parece llegar siempre tarde, aunque nunca falla, a los que ponen su esperanza en él.

En el quinto misterio gozoso, cuando se lee y se medita en *la pérdida y el hallazgo del niño Jesús en el templo,* a un nivel literal o fundamentalista se puede pensar y meditar en la agonía de los padres al buscar a su hijo perdido; también se puede meditar en la respuesta misteriosa que Jesús da a su pregunta. A los jóvenes de hoy se les puede recordar, cuando se quejan de que sus padres no los entienden, que lo mismo le sucedía a Jesús, ya que sus padres no entendieron la respuesta que Jesús les dio, pero a pesar de ello Jesús les obedeció. A un nivel más teológico se puede meditar y pensar en lo que el evangelista podía tratar de comunicar en esta presencia y ausencia de Jesús que presagiaba ya el sufrimiento de sus discípulos en su ausencia durante los tres días de su pasión y muerte. A un nivel pastoral se puede invitar a reflexionar sobre una experiencia cristiana común, de la presencia y ausencia de Jesús en la vida espiritual del creyente. En los cuatro misterios anteriores se ha podido ver que en cada uno de ellos Jesús vino a visitar a diversos tipos de personas que parecen tener una función simbólica; pero la experiencia que las personas de fe suelen tener es que, tarde o temprano, parece que Jesús se les pierde (como le sucedió a Santa Teresa de Avila), y algunos sienten que han perdido la fe. Ése es el momento para meditar y pedir que Jesús se deje encontrar una vez más por los que realmente son suyos.

El futuro y la *Lectio Divina*: desafíos

En los últimos años hemos tenido la bendición de nuevos textos y comentarios de la Biblia al alcance del pueblo sencillo. Las Sociedades Bíblicas Unidas han ayudado con su publicación de ediciones de la Biblia aprobadas por varios obispos católicos. *La Biblia católica para los jóvenes,* que es mucho más que una adaptación de la misma Biblia publicada en inglés, con una magnífica presentación, ha tenido en cuenta la cultura y los desafíos que afectan a la juventud hispana de los Estados Unidos, y ha recibido una acogida muy favorable en este país y en toda América Latina. Sus introducciones, ilustraciones y apoyos didácticos, junto con los comentarios pastorales, pueden llegar más directamente al corazón de nuestra juventud porque responde a muchos de sus intereses. *La Biblia de nuestro pueblo* es muy recomendable por sus notas explicativas al alcance de la gente sencilla, además de ser deseable por su buen precio. Al presente, bajo la dirección del CELAM y de la Conferencia de los Obispos de los Estados Unidos, se está preparando una nueva traducción de la Biblia que llevara el título de *La Biblia en la Iglesia,* y que se espera que sea de especial provecho para los católicos de todo el continente americano. Esta Biblia va a estar encaminada a ofrecer una buena interpretación de los textos para nuestros pueblos, que ayude al diálogo o comunicación con Dios (oración) y que ayude también al testimonio en la Iglesia a través de la proclamación, evangelización, conversión y transformación de la sociedad. Para este fin, las notas a las perícopas recibirán un cuidado y una atención especial ya que siempre que se pueda deberán incluir pistas de oración (*Lectio Divina*) y de evangelización.

Una finalidad del Sínodo de la Palabra ha sido el promover a nivel mundial la *Lectio Divina,* la lectura meditada de la Palabra de Dios de la que ya se habló en el documento de la Comisión Bíblica Pontificia sobre "La Interpretación de la Biblia en la Iglesia".[18] Esta *Lectio Divina* que fue fructífera durante siglos en los monasterios de muchas órdenes contemplativas está siendo propuesta como un modelo ideal para enriquecer la vida espiritual de los hombres y mujeres de hoy. Monseñor Santiago Silva Retamales, obispo auxiliar de Valparaíso, Chile, y responsable del Centro Bíblico CEBIPAL-CELAM, ha sido el promotor de este nuevo y a la vez antiguo modo de releer la Sagrada Escritura. Para que la lectura orante y eclesial de la Biblia produzca frutos, la Sagrada Escritura sugiere por lo menos tres acercamientos:

- Una *lectura atenta y respetuosa* del texto, buscando descubrir lo que Dios quiso comunicarnos recordando que Dios habla en la Escritura por medio de los hombres y en lenguaje humano que fue condicionado por el momento histórico en que se compuso el texto bíblico.
- *Actualizar el sentido del mensaje bíblico hoy y aquí,* mediante el ejercicio espiritual de la meditación y la oración. En diálogo con Dios se actualiza con su Palabra mediante reflexiones, análisis, comparaciones e interpelaciones que iluminan la vida actual con sus múltiples problemas y desafíos. Dios sigue hablando e interpelando al lector sobre las circunstancias de su vida.
- *La acción y obra del Espíritu Santo,* que asiste en *la mirada contemplativa* a Dios y desde Él a la realidad, de tal modo que permita reconocer a Dios siempre y en todas las cosas, contemplarlo con alegría espiritual en todas las personas, buscar su voluntad en los acontecimientos que se viven.

La *Lectio Divina* de la Sagrada Escritura debe llevar al creyente a un encuentro personal con Jesús, el Hijo de Dios, el Rostro del Padre, la fuente de nuestro discipulado y, por lo mismo, del empeño misionero para una nueva evangelización inculturada en la realidad en que uno vive.

Siempre continuará siendo válida la pregunta del Papa Juan Pablo II al comenzar el Tercer Milenio: ¿En qué medida la Palabra de Dios es la inspiradora de toda la existencia cristiana, como lo pedía la Constitución Conciliar, *Dei Verbum*? Además, siempre va a ser tarea de todos el convertir la Escritura en Buena Noticia para los pobres de hoy, cuando tantos tratan de hacerla Buena Noticia para los ricos, para confirmar sus posiciones en lugar de cuestionar sus valores y estructuras. Continuará como tarea lo que ya indicaba el documento de la Comisión Bíblica Pontificia sobre la Biblia en la Iglesia, aprobado por Juan Pablo II, de buscar hacer decir hoy a aquellos pasajes bíblicos lo mismo que Dios y los autores inspirados querían decir a su generación.[19]

En su intervención en el Sínodo de la Palabra, el citado Monseñor Santiago Silva Retamales subrayó que habrá que continuar recalcando que

> no sólo cuando se lee la Palabra, sino también cuando uno se deja
> leer por ella, no sólo cuando se favorece el encuentro del hombre
> con las Escrituras, sino también el encuentro de la Palabra con las
> palabras humanas, la interpelación mutua entre la Palabra y la vida
> hace que su proclamación sea significativa para aquéllos que buscan
> "dónde permanecer" (Jn 1:39), dónde poner sus vidas para que tengan sentido [...] Leemos las Escrituras desde lo que somos y estamos
> llamados a ser. La Palabra de Dios genera procesos de humanización; la identidad que suscita el encuentro con la Palabra se vive en
> la comunidad eclesial y se testimonia en la misión [...] Necesitamos
> devolverle a las Escrituras su contexto original: comunidades que
> acogen la palabra, la celebran y anuncian como principio de un orden nuevo.[20]

Siempre va a seguir siendo un desafío para los expertos y estudiosos de la Palabra de Dios el considerar que la llave de las Escrituras que han recibido en su formación académica debe servirles no para integrarse en un grupo cerrado de expertos, que juegan al tenis con sus preguntas y respuestas mutuas, sino para abrir las Escrituras al pueblo sencillo para que pueda entender y participar más plenamente en los designios del Señor para la humanidad y experimentar la alegría que la Palabra de Dios trae a la vida del creyente.

〜

Notes

1. Don Juan Donoso Cortés, "Discurso académico sobre la Biblia", pronunciado en ocasión de su ingreso a la Real Academia Española, 18 de abril de 1848 (Bogotá: Zalamea, 1889).
2. Un artículo comprehensivo sobre este tema ha sido publicado por el Coordinador de la Federación Bíblica Católica para América Latina y el Caribe, Gabriel Naranjo Salazar, C.M., en *Medellín: Teología y pastoral para América Latina* 35, no. 137 (2009): 5–36.
3. Joseph Ratzinger, "Dogmatische Konstitution über die göttliche Offenbarung (Constitutio dogmatic de divina Revelatione 'Dei Verbum')," en *Das zweite Vatikanische Konzil. Dokumente und Kommentare, Lexikon für Theologie und Kirche*, ed. Heinrich Suso Brechter et al. (Freiburg, Alemania: Herder, 1967), 2:497–528, 571–81.
4. Por su difusión fueron especialmente importantes las traducciones de *"Torres Amat"*, de *"Nácar-Colunga"* y de *"Bover-Cantera"*, provenientes de España, así como la *Biblia Comentada* de Mons. Juan Straubinger, de Argentina.
5. Virgilio Elizondo, *Galilean Journey: The Mexican American Promise* (Maryknoll, NY: Orbis Books, 1983).
6. Helder Cámara, *El desierto fértil* (Salamanca, España: Sígueme, 1972).
7. *Ibid.*, 18.
8. *Ibid.*, 25.
9. Mensaje del Sínodo de los Obispos al Pueblo de Dios, como conclusión de la XII Asamblea General Ordinaria del Sínodo de los Obispos (24 de octubre de 2008), http://www.vatican.va/roman_curia/synod/documents/rc_synod _doc_20081024_message-synod_sp.html.
10. Ernesto Cardenal, *El Evangelio en Solentiname* (Salamanca, España: Editorial Sígueme, 1975).
11. *La Biblia latinoamericana,* 3a ed. (Madrid: Ediciones Paulinas, 1972).
12. S. Galerón, R. M. Icazay, Rosendo Urrabazo, *Visión profética: reflexiones pastorales sobre el plan pastoral para el ministerio hispano.* (Kansas City, MO: Sheed & Ward, 1987).

13. *Teología bíblica de la liberación* (México, D.F.: Librería Parroquial, 1975), 11.
14. "Mensaje al Pueblo de Dios", como conclusión de la XII Asamblea General Ordinaria del Sínodo de los Obispos (24 de octubre de 2008), 13, http://www.vatican.va/roman_curia/synod/documents/rc_synod_doc_20081024_message-synod_sp.html.
15. *Ibid.*, 12.
16. *Ibid.*
17. Documento de Puebla, III Conferencia General del Episcopado Latinoamericano (1979), 1305, http://www.uca.edu.ar/esp/sec-pec/esp/docs-celam/pdf/puebla.pdf.
18. Pontificia Comisión Bíblica, "La interpretación de la Biblia en la Iglesia" (Madrid: PPC, 1994). Esta enseñanza se repite insistentemente en la cuarta parte del documento, titulada "Interpretación de la Biblia en la vida de la Iglesia," 119–20.
19. *Ibid.* Al hablar del uso de la Biblia en la Iglesia, 111–25.
20. Este texto lo recibí personalmente de mi amigo Monseñor Santiago Silva Retamales.

9

Corazones que arden en nuestros pechos

la Biblia en náhuatl y la evangelización
del Nuevo Mundo

Jaime Lara

~

M i tema tiene que ver con los comienzos del cristianismo en el Nuevo
Mundo de la América Hispana. La palabra *náhuatl* en el título se
refiere al antiguo lenguaje de los mexica, conocidos más comúnmente entre
nosotros como aztecas. También tiene que ver con el mundo más amplio de
la Mesoamérica prehispánica, la matriz cultural de muchos de los latinos en
los Estados Unidos. Pero mucho de lo que voy a decir se aplica también a los
hispanos procedentes del Caribe, Centro y Suramérica.

Voy a intentar destacar la cultura bíblica de la cual ha surgido el catolicismo hispano. Espero disipar un mito propagado por algunos grupos
fundamentalistas, a saber, que los católicos en América Latina nunca han
tenido la Biblia y de ahí que los latinos la desconocen. Una simple ojeada
a los registros bautismales, por ejemplo, nos mostrará que, además de los
nombres tomados de todo el santoral cristiano, entre los católicos latinos
también aparecen los nombres de todos los personajes importantes y se-
cundarios del Antiguo y del Nuevo Testamento. ¿Cuántos cristianos de
habla inglesa se bautizan con el nombre de Melquisedec, o de Uriel? Esos
nombres son bastante comunes en la América católica hispanoparlante. O,
en los cumpleaños, ¿a cuántos norteamericanos se les canta con palabras
que aluden al salmo matutino (Salmo 58) del Rey David?[1] Los hispanos lo
hacen. Pero existen muchas más razones históricas para mi afirmación,
como veremos. Más aún, espero demostrar que la manera hispano-cató-
lica de abordar la Biblia está en consonancia total con la larga historia de
la Biblia como "el libro litúrgico de la Iglesia y el depósito de todos sus
tesoros".[2]

La Biblia como libro

Comienzo por enfocarme en el libro como objeto físico al que llamamos "la Biblia" y haciéndome tres preguntas retóricas: "¿Qué era una Biblia en vísperas del descubrimiento de América? ¿Dónde se podía conseguir una? Y, ¿quién la podía leer?" A primera vista estas preguntas parecerían no ser relevantes a esta conferencia, pero tienen amplias implicaciones con respecto al uso de los textos bíblicos y al conocimiento de las Escrituras en las Américas.

Para comenzar hablando en general, un libro hoy es un tipo de cosa muy diferente a lo que era un libro en la Edad Media.[3] La elaboración de un libro era increíblemente costosa e implicaba un trabajo inmenso. La producción de un libro conllevaba la muerte de animales de cuyas pieles se elaboraban los pergaminos a través de un proceso de curtido y raspado. Incluía también el proceso de producir tintas a base de ingredientes vegetales e instrumentos de escritura procedentes de las plumas de las aves, así como la laboriosa copia de los textos, a veces adornados con miniaturas iluminadas a mano, y todo ello envuelto en encuadernaciones de cuero labradas también a mano. Como resultado, un libro era un producto extremadamente precioso, más allá de los medios económicos de un laico económicamente acomodado.

En cuanto a la Biblia en particular, lo primero que hay que tener en cuenta —un hecho que ciertamente sorprenderá a los fundamentalistas— es que entre los primeros cristianos, como tampoco en la Edad Media, no existía una Biblia en el sentido de un solo volumen que contuviera ambos Testamentos. Para una Biblia completa se necesitarían más de mil quinientas páginas de pergamino. Encuadernar un mamotreto de ese tamaño en un solo tomo daría como resultado un texto inmanejable, demasiado pesado para llevarlo en las manos, y fácil de desvencijar.[4] Por lo tanto, una Biblia completa solía usualmente dividirse en nueve tomos, y aun así las Biblias completas eran raras. Es dudoso que, en la Edad Media, todas las comunidades cristianas tuvieran todos los cincuenta y dos libros del Antiguo y Nuevo Testamento; la mayoría de los párrocos antes de la invención de la imprenta no poseían una Biblia completa.

Lo más frecuente era que los libros de la Sagrada Escritura circularan en volúmenes aún más pequeños, por ejemplo, los cuatro Evangelios en un tomo y las epístolas de San Pablo en otro. No fue hasta poco antes de la invención de la imprenta en el siglo XV que se pusieron a la venta pequeñas Biblias completas escritas con letra pequeñísima, pero esto solamente en las grandes ciudades, como París, que contaban con universidades y con escribanos profesionales.[5] Hago notar este dato porque algunas de esas raras Biblias medievales cruzaron el Océano Atlántico en el siglo XVI y se pueden examinar hoy en día en las bibliotecas coloniales de México y Perú, como señal del interés bíblico de los primeros misioneros.[6]

Más aún, hasta principios del Renacimiento, el texto bíblico se presentaba sin la especie de sistema de navegación al cual estamos acostumbrados: capítulos y versículos numerados. Por lo tanto, el texto no estaba sujeto a la especie de "disección" en unidades discretas que ahora consideramos tan útiles para los "estudios bíblicos".[7]

La Biblia como sonido

No quiero con esto afirmar que el texto completo era desconocido, sino que el encuentro con los textos bíblicos tenía lugar en otras formas: como textos litúrgicos, o en forma integrada dentro de comentarios teológicos más extensos. Como textos litúrgicos, los pasajes bíblicos se encontraban en los evangeliarios, leccionarios y salterios. En muchos lugares los evangeliarios, cuando no se estaban utilizando, se guardaban en el sagrario junto con las hostias consagradas, hecho que demuestra una cierta actitud de reverencia hacia el libro en su realidad física.

A lo largo de los primeros mil quinientos años del cristianismo, la Biblia fue el libro litúrgico de la Iglesia, y éste es un punto absolutamente esencial para entender la manera en que los católicos abordan la Sagrada Escritura. A causa de esto, el encuentro de la mayor parte de los cristianos con la Sagrada Escritura tenía lugar en forma oral, fuera hablada o cantada. Los miembros de las órdenes religiosas escuchaban las perícopas bíblicas cantadas en latín durante la celebración del Oficio Divino, o leídas en voz alta como *Lectio Divina* durante las comidas en sus refectorios.[8] Los laicos también escuchaban pasajes de la Escritura cantados o leídos en latín en cada celebración eucarística, los que a continuación se traducían o parafraseaban en la lengua vernácula durante el sermón. Encontrarse primariamente con un texto como palabra escuchada ofrece una relación diferente con el texto que la que se hace con la mera lectura ocular. La lectura ocular en silencio es un ejercicio netamente privado e independiente, abierto a la mala interpretación, mientras que el escuchar la Biblia proclamada en público es una experiencia comunitaria que ubica la Escritura en un contexto propio para la interpretación ecclesial. Escuchar sugiere una postura de atención, colocando al oyente a la disposición del texto, mientras que la lectura de letras negras sobre papel blanco, con frases y separadores numéricos que controlan cómo se apropia el texto, coloca el texto bíblico a disposición del lector.

La Biblia como experiencia visual

Más importante para el Nuevo Mundo y el período de formación del catolicismo hispano es el hecho de que la Biblia fue siempre escuchada y leída por el "testimonio de los ojos" como afirmara Eusebio de Cesárea.[9] Hay un proverbio español que nos ayuda a comprender la naturaleza altamente visual de la liturgia y espiritualidad hispanas: "Ojos que no ven, corazón que no siente". Podríamos afirmar lo mismo al referirnos a la Biblia en el contexto católico.

Desde los primeros años de la Iglesia los cristianos conocieron la historia de salvación a través de historias e imágenes.[10] La abrumadora evidencia de las iglesias domésticas del siglo tercero y de las catacumbas, por ejemplo, nos lleva a creer que cada cristiano, hombre, mujer y niño, estaba familiarizado con ciertos pasajes bíblicos, por ejemplo el Buen Pastor, el Arca de Noé, el Sacrificio de Abrahán, Moisés y el Paso del Mar Rojo, Daniel en la Cueva de los Leones, los Tres Jóvenes en el Horno Ardiente, la Visita de los Magos, etc., precisamente *por medio de pinturas* porque éstas representan las perícopas más leídas en sus reuniones litúrgicas.

Desde el período carolingio (siglo VIII tardío) en adelante fue práctica común exhibir las Biblias ilustradas abiertas sobre los altares; ésta vino a ser la primera forma en que el libro del Apocalipsis (por ejemplo) fuera conocido por los fieles.[11] El arte de las catedrales, iglesias y capillas medievales fue profundamente bíblico, con gigantescos murales, vitrales historiados y retablos de madera tallada donde hasta el personaje o la historia más recónditos del Antiguo o Nuevo Testamento podían ser ejemplos útiles de virtudes o de vicios. La gran cantidad de imágenes nos demuestra que los creyentes medievales eran probablemente más visualmente cultos que el hombre de hoy en día.

No es que las artes visuales fueran una concesión para los *rústicos* analfabetos como algunos erróneamente han sugerido.[12] Los predicadores, por ejemplo, tenían un recurso útil en la llamada *Biblia pauperum* (Biblia de los Pobres), un libro ilustrado que presentaba en cada página dos episodios del Antiguo Testamento que prefiguraban el episodio del Nuevo Testamento que aparecía en el centro (figura 1). Como complemento aparecían cuatro profetas colocados arriba y debajo de la escena central, cada uno con una banderola inscrita con una cita de su libro, alusiva proféticamente al episodio central. El intrincado texto latino en letra gótica, y las relaciones, a menudo arcanas, entre los episodios, nos muestran que ésta no era una Biblia para los pobres y analfabetos, sino era un temprano "recurso homilético" para los predicadores en su preparación de las homilías dominicales.[13] Les estimulaba su imaginación visual y les evocaba imágenes vivas para presentar a sus oyentes. Éste era un procedimiento conocido y probado por la experiencia de *ekphrasis* ho-

Figura 1. *Biblia pauperum* (1480) (Biblia de los Pobres). Página que expone la transfiguración de Cristo. (Cortesía de la Beinecke Rare Book and Manuscript Library, Yale University.)

milética —una descripción gráfica y hasta dramática de una obra de arte visual— utilizada tanto en el Viejo Mundo como en el Nuevo[14] (figura 2).

El punto sobre el que deseo hacer hincapié es que esta actitud hacia las Escrituras continúa aun después de la invención de la imprenta en la segunda mitad del siglo XV.[15] Aunque la Biblia de Gutenberg haya sido el segundo libro impreso con caracteres móviles,[16] no debemos pensar que las Biblias impresas fueran menos caras o inaccesibles. Las Biblias continuaron presentándose como obras en varios tomos, que exigían una intensa labor de producción y corrección, y eran un producto reservado a la minoría que sabía leer. La mayoría de los católicos y protestantes eran analfabetos hasta bien entrado el siglo XVIII. Es un mito el pensar que la alfabetización general se da tan pronto como William Tyndale traduce las Escrituras al inglés en 1525 o Martín Lutero igualmente las traduce al alemán en 1534.[17] La Biblia todavía tenía que ser leída en voz alta para muchos de los creyentes tanto en el templo como en el hogar —es decir que la Palabra continuó recibiéndose primeramente a través del *oído* y no de la lectura privada. Tanto católicos como protestantes vacilaban en poner los textos sagrados en ma-

Figura 2. Diego Valadés, *Rethorica Christiana* (1579). Fraile predicando con la ayuda de imágenes de la Pasión de Cristo. (Cortesía de la Beinecke Rare Book and Manuscript Library, Yale University.)

nos de lectores no preparados por miedo a trastornos políticos causados por la incorrecta interpretación del texto, especialmente el libro del Apocalipsis. Por ejemplo, el rey Enrique VIII, cabeza de la Iglesia anglicana y de la Reforma protestante en Inglaterra, prohibió la lectura de la Biblia por las mujeres, los campesinos y los jornaleros.[18]

Cuatro modelos de exégesis

Ni el Renacimiento ni la Reforma protestante cambiaron esencialmente la forma de hacer exégesis de la Escritura, la cual había sido heredada de los Padres de la Iglesia y formulada en el período medieval.[19] Hasta bien entrado el siglo XVIII, los intelectuales tanto católicos como protestantes leían y explicaban la Biblia en cuatro niveles de exégesis los cuales fueron esquematizados como un árbol con raíces y ramas.[20] Los cuatro sentidos o significados de la Escritura eran el sentido histórico, el tipológico, el moral y el anagógico.[21] El primero de los sentidos, y la raíz del "árbol", era el sentido *histórico* o *literal*; a continuación venían las "ramas" espirituales. El segundo sentido, el *tipológico,* significaba el cumplimiento de un episodio o persona del Antiguo Testamento como símbolo o profecía de algo en el Nuevo Testamento; era una explicación del Antiguo Testamento como presagio o *typos* de Cristo, de la Iglesia o de los sacramentos. La interpretación *tipológica* del Antiguo Testamento es evidente en el incidente evangélico del camino de Emaús, que es el tema de esta conferencia (especialmente Lc 24:25–27): "Jesús les dijo: '¡Qué poco entienden ustedes, y cuánto les cuesta creer todo lo que anunciaron los profetas! ¿No era necesario que el Mesías soportara esos sufrimientos para entrar en su gloria?' Y comenzando por Moisés y recorriendo todos los profetas, les interpretó todo lo que las Escrituras [*i. e.* la Biblia hebrea] decían sobre él".

El tercer sentido de la Escritura, el sentido *moral,* ofrecía un significado ético aplicado a los hombres y mujeres de entonces y de ahora, y a la salvación del alma individual; mientras que el cuarto sentido, el *anagógico,* ofrecía una explicación escatológica que elevaba el pensamiento del oyente de las cosas visibles a las invisibles, a una verdad superior y al cumplimiento eterno del plan de Dios. Volveré sobre este esquema más abajo, ya que fue utilizado en la evangelización de los aztecas.

En vísperas del descubrimiento de América, la historia de la Biblia está entrelazada con tres hechos que marcaron la época: la invención de la imprenta, el humanismo renacentista y la Reforma protestante. En las postrimerías de la Edad Media, los eruditos bíblicos de París, como el franciscano Nicolás de Lira, llegaron incluso a consultar a rabinos judíos sobre la correcta interpretación de palabras y objetos hebreos en un esfuerzo por mejorar la comprensión histórica y literal.[22] Con un interés pseudo-arqueológico, estos intelectuales comenzaron a ilustrar las Biblias con lo que consideraban mapas exactos y dibujos de ciudades y edificios según hubieran aparecido en la época de David, Salomón o Ezequiel (figura 3). Estas Biblias ilustradas viajaron con los franciscanos, dominicos y agustinos hacia la Nueva España (México). Sus dibujos fueron posteriormente utilizados para los primeros ejemplos de la arquitectura cristiana en las colonias españolas de las Américas. Por ejemplo, la utópica restauración de la ciudad de Jerusalén en la profecía de Ezequiel (Ezequiel 40–48) sirvió como modelo para la idealizada "sociedad de la Nueva Jerusalén" que los frailes deseaban establecer en las Américas, lejos de los conflictos doctrinales y guerras de religión europeos. Pero, como he tratado de exponer en un libro sobre la primigenia arquitectura en la Nueva España, el texto de Ezequiel ofrece igualmente un proyecto urbanístico en forma de cuadras rectilíneas —una configuración urbana idealizada para las colonias— y espacios al aire libre para el culto que cuadraban con la cultura de los nuevos cristianos de las Américas. De esa forma, hasta los arquitectos del Nuevo Mundo podían encontrar soluciones prácticas para los espacios sagrados en los textos bíblicos[23] (figura 4).

El humanismo, movimiento intelectual del siglo XV que daba una importancia nueva a la voluntad humana y a la creatividad, implicaba una preocupación por la exactitud histórica y lingüística que llevaba a los intelectuales a volver a las fuentes griegas y hebreas.[24] Pero lo más importante fue el redescubrimiento de la antigua lengua del mismo Cristo, el arameo. En España, el Cardenal Francisco Jiménez de Cisneros supervisó la edición de la *Biblia Políglota* (también conocida como la *Políglota Complutense*) en la Universidad de Alcalá en 1514.[25] Una de las razones por las cuales se imprimió el texto arameo en esta edición fue para que pudiera ser utilizado para comunicarse directamente con Cristo en su segunda venida a la tierra.[26] Hacia el comienzo del siglo XVI y un poco después se pensaba que el regreso de Cristo estaba cerca. El Quinto Concilio de Letrán (1512–1517) se refería a los signos proféticos de los tiempos y afirmó que el descubrimiento de un *Novus Orbis* (Nuevo Mundo) era una de las muchas pruebas de que el fin de los tiempos se aproximaba. Esta ansiedad escatológica se manifiesta en el hecho de que aparecen más comentarios sobre el libro del Apocalipsis alrededor del año 1500 que durante los tres siglos anteriores.[27] Los *Oráculos Sibilinos*, en que predicen los eventos de los últimos días, cobran nuevo interés y se hace una impresión incunable.[28] Profecía y reforma van a marcar la predicación bíblica católica de la época.[29]

Cristóbal Colón, exegeta bíblico

En esta escena entró Cristóbal Colón y, con sus exploraciones, un Nuevo Mundo posteriormente llamado América. En 1502 Colón escribió el *Libro de las Profecías*.[30] Es una recopilación magistral de textos bíblicos, oráculos y comentarios, así como especulaciones sobre geografía y escatología. Colón escudriñó las Escrituras buscando cada pasaje en que pudiera encontrar la palabra *islas*, especialmente aquellas míticas islas de Sebá, Ofir y Tharsis,

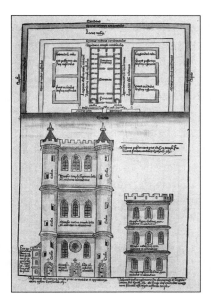

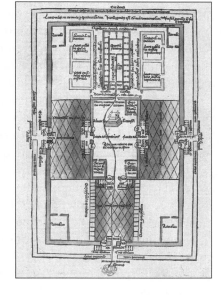

Figura 3. Nicolás de Lira, *Postilla super totam bibliam* (1493). Ilustraciones del conjunto utópico del Templo en el libro de Ezequiel. (Colección privada.)

Figura 4. Nicolás de Lira, *Postilla super totam bibliam*. Plano del Templo con atrio según Ezequiel que se empleó en el Nuevo Mundo para diseñar los centros catequísticos de los misioneros.

mencionadas en conexión con Salomón (y sus minas de oro) ya que creía que él las había descubierto.[31] Encontró el núcleo de su exégesis insular en los Profetas y los Salmos, por ejemplo en las palabras del Salmo 72:10: "Qué los reyes de Tarsis y de las costas lejanas le paguen tributo. Qué los reyes de Arabia y de Sebá le traigan regalos". A este versículo él le hizo la exégesis como refiriéndose al monarca español, Fernando el Católico, quien financió sus viajes de exploración. En el Salmo 97:1, "¡El Señor reina! Alégrese la tierra, regocíjense las islas incontables", Colón entendió que la referencia tenía que ser a las islas del Caribe, las cuales exploró en sus cuatro viajes y supuestamente de donde vino uno de los reyes magos.[32]

El explorador parece haber estado obsesionado con el Salmo 2, aplicando los versículos 7 y 8 tanto a la monarquía española como a sí mismo. "Voy a proclamar el decreto del Señor: Él me ha dicho: 'Tú eres mi hijo, yo te he engendrado hoy. Pídeme, y te daré las naciones como herencia, y como propiedad los confines de la tierra'". El nombre de pila de Colón, Cristóbal (que significa "el portador de Cristo") y su distintiva firma trinitaria nos indican que se consideraba a sí mismo como una persona con una misión divina. Citando a Isaías 61, reclama que no es otro que el profeta de los últimos días, el anunciado en la Escritura para llevar las Buenas Noticias a las naciones, y así, por sus viajes, a iniciar la última etapa de la historia del mundo.[33]

Así surgió un anhelo escatológico por parte de los europeos para leer al gran descubridor mismo, Cristóbal Colón, en las profecías bíblicas. En 1516 un *Salterio Políglota* fue publicado en Génova. El Salmo 19:4–5 afirma "Sin hablar, sin pronunciar palabras, sin que se escuche su voz, resuena su eco por toda la tierra y sus palabras hasta los confines del mundo". Es en este lugar en el texto donde el impresor añadió toda una biografía de Colón y sus logros que ocupa bastantes folios.[34] Cristóbal Colón mismo es introducido en la exégesis del libro de los Salmos.

Normalmente pensamos que el descubridor estaba buscando una nueva ruta para la China, lo cual es cierto hasta cierto punto, pero era la Jerusalén de la Biblia lo que realmente Colón iba buscando.[35] No debe sorprendernos que Colón dé comienzo a su libro con una explicación de los cuatro sentidos de la Escritura mencionadas más arriba, específicamente aplicados al concepto de "Jerusalén", ya que su objetivo declarado era descubrir una ruta secreta hacia la ciudad santa para una cruzada final. Dice:

> La cuádruple interpretación de la Sagrada Escritura está claramente implícita en la palabra "Jerusalén". En sentido histórico, es a la ciudad terrenal a la cual viajan los peregrinos. Tipológicamente se refiere a la Iglesia en el mundo. Moralmente, Jerusalén es el alma de cada creyente. Anagógicamente, la palabra indica la Jerusalén Celestial, la patria y reino celestiales.[36]

Colón y los misioneros que lo siguieron llegaron hasta a especular que los hombres que ellos descubrieron en aquellas tierras extrañas quizás pudieran ser los descendientes de las Tribus Perdidas de Israel mencionadas en el libro de Esdras, una creencia que ciertamente afectaría el uso de la Biblia por parte de los misioneros en aquellos dominios.[37]

Encuentros cercanos de naturaleza bíblica

El descubrimiento y colonización del Nuevo Mundo han sido normalmente analizados en términos militares, políticos o económicos. Pero también se puede ver el encuentro del siglo XVI como una colisión de textos sagrados: el Pueblo del Libro se encuentra con pueblos que también tienen, en una forma u otra, libros santos y poesía sagrada. El concepto de "libro sagrado" no les era desconocido a los pueblos indígenas del Nuevo Mundo. Todas sus grandes civilizaciones, como los aztecas, incas y mayas, tenían ciertos métodos para conservar sus historias y acontecimientos sagrados, aunque no en escritura alfabética. Los incas, por ejemplo, tenían los *quipus,* cuerdas de colores con nudos que podían ser leídos por un *quipucamayoc,* un "lector de cuerdas". Siguen siendo un misterio para nosotros hoy en día; parecen haber sido lo suficientemente sofisticados en la información que podían consignar, puesto que los catequistas nativos incluso lo usaron en la evangelización católica.[38]

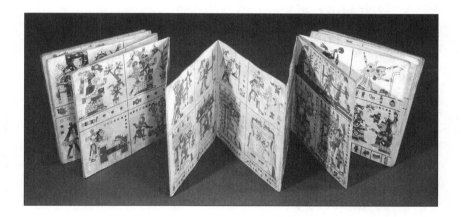

Figura 5. Manuscrito azteca, *Codex Fejérváry-Mayer* (antes del 1521). Liverpool Museum, MS Mayer 12014. (Werner Forman/Art Resource, NY.)

Los aztecas, por otra parte, tenían su propio sistema de escritura pictórica en color sobre códices doblados en forma de acordeón (figura 5). Para los que hablaban náhuatl, los escritos sagrados estaban redactados *in tlilli in tlapalli* —el colorido "rojo y negro" de sus códices pictográficos. Esta expresión, "el rojo y el negro", podría indicar el discurso sagrado, como igualmente podía ser una metáfora para sabiduría.[39] Cuando los indígenas atisbaban sobre los hombros de los frailes para examinar sus libros encuadernados en cuero (como sin duda lo harían) observaron los mismos colores sagrados: textos en letras negras con rúbricas en letras rojas sobre papel blanco, frecuentemente acompañados con imágenes en negro y rojo. Ésta era el formato estándar de las Biblias impresas y de los libros litúrgicos utilizados en América, todos los cuales se convirtieron en el nuevo "rojo y negro"; la nueva sabiduría de la nueva religión.⁴⁰ La frase *in tlilli in tlapalli* fue igualmente utilizada para designar los Evangelios y los escritos de los profetas hebreos.⁴¹ Leyendo en estos colores sagrados, los frailes cantaban, hacían procesiones y llevaban a cabo rituales —como habían hecho los sacerdotes aztecas en sus templos antes que ellos.

Para los lectores de pictografías e ideografías, como lo eran los mexica, la imagen realmente vale por mil palabras, y esperaban que los textos *fueran imágenes*.⁴² Cuando en 1519 Hernán Cortés les mostró las páginas impresas, la reacción inmediata de los letrados aztecas fue "¿Por qué no hablan?" significando "¿Por qué no son imágenes legibles?" En este contexto, una Biblia impresa y sin imágenes habría sido "muda".

Por lo tanto, los primeros misioneros usaron imágenes como medio de comunicación de la Escritura y de la doctrina cristiana. Pronto apareció en la Nueva España el material visual. Se conservan hoy en día pocos ejemplares, aunque muchos más deben haber existido, haberse gastado por el uso

Figura 6. *Manuscrito Egerton 2895.* El Padre Nuestro. The British Library. (Reproducido con permiso.)

constante, y haber sido desechados.⁴³ Por ejemplo, podemos traducir las pictografías del Padre Nuestro aquí (figura 6) y observar que el texto visual es actualmente mucho más rico que la versión escrita. (La versión alfabética es un añadido posterior.) Las pictografías incorporan la noción náhuatl de *xochitl,* flores, como objetos sagrados en el paraíso azteca de Tlalocan. *Xochitl* también significaba el concepto de alegría y bondad moral, de la justicia en el sentido bíblico, y aquí se entreteje en la creencia cristiana en un Dios que disfruta de su reino inhalando el aroma de las flores. El Padre Nuestro fue profundamente asimilado por la cultura azteca. Leyendo de izquierda a derecha:

¡Oh, Padre nuestro!
En el cielo se encuentra Dios Padre
Un noble pueblo adora el Nombre.
Los fieles en la tierra piden el reino que está en el Cielo.
En la tierra, ¡qué Dios Padre respire las flores!
En el mundo cristiano ¡qué se multipliquen las flores!

Los fieles se arrodillan para recibir la tortilla sagrada
que Dios Padre ofrece a los cristianos cada día.
¡Qué los fieles tengan tortillas en sus mesas!

Qué Dios Padre señale el pecado venial a los fieles
que vienen a Él con devoción.
Qué los fieles vayan con devoción hacia Dios Padre
el cual contempla el alma vencida por el pecado mortal.

Qué Dios Padre defienda y proteja
a los fieles temerosos y afligidos
con la espada y con la Cruz
cuando le piden que les proteja
del cobarde demonio que huye.
¡Qué haya flores! (= Amén)

La Biblia náhuatl

La educación a través de la vista era muy efectiva, pero también era imprecisa. Como europeos educados y logocéntricos, los frailes sin duda preferían la palabra escrita sobre la pictografía, y esto trajo el problema de la traducción. Una vez que los frailes aprendieron las lenguas indígenas —lo cual les llevó bastantes años— dieron comienzo a la creación de libros de gramática y listas de vocablos, junto con catecismos escritos en la lengua aborigen usando escritura alfabética.[44] También existían traducciones de versículos de la Biblia en las lenguas de los indios, pero de ellos tan sólo fragmentos han sobrevivido hasta nuestros días. Sabemos de poblaciones nativas que tenían copias de los cuatro Evangelios o hasta del libro del Apocalipsis en su propia lengua; pero casi todos fueron requisados y destruidos por la Inquisición.[45] Uno de estos fragmentos ha sido descubierto recientemente (figura 7). El *Manuscrito Náhuatl 1692* es una traducción de diversos versículos del libro de los Hechos de los Apóstoles que tratan de la conversión de San Pablo en el camino de Damasco —un tema oportuno para los recién convertidos. El manuscrito está escrito en papel *amatl* (corteza de higuera) y muestra jeroglíficos aztecas junto con escritura hispano-náhuatl. Es el texto bíblico en náhuatl más antiguo hallado hasta ahora.[46]

Figura 7. *Manuscrito Náhuatl 1692.* Traducción al náhuatl de parte de los Hechos de los Apóstoles (c. 1525–1550). (Cortesía de la Colección Schøyen, Museo Nacional de Noruega.)

Es dudoso, sin embargo, que toda la Biblia haya sido traducida o puesta a disposición de los indígenas; ni era necesario que lo fuera. Los textos bíblicos básicos eran los que se usaban como textos en el proceso de conversión y las perícopas utilizadas en el Leccionario para las misas. Estos últimos son lo que encontramos en la obra de Fray Bernardino de Sahagún, *Evangeliarium, Epistolarium et Lectionarium Aztecum* ("Evangeliario, Epistolario y Leccionario azteca"), compuesto probablemente hacia 1540 o poco después. Contiene las Epístolas y Evangelios en náhuatl para todos los domingos del año y las fiestas principales.[47] Otra traducción temprana de las Epístolas y los Evangelios ha llegado hasta nosotros con el título de *Incipiunt Epistolae et Evangelia* ("Aquí comienzan las Epístolas y los Evangelios").[48] Como la costumbre era predicar en el atrio antes de la misa, las lecturas bíblicas en lengua vernácula se proclamaban desde un púlpito al aire libre.[49]

También hallamos paráfrasis de narraciones bíblicas y hagiográficas en otra de las obras de Sahagún, la *Psalmodia Christiana* ("Salmodia cristiana"), libro que ya estaba en uso hacia el 1560. Este cantoral se compuso en lengua náhuatl en un esfuerzo por reemplazar los himnos paganos previos a la conquista, los cuales continuaban siendo muy apreciados por la población indígena; pero el libro como objeto físico fue además diseñado para que pareciera una Biblia ilustrada.[50] Estas canciones bíblicas, compuestas para cantarse mientras se bailaban danzas tradicionales en el atrio del templo cristiano, contenían un breve catecismo, oraciones básicas, los Diez Mandamientos y composiciones que seguían el año litúrgico desde la Fiesta de la Circuncisión (1 de enero) a la Natividad (25 de diciembre). El estilo de estos cantares intenta ajustarse lo más posible a los ritmos, metáforas y características de la antigua poesía náhuatl.[51]

Hasta el momento, ningún lingüista ha investigado seriamente estos textos, y carecemos por lo tanto de un análisis detallado de ellos. Basta echar una ojeada, sin embargo, para ver que los traductores trataron de adaptarse en lo posible a la visión mexica del mundo. Por ejemplo, para clarificar el sentido de la frase en el Padre Nuestro: "Perdónanos nuestras ofensas *así como nosotros perdonamos* a los que nos ofenden", los traductores traducen "Perdónanos nuestras ofensas *solamente después que* nosotros hayamos perdonado a los otros"—un significativo cambio de sentido, a mi entender.

Similarmente, los neófitos indios aparentemente tenían gran dificultad para entender el concepto bíblico "el Hijo del Hombre" encontrado en el libro de Daniel y en los Evangelios; entonces Sahagún y sus colaboradores nativos reemplazan la expresión con la de "Hijo de la Virgen (María)", haciéndola abiertamente cristológica. En este contexto la frase podría haberse prestado a un sentido de un canibalismo cristiano, reminiscencia del canibalismo ritual que los aztecas habían practicado antes de la llegada de los europeos. Juan 6:53 se lee en náhuatl: "Les aseguro que si no comen la carne del Hijo de la Virgen (María) y no beben su sangre, no tendrán vida en ustedes", haciendo así que las palabras de Cristo acerca de comer un ser humano sean aun más carnales.[52]

La Biblia como teatro

Si el arte es una de las formas por las cuales la Palabra escrita siempre se ha hecho visible, entonces las artes teatrales le han dado un carácter tridimensional. El drama comenzó a ser usado inmediatamente al comienzo de la evangelización. Apelaba a los indígenas quienes estaban acostumbrados a las representaciones teatrales en los templos de su antigua religión, donde los mitos eran representados en forma dramática. Una ojeada a los dramas en el siglo XVI en la Nueva España nos muestra que, como la música y el arte, tenían dos finalidades: la indoctrinación moral y la preparación escatológica. En cuanto la conversión del Nuevo Mundo se consideraba el comienzo remoto del fin del mundo —según estaba profetizado en la Biblia— la conversión, el bautismo y la preparación para el final eran necesidades urgentes.[53] Los conversos amerindios recibían instrucción por medio de dramas bíblicos y extra-bíblicos, como *La Caída de Adán y Eva*, el *Sacrificio de Abrahán*, la *Anunciación de la Virgen María*, la *Destrucción de Jerusalén*, la *Reconquista de la Ciudad Santa*, las *Profecías de Daniel*, el *Juicio Final* y representaciones similares con extensas narraciones en lengua vernácula. Todos los actores nativos hablaban el náhuatl como lengua materna. Además, hubo representaciones teatrales dentro de las celebraciones litúrgicas, y viceversa, o sea momentos litúrgicos dentro de representaciones teatrales. Se da el caso, por ejemplo, que se bautizaran niños sacramentalmente durante la representación del drama titulado *La Vida de San Juan Bautista*.[54]

Una representación en particular trató del delicado tema del sacrificio humano, el cual había formado parte esencial de la devoción religiosa de los aztecas, mayas e incas. Para los aztecas, el sacrificio humano se entendía como una reciprocidad en un acto de balance cósmico, necesario para mantener al sol en órbita y al mundo en existencia. Ésta fue la primera práctica que escandalizó a los frailes, para su horror, y que matizó el primer siglo de la evangelización; pero sin embargo, los frailes reconocieron que se llevaba a cabo por razones piadosas, y que podían alabar el instinto religioso sin aceptar la práctica, por supuesto.[55] Durante la festividad del Corpus Christi de 1538 se llevó a cabo la representación teatral de *El Sacrificio de Abrahán*. El tema se tomó del capítulo 22 del Génesis donde Abrahán obedece el mandato de Dios de que deguelle a su único hijo y lo queme como sacrificio de holocausto[56] (figura 8). En el texto náhuatl de la representación, Abrahán le dice al muchacho: "Mi hijo querido, tendrás que convertirte en cenizas, porque voy a ofrecer tu cuerpo en sacrificio". Como la valentía de afrontar la muerte de forma voluntaria era uno de los grandes valores de la sociedad militar azteca, Isaac responde estoicamente: "No llores, oh mi querido y honorable padre, porque es con gran felicidad que acepto la muerte de tus manos". El patriarca incluso les promete a Isaac y los oyentes aztecas que si ellos siguen su ejemplo de obediencia a los designios inescrutables de Dios, se alegrarán y serán felices. Lógicamente se puede señalar que éste era un mensaje ambivalente y peligroso para los espectadores, quienes recientemente habían renunciado a los sacrificios humanos.[57] Posiblemente les invitaba a repetir (y llevar a cabo) lo que Abrahán había tratado de hacer: sacrificar un ser humano degollándole e inmolando su cuerpo. Es más, los niños de los mexica, como Isaac, eran frecuentemente sacrificados de esta forma a Tlaloc, dios del agua, para atraer las lluvias en la primavera; y algunas formas de los sacrificios aztecas incluían la decapitación y quema de la oblación humana, tal como Abrahán intentó hacer con Isaac.[58]

Figura 8. Tecamachalco, Puebla. El sacrificio de Abrahán. Pintura sobre papel de higuera pegado a la bóveda inferior del coro alto. (Fotografía del autor.)

En los tiempos anteriores a la invasión española, los sacrificios incluían el fuego entre sus elementos, porque los seres humanos que se convertían en divinidades por la entrega de sus corazones se convertían literalmente en receptáculos del fuego divino, ya que en la ceremonia azteca de la renovación cósmica que se celebraba cada cincuenta y dos años, el Fuego Nuevo debía ser encendido en la cavidad torácica de la víctima sacrificada[59] (figura 9). (¡Literalmente, "sus corazones ardían en sus pechos"!) El sacrificio humano producía una especie mesoamericana de "transubstanciación" ya que, en el proceso, la víctima se convertía en un auténtico icono del dios y quedaba divinizada.[60]

Ciertamente era peligroso colocar sobre el escenario al Dios judeo-cristiano exigiendo a Abrahán la muerte violenta de su único hijo, pero parece que los frailes estaban dispuestos a asumir ese riesgo con miras a llevar a cabo una exégesis tipológica de esta historia del Antiguo Testamento, esto es, un enlace cristológico con el sacrificio del Gólgota y con el sentido sacrificial de la Eucaristía misma. El episodio de Abrahán e Isaac, según es presentado en la traducción náhuatl, funciona para los azteco-cristianos como prefiguración de una nueva economía cósmica del sacrificio hu-

Figura 9. Bernardino de Sahagún, *Historia general de las cosas de la Nueva España*, ed. Francisco de Paso y Troncoso, 1905. Rito azteca del Fuego Nuevo. (Sin derechos reservados.)

Figura 10. Huejotzingo, Puebla. Procesión del Corpus Christi con custodia solar (época contemporánea). (Fotografía del autor.)

mano ahora transferido al sacrificio único de Cristo en la cruz y en el altar.[61] Después de todo, la representación teatral se llevaba a cabo como parte de la procesión del Corpus Christi en la presencia de la Eucaristía en su custodia en forma de sol (figura 10). La luz solar y la sangre sagradas —elementos de suma importancia a los aztecas— fueron incorporadas a una reelaboración cristológica.

La rehabilitación del sacrificio humano por parte de los misioneros a la luz del sacrificio único y unisuficiente del Calvario parece deliberada. El nuevo sacrificio bíblico de la cruz fue presentado como superación y reemplazo de los antiguos sacrificios humanos de los mexica, aun cuando continuaba sus metáforas. Cuando Sahagún y sus colaboradores nativos traducen en el Evangelio la palabra *Gólgota* (hebreo, "monte de la calavera"), seleccionan las palabras náhuatl *quaxicalli tepeuh* que traducido literalmente significa "montones de cráneos" con reminiscencias del andamiaje de calaveras sacrificadas que se conservaba en el patio de los templos o hasta de las vasijas en las que se tiraban los corazones recién arrancados a las víctimas.[62]

La Biblia como cartelera

Las representaciones teatrales y los sermones al aire libre eran actividades comunes para los frailes del Nuevo Mundo. En los centros doctrineros se construían púlpitos, balcones para predicar y conchas acústicas al aire libre para el sermón, normalmente de una hora, que se predicaba cada semana antes de la celebración eucarística (figura 11). Era aquí donde más se necesitaban las traducciones bíblicas en lengua vernácula.

Entre los conceptos más difíciles de comunicar a los neófitos aztecas eran el de la responsabilidad moral del individuo por sus actos y el premio o castigo que los actos personales pueden producir en este mundo o en la vida eterna. Los indioamericanos precolombinos no tenían noción ni de eternidad ni de pecado en el sentido teológico cristiano de esas palabras. En la mitología mexica, después de la muerte uno viajaba para residir en uno de trece mundos superiores o uno de nueve mundos inferiores, pero tan sólo temporalmente; la aniquilación cósmica e individual eventualmente acabaría con todo y con todos. En términos de la conducta humana, se daban transgresiones de las normas de comportamiento establecido que a menudo se consideraban como resultado de causas externas, pero la responsabilidad personal y sus consecuencias eran desconocidas.[63] Por

Figura 11. Actopan, Hidalgo. Capilla abierta. (Fotografía del autor.)

tanto, los misioneros cristianos tenían que buscar modos de demostrar a los neófitos que las decisiones de su libre albedrío, y sus acciones en sí mismas, podían ser buenas o malas y podían tener consecuencias en un más allá que continúa perpetuamente, *in æternum*. Esto se hacía verbalmente en la predicación y la catequesis de los frailes por medio de las historias bíblicas de la caída de Adán y Eva y la promesa de redención. Por ejemplo, Fray Bernardino de Sahagún presenta una hermosa descripción verbal del cielo, inspirada por el capítulo 21 del Libro del Apocalipsis, en su colección de reflexiones diarias en lengua náhuatl, *El ejercicio cotidiano*, donde apela al concepto azteca de placer y alegría en el "más alto cielo":

¡Grandiosa es la misericordia que Dios ha preparado en el paraíso empíreo para los buenos cristianos! [...] Allí en el interior del cielo ha juntado todos los placeres, todas las riquezas. Por fe sabemos que allí, por encima de la luna, del sol y de las estrellas, existe en un lugar altísimo una gran ciudad llamada la Jerusalén Celestial, la cual Dios Nuestro Señor construyó al mismo tiempo que creó el mundo. Está hecha toda ella de oro y piedras preciosas, pero no como las de este mundo. Son mucho más hermosas, bellas, maravillosas y deslumbrantes. San Juan Evangelista y San Pablo vieron el diseño, el tamaño, las maravillas de esta gran ciudad, de la Jerusalén Celestial [...] y conservamos sus palabras que están escritas en las Sagradas Escrituras. San Juan habló de muchas cosas en su libro divino llamado el Apocalipsis, un discurso realmente asombroso, perfectamente agradable [...] Esta ciudad, la Jerusalén Celestial, es grande, no tiene igual en este mundo. Sus plantas, árboles, flores, y frutos no crecen en este mundo; son mucho más atractivas, aromáticas, deliciosas y satisfactorias [...] Allí siempre es verano; y en muchas partes de la ciudad hay patios, grandes y espaciosos patios, y casas bien construidas con maravillosa ornamentación. No hay nada en este mundo que se le parezca. Y todas sus calles están empedradas en oro y brillan como cristales, esmeraldas y amatistas.

A continuación Sahagún pasa del tema de la ciudad celestial a la doctrina de la visión beatífica:

Las almas de los que viven allí ven de veras a Dios Padre, Hijo y Espíritu Santo [...] Nuestros propios ojos verán el cuerpo precioso de Nuestro Señor Jesucristo, Dios y Hombre verdadero [...] Estaremos con la única divinidad, Dios. Absolutamente nadie podrá arrebatarnos nuestra alegría, nuestro deleite, nuestra completa satisfacción; y la vida eterna morará en nuestros cuerpos, que serán más brillantes que la luna, el sol, y las estrellas dondequiera que vayamos, dondequiera que nos remontemos como águilas.[64] No existe nada tan intenso [sobre la tierra]. San Juan habló de muchas otras cosas en el capítulo veintiuno del Apocalipsis, pero no podía describirlas detalladamente. Cuidemos de vivir en este mundo de tal modo que por medio de una vida justa y santa seamos dignos de contemplar las maravillas de Dios.[65]

Este colorido pasaje —con referencias familiares a los diversos niveles del cielo, a un ordenado centro urbano con patios y aromáticas flores, al águila remontándose en el aire, y los adornos, pulseras y piedras preciosas— sería muy atractivo para la imaginación azteca, cuya estética religiosa tomaba formas muy concretas. Pero la nueva fe todavía necesitaba ser visualizada por medio de las bellas artes.

Tradicionalmente, la forma más comúnmente utilizada para demostrar el concepto cristiano de la vida eterna era por medio de las imágenes visua-

Figura 12. Calpan, Puebla. Fachada de una capilla posa.
La resurrección de los muertos y segunda venida de Cristo.
(Fotografía del autor.)

les del retorno de Cristo, utilizando la Resurrección y los pasajes relativos al Juicio Final en el capítulo 25 de San Mateo y el capítulo 14 del Apocalipsis, y el premio o el castigo de nuestras acciones en el cielo o en el infierno[66] (figura 12). Los púlpitos y balcones de predicación se adornaban a menudo con animadas pinturas sobre estos temas. Los murales servían como gigantescas carteleras anunciando la nueva religión, apoyando la predicación moral y visualizando la nueva doctrina. Encontramos pinturas que ilustran prácticas positivas, tales como el culto cristiano correcto, o imágenes negativas de los pecados que se consideraban como endémicos entre los indígenas —como la idolatría, la embriaguez y las desviaciones sexuales. De acuerdo a un estimado, se cree que debe haber existido cerca de 300 000 metros cuadrados de espacio de paredes dedicados a las pinturas murales con carácter didáctico entre todos los centros de evangelización regidos por los frailes mendicantes.[67]

En las capillas abiertas de Actopan y Xoxoteco, algunos europeos blancos, presentados como buen modelo a seguir, veneran la sagrada hostia y enseñan a los indígenas a hacer lo mismo (figura 13). Pero en la misma capilla otros europeos, presentados como modelo negativo, cometen los siete pecados capitales y se colocan peligrosamente cerca de las fauces de una monstruosa boca del infierno (figura 14). De esta forma el arte evangelizador instruía e ilustraba la Palabra de Dios proclamada en los sermones en

Figura 13. Actopan. Culto pagano contra culto cristiano. (Fotografía del autor.)

lengua náhuatl, sermones que igualmente servían para prevenir al pueblo indígena contra los malos ejemplos de conquistadores y colonos.[68] Uno de los sermones en lengua náhuatl de Sahagún está basado en la parábola evangélica de la separación de las ovejas y las cabras (Mt 25:31–46). Pero hubo un problema con la traducción literal de la parábola, ya que cuando Sahagún lleva a cabo dicha traducción había muy pocas

Figura 14. Xoxoteco, Hidalgo. Los bebedores de pulque, con demonios. (Fotografía del autor.)

ovejas y cabras en la Nueva España; sin embargo ya había abundancia de cerdos. Se reproducían muy rápidamente, devorando los cultivos indígenas, y se habían convertido en una plaga. Sahagún tradujo la parábola de la siguiente manera:

Cosas muy espantables y terribles ocurrirán cuando Cristo venga a juzgar a la gente [...] Y entonces invitará a los que estarán a su derecha, los
buenos, los puros [...] Los buenos y puros entrarán en el cielo. Y entonces llamará a los de su izquierda, los malos, los impuros [...] "¡Váyanse,
déjenme, vayan al *mictlán* y entren en las llamas [...] Van a sufrir, a tener dolores para siempre!" Ustedes engordan, comen mucho, duermen
hasta tarde, se emborrachan; su cuerpo es lo único que les importa. El
diablo les cría como un cerdo, les rellena para el matadero; para que
cuando estén bien gordos y grasientos mandarles al *mictlán*.[69]

Nótese que la exégesis moral y anagógica de la Escritura ha pasado a
primer plano en esta paráfrasis. La literatura misionera del siglo XVI está
igualmente llena de ejemplos que vinculan el culto precolombino con la
idolatría de los cananeos del Antiguo Testamento. ¿Acaso no está la Biblia
llena de condenas de los cultos solares falsos y de los ritos antropófagos (Ez
5:10 y 8:16) como los que practicaban los aztecas? ¿Acaso no se condena del
culto de reptiles y animales emplumados en pasajes bíblicos (Dt 4:15-24 y
Ez 8:10) que parecían como relatos de testigos oculares de las devociones
y las deidades aztecas, anticipadamente escritos hace siglos? De aquí por
lo tanto —en la mentalidad de los frailes— la necesidad de una cruzada
espiritual incesante para extirpar las prácticas demoníacas y salvaguardar
a los neófitos indios para el reino de Cristo.[70] El arte reforzaba esta guerra
del bien contra el mal con abundancia de ángeles guerreros representados
en las fachadas de las iglesias y en las pinturas murales. Los tres arcángeles
mencionados en la Biblia —Miguel, Gabriel y Rafael— son omnipresentes
en el mundo colonial de Latinoamerica y los ángeles guerreros se hicieron
especialmente populares con el machismo militarista azteca.[71]

Conclusiones

La Sagrada Biblia —como letra, como sonido, como experiencia visual,
como representación teatral y como cartelera— estuvo presente en el Nuevo Mundo desde los primeros momentos del proceso evangelizador y per-
meó todas las actividades de los misioneros. Su texto fundamental fue la
"Gran Encomienda" que aparece en Mateo 28:18–20: "Yo he recibido todo
poder en el cielo y en la tierra. Vayan, entonces, y hagan que todos los pueblos sean mis discípulos, bautizándolos en el nombre del Padre y del Hijo y
del Espíritu Santo, y enseñándoles a cumplir todo lo que yo les he mandado.

Y yo estoy con ustedes hasta el fin del mundo" (entendiendo que va a ser pronto).

El primer libro de la Biblia, el Génesis, introduce a los amerindios en la meta-narración judeo-cristiana como hijos e hijas de Adán y Eva, y partícipes en su estado caído, iguales en ese sentido a los europeos. El "libro medio" de la Sagrada Escritura, esto es, el del profeta Ezequiel, ofrece un modelo para una sociedad utópica en el Nuevo Mundo y hasta para construir edificios religiosos bien adaptados para personas acostumbradas a realizar sus actos de culto al aire libre en los recintos sagrados.[72] El último libro del Nuevo Testamento, el Apocalipsis, predice los terremotos y plagas que han de devastar el Nuevo Mundo según se va acercando el fin de los tiempos.[73] Los Diez Mandamientos y la parábola evangélica del Juicio Final con sus recompensas y castigos, ofrece una visualización de la resurrección, de una responsabilidad moral individual y comunal, y de las consecuencias eternas.

Finalmente, yo quisiera sugerir que la Biblia como historia sacra —leída, escuchada, vista y dramatizada— especialmente los episodios de auto-sacrificio y de sangre sagrada, ha permeado la cultura religiosa de América Latina hasta la médula.[74] Es la Palabra de Dios que se sigue oyendo, viendo y dramatizando hoy, especialmente en los dos grandes momentos del año litúrgico hispano: Navidad y Semana Santa (figura 15).

Figura 15. Cholula, Puebla. Drama de la Pasión (época contemporánea). (Fotografía del autor.)

Preguntas para el lector

1. Si la Biblia ha sido tradicionalmente experimentada como sonido más bien que como escritura, entonces ¿qué implica esto para nuestros lectores litúrgicos, para su formación y sobre todo, para su presentación de la palabra bíblica los domingos en misa?

2. ¿Qué deben hacer nuestros sacerdotes y catequistas para evitar que los católicos latinos caigan en la trampa del literalismo y fundamentalismo bíblicos (por ejemplo, tragar los errores de algunos tele-evangelistas)? ¿Cómo podemos comunicar el hecho de que ciertos libros, capítulos o pasajes de la Biblia se deben leer como poesía o como metáfora en vez de literalmente y como dato científico?

3. ¿Cómo debemos animar al pueblo a leer la Biblia como poesía sagrada con un mensaje para el individuo y para nosotros como comunidad? ¿Cómo animar a los predicadores a ofrecer inspiración poética viva más bien que mera exégesis histórica o arengas moralizantes?

4. Si la Biblia ha sido más vista que leída y ha causado impacto en los ojos y en el corazón, ¿cómo de bíblico es el arte visual de nuestras comunidades latinas católicas? ¿Hasta qué punto es consistente con el texto del evangelio, las parábolas y los momentos más importantes de la vida de Cristo? ¿Qué podría esto exigir en términos de reemplazar ciertas imágenes en nuestros espacios de culto con imágenes más bíblicas?

~

Notes

1. *Las Mañanitas* (tradicional): "Éstas son las mañanitas que cantaba el Rey David, hoy por ser día de tu santo, te cantamos a ti. ¡Despierta!" *Cfr.* Salmo 58.

2. Éste fue el tema del Sínodo de los Obispos en Roma (2008) titulado "La Palabra de Dios en la Vida y Misión de la Iglesia".

3. He basado esta sección en Beryl Smalley, *The Study of the Bible in the Middles Ages* (London: Blackwell, 1959); y en los excelentes capítulos en *The Bible as Book: The First Printed Editions*, ed. Paul Saenger y Kimberly van Kampen (London: British Library, 1999); y Stephen Joel Garver, "Inventing 'The Bible': Revelation, Theology, Phenomenon, and Text", http://www.joelgarver .com/writ/phil/bible.htm.

4. Una de las Biblias medievales era tan enorme que fue considerada una de las maravillas del mundo. Véase Paul Needham, "The Changing Shape of the Vulgate Bible in Fifteenth-Century Printing Shops", en *The Bible as Book*, 53–70.

5. *Ibid.*

6. He examinado copias en las bibliotecas coloniales de la Ciudad de México, Puebla, Lima, Arequipa y Cuzco.

7. Paul Saenger, "The Impact of the Early Printed Page on the Reading of the Bible", en *The Bible as Book*, 31–51.

8. *Ibid.*, 32.

9. Eusebio: "El testimonio de los ojos hace innecesaria la instrucción por los oídos".

10. No hay razón pensar que eran excepcionales las pinturas murales con temas bíblicos que se descubrieron en la iglesia doméstica de Dura-Europos (Siria, s. III) o en las catacumbas romanas a partir del mismo siglo. Como prueban los murales y mosaicos, ni judíos ni cristianos de los primeros siglos d. C. tomaron en serio o al pie de la letra la prohibición de imágenes en los Diez Mandamientos (Éxodo 20). Véase, por ejemplo, Sister Charles Murray, "Art and the Early Church", en *Studies in Early Christianity*, ed. Everett Ferguson et al. (New York: Garland, 1993), 215–57; y Robin Jensen, *Understanding Early Christian Art* (London: Routledge, 2000).

11. Véa la introducción a John Williams, *The Illustrated Beatus: A Corpus of the Illustrations of the Apocalypse* (London: Harvey Miller, 1994/2003).

12. El famoso dicho de San Gregorio Magno, "Lo que escritura ofrece a los que pueden leer, la imágen lo ofrece al analfabeto que la contempla", tiene tanto que ver con el costo de los libros lujosos de los ricos como con el analfabetismo general de su epoca.

13. Sobre este tema, véase Avril Henry, *Biblia Pauperum: A Facsimile and Edition* (Ithaca, NY: Cornell University Press, 1987).

14. Sobre la "predicación visual", véase Jaime Lara, *Christian Texts for Aztecs: Art and Liturgy in Colonial Mexico* (Notre Dame, IN: University of Notre Dame Press, 2008), 41–56.

15. Para esta sección dependo de los estudios de Jerry Bentley, *Humanists and Holy Writ: New Testament Scholarship in the Renaissance* (Princeton, NJ: Princeton University Press, 1983); *The Bible in the Renaissance: Essays on Biblical Commentary and Translation in the Fifteenth and Sixteenth Centuries*, ed. Richard Griffiths (Aldershot, UK: Ashgate Publishing, 2001); y *Biblical Interpretation in the Era of the Reformation*, ed. Richard Muller y John Thompson (Grand Rapids, MI: Eerdmans, 1996).

16.   Parece que el primer libro impreso con caracteres móviles era realemente una colección de los *Oráculos Sibilinos* (*Sibyllenbuch Fragment*). Este hecho es de suma importancia para la dimensión escatológica del descubrimiento de América, como explico más abajo. Véase Malcolm Brown, "A Beam of Protons Illuminates Gutenberg's Genius", *New York Times*, 12 de mayo de 1987.

17.   Sobre la traducción de Lutero y las polémicas acerca de la Biblia, véase John Flood, "Martin Luther's Bible Translation in Its German and European Context", in *The Bible in the Renaissance*, 45–70.

18.   Véase Anthony Kenny, introducción a *The Bible as Book*, 1–5; y Vincent Strudwick, "English Fears of Social Disintegration and Modes of Control", in *The Bible in the Renaissance*, 133–49.

19.   Richard Muller, "Biblical Interpretation in the Era of the Reformation: The View from the Middle Ages", en *Biblical Interpretation in the Era of the Reformation*, 3–22.

20.   Los tres últimos sentidos de la Escritura son considerados por algunos como ejemplo de *eisegesis* (o sea, introducir las ideas propias en el texto) en vez de exégesis.

21.   Henri de Lubac, *Exégèse médiévale: Les quatre sens de l'ecriture*, 4 vols. (Paris: Aubier, 1959–64).

22.   Sobre la vida de Lira y su influencia, consultar Charles-Victor Langlois, "Nicolas de Lyre, frère mineur", *Histoire littéraire de France* 36 (1927): 355–400; Herman Halperin, *Rashi and the Christian Scholars* (Pittsburgh: University of Pittsburgh Press, 1963), 61–71; y Bentley, *Humanists and Holy Writ*, 21–31.

23.   Sobre el tema de los edificios bíblicos edificados en el Nuevo Mundo, consultar Jaime Lara, *City, Temple, Stage: Eschatological Architecture and Liturgical Theatrics in New Spain* (Notre Dame, IN: University of Notre Dame Press, 2004), esp. 111–49.

24.   Guy Bedouelle, "The Bible, Printing and the Educational Goals of the Humanists", en *The Bible as Book*, 95–99.

25.   Julián Martín Abad, "The Printing Press at Alcalá de Henares: The Complutensian Polyglot Bible", en *The Bible as Book*, 101–15. Este importante suceso fue conmemorado en una pintura (ahora perdida) del artista Pedro Ibarra Ruíz (112, n. 4).

26.   Richard Popkin, "Jewish Christians and Christian Jews in Spain, 1492 and After", *Judaism* 41, no. 3 (1992): 248–68.

27.   Bernard McGinn, "Reading Revelation: Joachim of Fiore and the Varieties of Apocalypse Exegesis in the Sixteenth Century", en *Storia e figure dell' Apocalisse fra '500 e '600*, ed. Roberto Rusconi (Roma: Viella, 1996), 11–36.

28. Consultar la nota 16.
29. Véase Michael O'Connor, "The Ark and the Temple in Savonarola's Teaching", en *The Bible in the Renaissance*, 9–27; John O'Malley, *Praise and Blame in Renaissance Rome: Rhetoric, Doctrine, and Reform in the Sacred Orators of the Papal Court* (Durham, NC: Duke University Press, 1979); y Marjorie Reeves, *Prophetic Rome in the High Renaissance Period* (Oxford: Clarendon Press, 1992).
30. Christopher Columbus, *The* Libro de las Profecías *of Christopher Columbus*, ed. y trad. Delno West and August King (Gainesville: University of Florida Press, 1991). El manual de fuentes bíblicas, como él lo denomina, fue compuesto con la ayuda de su hijo, Fernando, y su capellán personal, Fray Gaspar Gorricio. Se tradujo por primera vez al inglés y español en 1992.
31. Acerca de Colón como exegeta, véase John Fleming, "Christopher Columbus as a Scriptural Exegete", *Lutheran Quarterly* 5 (1991): 187–98; y Hector Avalos, "Columbus as Biblical Exegete: A Study of the *Libro de las Profecías*", en *Religion in the Age of Exploration: The Case of Spain and New* Spain, ed. Bryan Le Beau et al. (Omaha, NE: Creighton University Press, 1996), 59–80.
32. Columbus, Libro de las Profecías, 7–40; 261, n. 18. Los comentarios medievales afirman que todas estas naciones insulares son lugares reales en el oeste de Europa, y que recibirán el mensaje evangélico cerca del final del tiempo. Con esta confirmación bíblica, el explorador desarrolló una geo-escatología para describir la relación entre la tradición geográfica y la teología del fin de los tiempos.
33. Alain Milhou, *Colón y su mentalidad mesiánica en el ambiente franciscanista español* (Valladolid, España: Casa-Museo Colón, 1983), 79ss. y passim.
34. Este salterio políglota, titulado *Psalterium Hebreum, Grecum, Arabicum et Chaldaeum* (Génova, 1516), contiene la vida completa de Colón inmediatamente después del versículo 5 del Salmo 19. Yo utilicé la copia existente en la Bancroft Library de la University of California, Berkeley. Véase Adriano Prosperi, "New Heaven and New Earth: Prophecy and Propaganda at the Time of the Discovery and Conquest of the Americas", en *Prophetic Rome and the Renaissance,* ed. Marjorie Reeves (Oxford: Clarendon Press, 1992), 279–303, esp. 281, n. 4.
35. Véase Lara, *City, Temple, Stage,* 59–63 y notas.
36. Columbus, Libro de las Profecías, 101.
37. Sobre el supuesto orígen judío de los indígenas de América, véase Lee Eldridge Huddleston, *Origins of the American Indian: European Concepts, 1492–1729* (Austin: University of Texas Press, 1965), especialmente 33–47

y 83–128; "Tribes, Lost Ten", *The Jewish Encyclopedia*, 12 vols. (New York: Funk and Wagnall, 1901–1906), 12:249–53; Lynn Glaser, *Indians or Jews? An Introduction to Manasseh Ben Israel's "The Hope of Israel"* (Gilroy, CA: R. V. Boswell, 1973), 3–32; y Ronald Sanders, *Lost Tribes and Promised Lands: The Origins of American Racism* (Boston: Little Brown & Co., 1978, 1992), 43–46. Los colonos puritanos de la Nueva Inglaterra también compartían esta creencia; véase Djelal Kadir, *Columbus and the Ends of the Earth* (Berkeley y Los Angeles: University of California, 1992), 178–92. Tal vez el libro cuarto (apócrifo) de Esdras se incluyó en la Biblia de Gutenberg por razones relacionadas con esto; véase Needham, "The Changing Shape", 56.

38. Frank Salomon, *The Cord Keepers: Khipus and Cultural Life in a Peruvian Village* (Durham, NC: Duke University Press, 2004). El catequista inca-cristiano Felipe Guamán Poma de Ayala, y otros autores, también los usaron. Véase Thomas Abercrombie, *Pathways of Memory and Power: Ethnography and History among an Andean People* (Madison: University of Wisconsin Press, 1998), 260. El jesuita José de Acosta, en *Historia natural y moral de las Indias* (1590), documenta su uso en la confesión: "He visto un puñado de esas cintas las cuales llevaba una mujer india y en la cual había escrito una confesión general de toda su vida, y la utilizaba para confesar, como lo haría con un documento escrito a mano, y hasta le pregunté acerca de ciertas cintas pequeñas algo diferentes de las demás, y se daban ciertas circunstancias requeridas para confesar algunos pecados totalmente".

39. Elizabeth Hill Boone, *Stories in Red and Black: Pictorial Histories of the Aztecs and Mixtecs* (Austin: University of Texas Press, 2000), 21. El historiador nahua-cristiano Domingo de San Antón Muñón Chimalpáhin Cuauhtlehuanitzin (1579–1660) usó la misma expresión, *in tlilli in tlapalli*, para hablar de los profetas hebreos del Antiguo Testamento. Véase *Codex Chimalpáhin: Society and Politics in Mexico*, ed. Arthur Anderson y Susan Schroeder (Norman: University of Oklahoma Press, 1997), 2:153.

40. Por ejemplo, la *Doctrina cristiana en lengua mexicana* (1553) de Fray Pedro de Gante está impresa en letras negras y rojas, como lo están las diversas ediciones del *Liber sacerdotalis* de Alberto Castellani (primera edición 1523), el ritual que se usaba en el Nuevo Mundo para administrar los sacramentos. Véase Lara, *Christian Texts*, 36–37. No parece coincidencia que algunos de los murales en los conventos también hubieran sido pintados en blanco y negro con detalles en rojo.

41. Bernardino de Sahagún, *Exercicio quotidiano* (antes de 1574), en Anderson and Schroeder, *Codex Chimalpáhin*, 162–65.

42. Sobre este tema, véase Elizabeth Hill Boone, "Pictorial Documents and Visual Thinking in Post Conquest Mexico", en *Native Traditions in the Postconquest World*, ed. Elizabeth Hill Boone y Tom Cummins (Washington, DC: Dumbarton Oaks, 1998), 149–99.

43. Juan Guillermo Durán, *Monumenta catechética hispanoamericana (siglos XVI–XVIII)*, 2 vols. (Buenos Aires: Facultad de Teología de la Universidad Católica Argentina, 1984), 2:92–144.

44. *Ibid.*, 151–64.

45. El temor hacia las traducciones de la Biblia a las lenguas vernáculas era tanto una política pública de las autoridades españolas bajo Felipe II como un producto de las preocupaciones doctrinales del Santo Oficio de la Inquisición tridentina. Sobre el tema de las traducciones, véase Susanne Klaus, *Uprooted Christianity: The Preaching of the Christian Doctrine in Mexico Based on Franciscan Sermons of the 16th Century Written in Nahuatl* (Bonn, Alemania: Anton Saurwein, 1999), 37–40.

46. *MS. 1692*, titulado "Conversión de Sanct Pablo", en la Colección Schøyen del Museo Nacional de Noruega. El autor Jaime González Rodríguez, en "La difusión manuscrita de ideas en Nueva España", *Revista Complutense de Historia de América* 18 (1992): 92–94, habla sobre la distribución clandestina de ciertos manuscritos bíblicos producidos por los franciscanos. Éste pudo ser uno de ellos.

47. Bernardino de Sahagún, *Evangeliarium, Epistolarium et Lectionarium Aztecum Sive Mexicanum* (c. 1540) (Milano, Italia: Jos. Bernardoni Johannis, 1858). Para la lectura del Evangelio en el Viernes Santo, Sahagún armoniza las narraciones de la Pasión de los cuatro evangelistas para crear una historia continuada.

48. Se encuentra en la Newberry Library de Chicago (*Ayer Manuscript 1476*). Véase John F. Schwaller, *A Guide to Nahuatl Language Manuscripts Held in United States Repositories* (Berkeley, CA: Academy of American Franciscan History, 2001), #74.

49. Por lo que podemos deducir de prácticas similares en otros lugares, el sacerdote iba al púlpito, el lugar de la predicación en lengua vernácula, y podía leer tanto la Epístola como el Evangelio del día en náhuatl, sin ceremonia alguna. Esto permitía al predicador comentar sobre lo que recién habían escuchado.

50. Bernardino de Sahagún, *Psalmodia Christiana* (antes de 1585), traducido por Arthur Anderson (Salt Lake City: University of Utah Press, 1993).

51. A algunos les parecía que se daban ciertas características similares al hebreo hablado o al arameo. Es más, un análisis de la antigua poesía náhuatl muestra

la utilización de muchos de los mismos recursos líricos de los salmos hebreos: repetición, paralelismo, ritmo interno y cantelación; y no olvidemos que algunos cronistas creían en el origen judío de los amerindios. Véase Miguel León-Portilla, *Native American Spirituality* (New York: Paulist Press, 1980), 47.

52. La más antigua referencia a un canibalismo cristiano se haya en la *Primera Apología* de Justino Mártir, hacia el año 150 d. C.; y en el siglo XIII Jacques de Vitry no vaciló en escribir, en su obra *De Sacramentis*: "Y así como hemos muerto por el apetito de Adán, así también vamos a recuperar la vida gustando de Cristo, ya que de dónde surgió la muerte, de ahí va a la vida surgir de nuevo". Citado en Milad Doueihi, *A Perverse History of the Human Heart* (Cambridge, MA: Harvard University Press), 19; véase tambien 68–74.

53. Sobre este tema, véase Lara, *City, Temple, Stage*, esp. 59–89.

54. Toribio de Motolinía, *History of the Indians of New Spain*, trad. Elizabeth Andros Foster (Westport, CT: Greenwood Press, 1973), 104–5.

55. Examinando la historia de la piedad humana, Fray Bartolomé de las Casas pudo elogiar el instinto religioso que condujo al ofrecimiento de sacrificios humanos: "Las naciones que ofrecieron a seres humanos en el sacrificio a sus dioses habían logrado una valoración más noble y digna de sus dioses y poseen por tanto un entendimiento superior y un racionamiento más claro y racional que todas las demás naciones. Y aquéllas que ofrecen sus propios hijos en sacrificio por el bien del pueblo, sobresalen sobre las otras naciones en devoción religiosa". *Apologética histórica sumaria*, en *Fray Bartolomé de las Casas, Obras completas*, ed. Vidal Castelló (Madrid: Alianza, 1992), 183.

56. El texto de la obra se encuentra en Barry Sell y Louise Burkhart, *Nahuatl Theater* (Norman: University of Oklahoma Press, 2004), 1:146–63.

57. Los sacrificios humanos continuaron esporádica y clandestinamente en ciertas áreas rurales.

58. Philip Arnold, *Eating Landscape: Aztec and European Occupation of Tlalocan* (Niwot: University Press of Colorado, 1999), 83, 154–58.

59. Kay Read, *Time and Sacrifice in the Aztec Cosmos* (Bloomington: Indiana University Press, 1998), 170. La ceremonia del Fuego Nuevo era un "eco ritual" del mito cosmogónico del "Nacimiento del Quinto Sol" en el cual el dios Nanahuantzin se había inmolado a sí mismo para producir la nueva y última era de la historia del mundo.

60. Sobre el tema de la "transubstanciación azteca", véase Lara, *Christian Texts for Aztecs*, 77–80 y notas.

61. Viviana Díaz Balsera, "Instructing the Nahuas in Judeo-Christian Obediencia", en *Nahuatl Theater*, 1:107.

62. Sahagún, *Evangeliarum*, 200: "Golgotha, onan quaxicalli tepeuh toc".

63. Louise Burkhart, "Doctrinal Aspects of Sahagún's Colloquios", en *The Work of Bernardino de Sahagún: Pioneer Ethnographer of Sixteenth-Century Mexico*, ed. Jorge Klor de Alva (Austin: University of Texas Press, 1988), 71.

64. El águila era una divinidad en el panteón azteca; era quien llevaba los corazones de las víctimas sacrificadas al sol divino en su caja *cuauhxicalli*. El águila igualmente juega un papel importante en la tradición cristiana. Según la exégesis de San Gregorio Magno del libro de Ezequiel, el águila es el único animal que puede mirar directamente al sol sin hacerse daño; de ahí que Gregorio afirma que Cristo el Águila Solar es el único ser humano que ha contemplado la deslumbrante gloria de la divinidad.

65. Bernardino de Sahagún, *Adiciones, apéndice a la postilla y ejercicio cotidiano* (1579), ed. Arthur Anderson (México: UNAM, 1983), 80–83.

66. Para la tradición europea, véase Ives Christe, *Jugements derniers* (Paris: Zodiaque, 1999). Los aztecas tenían una cierta idea sobre el juicio por parte de una divinidad. Se creía, por ejemplo, que Tezcatlipoca juzgaba a los seres humanos, castigaba la arrogancia y premiaba el autocontrol, pero el juicio se llevaba a cabo solamente en esta vida, y la antigua religión no decía nada acerca de un juicio después de la muerte.

67. Constantino Reyes-Valerio, *Arte indocristiano* (México: Instituto Nacional de Antropología e Historia, 2000), 379–82.

68. Existe una colección de sermones de Sahagún en la Newberry Library de Chicago, *Ayer MS 1485*. Véase Klaus, *Uprooted Christianity*, 56–113.

69. Traducido en Klaus, *Uprooted Christianity*, 64–65. Mictlán era el nivel más bajo en el averno mesoamericano.

70. Robert Ricard, *The Spiritual Conquest of Mexico*, trad. Lesley Bird Simpson (Berkeley: University of California Press, 1966), 75–108. Fray Andrés de Olmos, autor de un *Tratado de Hechicerías y Sortilegios*, fue un experto en brujería y demonología, tanto antes como después de llegar a México. Fue probablemente la fuente de gran parte de la información acerca de los demonios que aparece en los murales doctrinales. Su cofrade, Fray Gerónimo de Mendieta, lo llamó la "fuente de la cual fluyen todas las corrientes del saber [de la religión precolombina]". Según Jacques Lafaye, *Mesías, cruzadas, utopías: El judeo-cristianismo en las sociedades ibéricas* (México: Fondo de Cultura Económica, 1988), 122, Fray Andrés compuso el temprano drama náhuatl *El Juicio Final*.

71. Se encuentran más imágenes de ángeles, arcángeles, querubines y serafines armados en el arte hispano que en todo el arte Europeo contemporáneo. Véase *Gloria in Excelsis* (New York: Center for Inter-American Relations, 1988), 58 y 62.

72.   Sobre el tema del libro de Ezequiel como el "libro del medio" de la Biblia, véase Jaime Lara, "Halfway between Genesis and Apocalypse: Ezekiel as Message and Proof for New World Converts", en *After Ezekiel: Essays on the Reception of a Difficult Prophet*, ed. Andrew Mein y Paul M. Joyce (London: T&T Clark, 2010), 137–57.

73.   Los cronistas narraban las catástrofes naturales en forma apocalíptica.

74.   Yo trato esto más extensamente en *Christian Texts for Aztecs*, 229–54.

10

El Papa Benedicto XVI, la Biblia y el Sínodo sobre la Palabra de Dios

S. E. R. Mons. Nikola Eterović

~

En mi relación deseo indicar brevemente la participación del Santo Padre Benedicto XVI en las tareas de la XII Asamblea General Ordinaria del Sínodo de los Obispos sobre la Palabra de Dios en la vida y en la misión de la Iglesia, que ha tenido lugar en el Vaticano, desde el 5 al 26 de octubre de 2008. Por lo tanto, me concentraré principalmente sobre los pronunciamientos del Sumo Pontífice. Éstos pueden ser divididos en dos partes: (1) durante las celebraciones litúrgicas; (2) intervenciones fuera de la liturgia.

En las celebraciones litúrgicas

Según el Papa Benedicto XVI, "el lugar privilegiado en el que resuena la Palabra de Dios, que edifica la Iglesia, como se dijo en el Sínodo, es sin duda la liturgia. En la liturgia se pone de manifiesto que la Biblia es el libro de un pueblo y para un pueblo […] la Biblia es un Libro vivo con el pueblo, su sujeto, que lo lee; el pueblo no subsiste sin el Libro, porque en él encuentra su razón de ser, su vocación, su identidad".[1] La Biblia es una herencia entregada a los lectores para que actualicen en la propia vida la historia de la salvación que se encuentra atestiguada en la Sagrada Escritura. Los fieles reunidos en la asamblea litúrgica escuchan, gracias al Espíritu Santo, a Jesucristo que habla cuando se lee la Biblia en la Iglesia y se acoge la Alianza que Dios renueva con su pueblo. De entre todas las celebraciones litúrgicas esto se refiere, en modo particular, a la Eucaristía, fuente y cumbre de la vida de la Iglesia. Ella está compuesta por dos partes, dos mesas, la de la Palabra de

Dios y la de la celebración eucarística, que están unidas en modo de formar un solo acto de culto.[2]

En las celebraciones eucarísticas

También durante el desarrollo del sínodo, los participantes han podido experimentar esta realidad magistralmente enunciada por el obispo de Roma. Él ha presidido cuatro Santas Misas, pronunciando para los fieles las relativas homilías. Además de la Misa de Apertura y la de clausura, el Papa Benedicto XVI ha celebrado la Eucaristía del 9 de octubre, en ocasión del 50º aniversario de la muerte del Siervo de Dios Pío XII, y el 12 de octubre para la canonización de cuatro beatos: Gaetano Errico (1791–1860), María Bernarda Bütler (1848–1924), Alfonsa de la Inmaculada Concepción (1910–1946) y Narcisa de Jesús Martillo Morán (1832–1869). Se ha tratado de dos eventos muy significativos. El Santo Padre, también en nombre de los padres sinodales, ha recordado con espíritu de agradecimiento el gran mérito del Papa Pío XII por haber contribuido a un mayor conocimiento de la Palabra de Dios en la Iglesia Católica. El Papa Pío XII, en efecto, con la encíclica *Divino afflante Spiritu* del 20 de septiembre de 1943, "estableció las normas doctrinales para el estudio de la Sagrada Escritura, poniendo de relieve su importancia y su papel en la vida cristiana".[3] Con esta encíclica Pio XII mostró una apertura a la investigación científica sobre los textos bíblicos y, en particular, profundizó el significado de los géneros literarios, para entender mejor el sentido original tanto del Antiguo como del Nuevo Testamento.

En la homilía de la canonización, el obispo de Roma ha exaltado la vida ejemplar de cuatro beatos, pertenecientes a varias naciones (Italia, Suiza, India y Ecuador), que han realizado el ideal de santidad esforzándose en vivir de acuerdo con la voluntad de Dios, conocida también por medio del Evangelio de Jesucristo. En efecto, la Palabra de Dios presenta en modo renovado y continuo la invitación de Dios dirigida a los fieles en el Antiguo Testamento: "Sed santos, porque yo, el Señor, vuestro Dios, soy santo" (Lv 19:2) y en el Nuevo Testamento: "Vosotros, pues, sed perfectos como es perfecto vuestro Padre celestial" (Mt 5:48). Refiriéndose a la Palabra de Dios proclamada (*cfr.* Is 25:6–10; Mt 22:1–14), Benedicto XVI presentó la canonización de los beatos con la imagen bíblica de los convidados que, revestidos del hábito nupcial, toman parte en el banquete. "Es una imagen jubilosa, porque el banquete acompaña la celebración de una boda, la Alianza de amor entre Dios y su pueblo".[4]

Una especial atención merecen, sin embargo, las dos homilías programáticas, relacionadas con la celebración de la asamblea sinodal sobre la Palabra de Dios. En la homilía de apertura de las actividades sinodales, el Santo Padre ha indicado que la finalidad de la asamblea consiste en interrogarse juntos "sobre cómo hacer cada vez más eficaz el anuncio del Evangelio en nuestro tiempo. Todos comprobamos cuán necesario es poner en el centro de nuestra vida la Palabra de Dios, acoger a Cristo como nuestro único Redentor, como Reino de Dios en persona, para hacer que su luz ilumine todos los ámbitos de la humanidad: la familia, la escuela, la cultura, el trabajo, el tiempo libre y los demás sectores de la sociedad y de nuestra vida".[5]

Inspirándose en la Palabra de Dios proclamada en la Eucaristía de clausura de la asamblea sinodal, el Sumo Pontífice ha subrayado el vínculo inseparable entre la escucha amorosa de Dios y el servicio desinteresado a los hermanos. La experiencia de los cristianos de Macedonia enseña, según San Pablo, que el amor hacia el prójimo nace de la escucha dócil de la Palabra de Dios (*cfr.* 1 Ts 1:6–8). A través de las actividades sinodales la Iglesia adquiere consciencia de dicho vínculo, del cual provienen las siguientes tres prioridades pastorales. En primer lugar, "la tarea prioritaria de la Iglesia, al inicio de este nuevo milenio, consiste ante todo en alimentarse de la Palabra de Dios, para hacer eficaz el compromiso de la nueva evangelización […]"[6] Ésta consiste en comprometerse en la realización del doble amor hacia Dios y hacia el prójimo. En efecto, la Palabra de Dios nos recuerda "que la plenitud de la Ley, como la de todas las Escrituras divinas, es el amor".[7] Para poder desarrollar bien dicha vocación, a la cual todos son llamados, es necesario rezar para que en la escucha obediente de la Palabra de Dios la Iglesia experimente un nuevo Pentecostés, una auténtica renovación espiritual que, bajo la guía del Espíritu Santo, será fuente de gran celo pastoral y de un nuevo dinamismo misionero. Un ejemplo excelso lo ofrece la Beata Virgen María, que ha escuchado, meditado y vivido la Palabra de Dios (*cfr.* Lc 2:19).

En la Liturgia de las Horas

La liturgia facilita el diálogo entre el pueblo y el Señor. En la oración litúrgica los fieles dirigen a Dios las palabras que Él mismo ha dirigido a su Iglesia a través de la Sagrada Escritura. "La Palabra que sale de la boca de Dios y que testimonian las Escrituras regresa a él en forma de respuesta orante, de respuesta vivida, de respuesta que brota del amor (*cfr.* Is 55:10–11)".[8] El

Santo Padre ha dado prueba de este diálogo en el curso de la Liturgia de las Horas durante la asamblea sinodal. Dicha oración está compuesta por los salmos y otros textos de las Sagradas Escrituras del Antiguo y del Nuevo Testamento. Para los miembros del clero ésta es obligatoria, sobre todo las laudes y las vísperas, pero se recomienda también a los fieles, invitándolos a recitarla tanto personalmente como en comunidad.

Comentando algunos pasajes del Salmo 118, propuestos a la meditación de la hora media, el papa ha, entre otras cosas, subrayado la solidez de la Palabra de Dios que es la verdadera realidad, el fundamento de todo. Todas las cosas son creadas por la divina Palabra, de tal modo que la realidad es *creatura Verbi*. Al mismo tiempo, todo está llamado a servir a la Palabra. Por medio de las palabras humanas de la Sagrada Escritura debemos, con la gracia del Espíritu Santo, descubrir continuamente la Palabra de Dios, la Persona de Jesucristo, el Verbo hecho carne (*cfr.* Jn 1:14). Por lo tanto, la comprensión de la Escritura no es tanto un fenómeno literario sino más bien una exégesis existencial, "es el movimiento de mi existencia. Es moverse hacia la Palabra de Dios en las palabras humanas".[9] Sólo Dios es infinito. También la Palabra es universal, no conoce confines. "Así pues, al entrar en la Palabra de Dios, entramos realmente en el universo divino".[10] Entramos en la comunión de la Iglesia universal, de todos los hermanos y las hermanas, de toda la humanidad. La Palabra de Dios se acerca a nosotros con un rostro, el de la persona de Jesucristo. Él es el primero en dirigirse a nosotros, abre su corazón y nos llama, por medio del bautismo, a formar parte de su Cuerpo místico. La Palabra de Dios es como una escalera que nos permite con Jesucristo, Palabra de Dios por excelencia, ascender y descender en la profundidad de su amor. De esta concepción deriva el sentido del realismo cristiano. "Realista es quien reconoce en la Palabra de Dios, en esta realidad aparentemente tan débil, el fundamento de todo".[11]

En la celebración de las vísperas del 18 de octubre, el Santo Padre pronunció un breve saludo, después de haber escuchado con atención la homilía que el Patriarca Ecuménico de Constantinopla Bartolomé I ha dirigido a los padres sinodales en la Capilla Sixtina. Benedicto XVI expresó la profunda alegría a causa de dicha experiencia de comunión y de verdadera y profunda unidad, aunque todavía no sea plena. Tal unidad proviene también de la consciencia de tener padres de la Iglesia comunes y, por lo tanto, de ser hermanos. Refiriéndose, luego, al mensaje del Patriarca Ecuménico, el obispo de Roma subrayó que él mismo está "impregnado del espíritu de los Padres, de la sagrada liturgia, y precisamente por esta razón estaba también fuertemente contextualizado en nuestro tiempo, con un gran realismo cristiano que nos hace ver sus desafíos".[12] La Palabra de Dios que se encuentra en las palabras de la Sagrada Escritura ilumina a los hombres para afrontar también problemas actuales.

Otras intervenciones

Durante la celebración de la asamblea sinodal sobre la Palabra de Dios, Benedicto XVI ha dedicado tres veces reflexiones a tal importante evento sinodal, antes de la oración del *Angelus*, una oración tradicional en la Iglesia católica. La misma, refiriéndose a textos bíblicos (*cfr.* Lc 1:26–38, 1:39–45; 2:1–7) renueva la admiración por el memorable misterio de la encarnación de Jesucristo, Verbo hecho carne (*cfr.* Jn 1:14) que se actualiza en la súplica orante de los fieles.

Como peregrino al Santuario Mariano de Pompeii, Italia, el Santo Padre ha rezado para que la Asamblea General Ordinaria del Sínodo de los Obispos sobre la Palabra de Dios, que estaba desarrollándose en Roma, "dé frutos de auténtica renovación en todas las comunidades cristianas".[13]

Al final de la Eucaristía de conclusión de la asamblea sinodal, antes de la oración del *Angelus*, Benedicto XVI ha subrayado que al centro de la reflexión de los padres sinodales se encontraba la Palabra de Dios que es Cristo, el cual guía e ilumina a su Iglesia. Para poder encontrar al Señor Jesús por medio de las palabras humanas, es necesario dejarse guiar por el Espíritu Santo, que ha guiado a los hombres inspirados en la composición de la Biblia. A este respecto, es necesario tener presente tres criterios clásicos para una comprensión eclesial de la Sagrada Escritura: "todo texto debe leerse e interpretarse teniendo presentes la unidad de toda la Escritura, la tradición viva de la Iglesia y la luz de la fe".[14]

El Papa ha recomendado varias veces la lectura orante de la Sagrada Escritura, especialmente la *Lectio Divina*. Ésta tiene su fundamento en el sentido literal del texto, pero descubre también un sentido espiritual del mismo, el cual a su vez puede ser alegórico, moral o anagógico. A este respecto el Papa ha afirmado: "La exégesis científica y la *Lectio Divina* son, por tanto, necesarias y complementarias para buscar, a través del significado literal, el espiritual, que Dios quiere comunicarnos hoy".[15]

Sobre la relación entre el método histórico-crítico y el teológico de la interpretación de la Biblia intervino Benedicto XVI en la congregación general del 14 de octubre. Él ha recordado que escribiendo el libro *Jesús de Nazaret* se dio cuenta que la exégesis científica se encuentra bien desarrollada también en la Iglesia católica, mientras la teológica está casi ausente, con consecuencias bastante graves.[16]

En cambio, la *Dei Verbum* § 12 propone dos niveles metodológicos diversos e interrelacionados para una adecuada exégesis de la Sagrada Escritura. El primero es el llamado método histórico-crítico, necesario a causa de la misma naturaleza de la historia de la salvación, el cual ha tenido el ápice en la encarnación del Verbo de Dios en la persona de Jesucristo (*cfr.* Jn 1:14). "La historia de la salvación no es una mitología, sino una verdadera historia y, por tanto, hay que estudiarla con los métodos de la investigación histórica seria".[17] El segundo nivel metodológico es necesario para interpretar bien las palabras que son, al mismo tiempo, palabras humanas y Palabra divina, dado que "la Escritura se ha de interpretar con el mismo espíritu con que fue escrita".[18] También la *Dei Verbum* ha mencionado tres referencias decisivas para alcanzar la dimensión divina, es decir el sentido teológico de las Sagradas Escrituras; interpretar el texto teniendo presente (1) la unidad de toda la Escritura, (2) la tradición viva de toda la Iglesia y (3) la analogía de la fe. "Sólo donde se aplican los dos niveles metodológicos, el histórico-crítico y el teológico, se puede hablar de una exégesis teológica, de una exégesis adecuada a este Libro".[19]

Es necesario agradecer a tantos exegetas y teólogos que con sus estudios han dado una verdadera ayuda en el descubrimiento del sentido profundo de las Sagradas Escrituras. Sin embargo, es necesario favorecer un mayor empeño para que se alcancen resultados similares también a nivel teológico de la interpretación bíblica. Esto es importante para evitar dos graves consecuencias de la ausencia de la hermenéutica teológica de la Escritura. La primera consiste en considerar la Biblia como un libro sólo del pasado, incapaz de hablar a nosotros hoy. La exégesis bíblica corre el peligro de transformarse en pura historiografía e historia de la literatura. La segunda consecuencia negativa, aún más grave, es consecuencia de la desaparición de la hermenéutica de la fe indicada en la *Dei Verbum*. De este modo, la hermenéutica creyente deja espacio a "una hermenéutica secularizada, positivista, cuya clave fundamental es la convicción de que lo divino no aparece en la historia humana".[20] Esta hermenéutica niega la historicidad de los eventos divinos en la Biblia, reduciéndolos exclusivamente a elementos humanos.

Por tanto, es necesario para la vida y para la misión de la Iglesia y para el futuro de la fe superar el dualismo entre exégesis y teología, que lamentablemente está presente con frecuencia también en niveles académicos, incluso en los centros de formación de futuros candidatos a los ministerios eclesiales. "La teología bíblica y la teología sistemática son dos dimensiones de una única realidad, que llamamos teología".[21] Hay que promover una colaboración entre los teólogos y los exegetas para que por una parte el estudio de las Escrituras no sea reducido a una única dimensión historiográfica de los textos inspirados y, por otra parte, no falte la fuerza de las Escrituras en la teología contemporánea. En efecto, "Cuando la exégesis no es teología, la Escritura no puede ser el alma de la teología y, viceversa, cuando la teología no es esencialmente interpretación de la Escritura en la Iglesia, esta teología ya no tiene fundamento".[22] Por tanto, es necesario ampliar las perspectivas del estudio exegético, aplicando con mayor cuidado los principios mencionados en la *Dei Verbum*.

Conclusión

Las reflexiones del Papa Benedicto XVI, recogidas en las Propuestas 25, 26 y 27, fueron aprobadas casi por unanimidad de los Padres Sinodales y por ello entrarán a formar parte de la Exhortación Apostólica Postsinodal sobre la Palabra de Dios. Dichas propuestas son muy importantes para asegurar una comprensión plena, cristiana, de la Palabra de Dios en la obediencia de la fe, madurada en la acción del Espíritu Santo, presente especialmente en las celebraciones litúrgicas. A este respecto, poniendo en práctica la relación complementaria entre el método histórico-crítico y el teológico, se evitarán lecturas erróneas de la Sagrada Escritura. En primer lugar viene la lectura fundamentalista que ignora "la mediación humana del texto inspirado y sus géneros literarios"[23] y que es frecuentemente propuesta por varias sectas que prometen a menudo "una ilusoria felicidad a través de la Biblia, asiduamente interpretada en modo fundamentalista".[24] El otro peligro de una lectura parcial consiste en el riesgo de caer en "un vago espiritualismo o psicologismo".[25] Ambas lecturas deben ser evitadas en cuanto vacían la Palabra de Dios o bien del significado literario, histórico, o bien de su dimensión espiritual, divina.

Concluyo mi presentación pidiéndoles que se unan a mi en la oración junto con el Santo Padre "para que de la escucha renovada de la Palabra de Dios, bajo la acción del Espíritu Santo, brote una auténtica renovación de la Iglesia universal en todas las comunidades cristianas".[26]

∿

Notes

1. Benedicto XVI, "Homilía de clausura de la XII Assamblea General Ordinaria del Sínodo de los Obispos", 26 de octubre de 2008, *Acta Apostolicae Sedis* 100 (2008), 781.
2. *Cfr. Ordenación General del Misal Romano*, 28; Concilio Ecuménico Vaticano II, Constitución sobre la sagrada liturgia (*Sacrosanctum Concilium*), 56.
3. Benedicto XVI, "Homilía en la conmemoración del Papa Pío XII", 9 de octubre de 2008, *Acta Apostolicae Sedis* 100 (2008), 765.
4. Benedicto XVI, "Homilía de la canonización", 12 de octubre de 2008, *Acta Apostolicae Sedis* 100 (2008), 768.
5. Benedicto XVI, "Homilía de apertura de la XII Asamblea General Ordinaria del Sínodo de los Obispos", 5 de octubre de 2008, *Acta Apostolicae Sedis* 100 (2008), 757.
6. Benedicto XVI, "Homilía de clausura", 779.
7. *Ibid.*, 780.
8. *Ibid.*, 781.
9. Benedicto XVI, "Meditación durante la celebración de la hora Tercia en el Aula del Sínodo", 6 de octubre de 2008, *Acta Apostolicae Sedis* 100 (2008), 760.
10. *Ibid.*
11. *Ibid.*, 759.
12. Benedicto XVI, "Palabras de agradecimiento al Patriarca Ecuménico de Constantinopla Bartolomé I", 18 de octubre de 2008, *L'Osservatore Romano* (20–21 de octubre de 2008), 12.
13. Benedicto XVI, "*Angelus*", 19 de octubre de 2008, *L'Osservatore Romano* (20–21 de octubre de 2008), 7.
14. Benedicto XVI, "*Angelus*", 26 de octubre de 2008, *L'Osservatore Romano* (27–28 de octubre de 2008), 1.
15. *Ibid.*
16. El problema de la relación entre método histórico-crítico y teológico ha sido presentado por el Cardenal Joseph Ratzinger en una conferencia en New York en 1988: "Biblical Interpretation in Conflict: On the Foundations and the Itinerary of Exegesis Today", en *Opening Up the Scriptures. Joseph Ratzinger and*

the Foundations of Biblical Interpretation, ed. José Granados, Carlos Granados y Luis Sánchez-Navarro (Grand Rapids, MI: Eerdmans, 2008), 1–29.

17. Benedicto XVI, "Intervención durante la XIV Congregación General de la XII Asamblea General Ordinaria del Sínodo de los Obispos", 14 de octubre de 2008, *L'Osservatore Romano* (19 de octubre de 2008), 1.
18. *Ibid.*
19. *Ibid.*
20. *Ibid.*
21. *Ibid.*
22. *Ibid.*
23. Propuesta 46.
24. Propuesta 47.
25. Benedicto XVI, "Mensaje al Pueblo de Dios de la XII Asamblea General Ordinaria del Sínodo de los Obispos", 26 de octubre de 2008, *L'Osservatore Romano* (27–28 de octubre de 2008), 6.
26. Benedicto XVI, "Homilía de clausura", 779.

11

"Se les abrieron los ojos"

la Biblia y la oración, una meditación guiada

Eduardo C. Fernández, S.J.

∿

Introducción

El verano pasado, en la escuela donde trabajo, la Jesuit School of Theology en la ciudad de Berkeley, California, tuvimos una presentación para el Instituto Hispano de la versión castellana de mi primer libro, *La Cosecha: Teología hispana contemporánea en Estados Unidos (1972-1998)*.[1] Por medio de esta lectura, mi intención era darles una pequeña muestra de la teología que actualmente se está escribiendo por latinos en los Estados Unidos. Muchos de ellos no sabían que tal escritos existían, lo cual les suscitó mucho interés. Cuando terminé mi presentación, al final de un día académico sumamente lleno, los aromas de una pizza rica empezaban a llenar el salón. Les di las gracias por su tiempo e interés, no previendo lo que sucedería posteriormente. En vez de empezar a cenar querían compartir, porque se habían sentido tocados profundamente por este tipo de teología. Básicamente lo que se comentó es que se identificaron mucho con el sufrimiento que los escritos reflejaban, pero también a la vez, con la luz y la esperanza de la Resurrección que habían vencido la oscuridad del pecado y del racismo que habían vivido al venir a este país.

Al contemplar lo que había sucedido, espontáneamente comencé a preguntarme "¿por qué esta respuesta tan impactante emocionalmente, aún, en el caso de algunos, acompañada por lágrimas?" Un conversación con otra profesora, la Hermana Teresa Maya-Sotomayor, C.C.V.I., que justamente esa semana les había dado la historia de los católicos latinos en los Estados Unidos, me ayudó a ver que tal vista panorámica de su pasado les había permitido ubicarse entre ella porque su propia historia, en algunos casos una historia de mucho dolor, era en realidad sólo una parte de algo mucho más amplio, como el Misterio Pascual, una ubicación que les permitió ver cómo había estado actuando la gracia de Dios, no sólo en sus vidas particulares pero también en la comunidad entera.

Es en este sentido, como en el relato de Emaús, nos podemos situar desde la perspectiva de los dos caminantes a quienes el Señor se les aparece y comienzan a percibir, sentir, intuir una reacción emocional semejante a la presencia animosa del Jesús resucitado. "¿No es verdad que el corazón nos ardía en el pecho cuando nos venía hablando por el camino y nos explicaba las Escrituras?" (Lc 24:32).[2] Aquí el corazón, según algunos biblistas, además de incluir lo emocional también incluye el centro intelectual.

En el *Instrumentum Laboris* del Sínodo Episcopal que se llevó acabo el año 2008, los obispos enfatizan que la fe y el entendimiento no se oponen sino forman parte del mismo proceso,[3] o como aparece bellamente en el texto de Lucas, causan "que se les abrieran los ojos", como sucedió con los discípulos que habían estado sumamente desanimados (v. 31).

Algunos puntos sobre la Biblia y la oración[4]

Nuestro Dios siempre se nos está revelando. Llegamos a conocer a este Dios tierno especialmente por las palabras y los hechos de Jesús que se encuentran en los Evangelios. Dios también se revela en otras partes de la Sagrada Escritura. Además, se nos acerca por medio de la Iglesia, la extensión de Cristo en el mundo. Porque estamos unidos en Cristo, Dios también nos habla por medio de otras personas, igual que por medio de la creación. Dios, además, se comunica con nosotros mediante los eventos de nuestras vidas, esas cosas que nos pueden causar alegría o también se pueden presentar como retos, por ejemplo el nacimiento de un niño o la muerte de un ser querido. Antes de seguir con el tema en cuestión, dado el enfoque de mucho de estos ensayos, requiere algunas observaciones sobre los latinos y la Biblia.

Aunque podemos afirmar que los misioneros católicos que vinieron a América Latina, siendo personas de su tiempo, no promovieron activamente la lectura de la Biblia —tal lectura, en realidad, estando prohibida o sólo permitida con permiso— sabemos que no la ignoraron. Es más, algunos han hecho el argumento que la actividad misionara de la Iglesia católica siempre se ha centrado en la Biblia porque (1) la Sagrada Escritura ha servido para motivar los misioneros mismos; (2) los textos bíblicos siempre han jugado un papel importante en la liturgia de la Iglesia; y (3) la Biblia ha servido como un medio de evangelización, aunque sea una forma indirecta.[5] Sólo hay que recordar la popularidad de algunas prácticas populares en algunos países como las posadas y el Vía Crucis hecho en vivo, como ejemplos de cómo se dramatizan los cuentos bíblicos. En una forma semejante, varios elementos de nuestra cultura indígena se expresaban por medio de representaciones dramáticas de cuentos míticos. Hay una cierta rúbrica del cuerpo que nos recuerda que en gran parte lo que se aprende es lo que se vive por medio de los sentidos, un aspecto complementario al principio sacramental que enfatiza que Dios se hace presente por medio de símbolos y gestos sagrados.

Para el resto de este ensayo y para la meditación que incluye, me enfocaré en una forma de orar con la Sagrada Escritura dada por San Ignacio de Loyola en su manual de oración, los *Ejercicios espirituales*, escritos en el siglo XVI. Mientras sabemos que supo aprovechar las grandes tradiciones espirituales de su época, como la contribuciones bíblicas de los benedictinos y el carisma franciscano que integra toda la creación, aquí me enfocaré en una forma particular que él sugiere para orar con la Sagrada Escritura.

El método de San Ignacio en los *Ejercicios espirituales*

Una de las formas que sugiere el santo para la oración es algo que llama "contemplación". Mientras este término significa una variedad de cosas en la tradición mística cristiana, hay una forma específica que él le da para poder concentrarse en una cierta escena evangélica o semejante, una expresión por la cual la persona es invitada a ser parte de una escena o evento.

Como preparación para este tipo de oración él sugiere, como lo haría un director de cine, que tomemos el tiempo para componer los elementos del escenario. En lo que él ofrece como puntos o guías preparatorias para meditar sobre el misterio de la encarnación, por ejemplo, él sugiere lo siguiente en sus *Ejercicios espirituales* (*EE*): primero, tomamos un vistazo de los personajes. Él escribe: "aquí será necesario recordar cómo desde Nazaret salieron nuestra Señora, grávida casi de nueve meses, como se puede meditar píamente, asentada en una asna, y José y una ancila, llevando un buey, para ir a Belén, a pagar el tributo que César echó en todas aquellas tierras" (*EE* 111).[6] No importa si José y María en realidad viajaron con una ancila o sirvienta, algo no muy factible, dado su situación económica. La inclusión de ella permita que la persona, orando, pueda entrar (más plenamente) en el escenario. Exhortando al orante (a la oración) que incorpore el don de la imaginación, él además instruye a la persona a que visualice una representación mental del camino que va desde Nazareth hasta Belén. Él escribe: "considera la loncura y la anchura, si llano o si ventoso por valles o cuestas sea el tal camino; asimismo mirando el lugar o espelunca del nacimiento, cuán grande, cuán pequeño, cuán bajo, cuán alto, y cómo estaba aparejado" (*EE* 112).

La inclusión de la sirvienta presenta una oportunidad para que el ejerciente pueda integrarse más a la escena. Después de reconocer la presencia de la Virgen María, San José, la sirvienta y el Niño Jesús, San Ignacio describe lo que debería ser la actitud del que está orando: "haciéndome yo un pobrecito y esclavito indigno, mirándolos, contemplándolos, y sirviéndolos en sus necesidades, como si presente me hallase, con todo acatamiento y reverencia posible; y después reflectir en mí mismo para sacar algún provecho" (*EE* 114). Después añade cómo la persona debería considerar, observar, y contemplar lo que las personas están diciendo, o haciendo: "[…] mirar, advertir y contemplar lo que hablan; y reflictiendo en mí mismo, sacar algún provecho […] mirar y considerar lo que hacen, así como es el caminar y trabajar para que el Señor sea nacido en suma pobreza, y a cabo de tantos trabajos de hambre, de sed, de calor y de frío, de injurias y afrentas, para morir en cruz; y todo esto por mí. Después, reflictiendo, sacar algún provecho espiritual" (*EE* 115-16).

Esta contemplación activa de una escena sagrada es semejante a un San Francisco de Asís que amorosamente baja a Cristo crucificado de su cruz, aunque en realidad, ya está resucitado. Igual un San Antonio de Padua que disfrutaba la presencia del Niño Jesús en su brazos, aunque Jesús ya no era niño. Así mismo, Santa Teresa de Ávila declaraba que su forma favorita de meditar era contemplar a Jesús agonizante en el huerto. Respecto a estos ejemplos del uso de la imaginación para orar, dice el Padre Anthony de Mello, que fue un Jesuita de la India, que la verdad, o el misterio, siempre es mucho más grande que un detalle histórico y que esta forma de orar nos puede dar mucho fruto en ayudarnos a ponernos en contacto con Dios.[7] Descartar esta posibilidad de un encuentro sagrado con el Dios que siempre nos está invitando a descansar en sus brazos, es caer en la trampa de las personas que, según el Padre de Mello, están "tan enamoradas de la verdad de la historia que pierden la verdad del misterio. La verdad para ellos está sólo en la historia, no en la mística".[8]

Es precisamente con este espíritu que deseo invitarlos a ustedes, lectores, a contemplar el bello relato de San Lucas sobre lo que pasa con los discípulos desanimados que se encuentran abandonando Jerusalén rumbo a Emaús, ese primer domingo de Resurrección. En la preparación de esta meditación guiada, utilizaré varios autores; no obstante, haré caso omiso de ellos en aras de la fluidez del relato.[9]

Un ejercicio inicial

Como estudiante universitario más de treinta años atrás, recuerdo la fuerza de la frase perspicaz de San Juan de la Cruz que equivale a "el momento está preñado con Dios". De veras, ¿será que Dios está tan cerca como el aire que respiramos, estemos conscientes o no, y que simplemente reconocer el momento del presente nos da esa oportunidad de sentirlo?

A pesar de esta posibilidad, de esa gracia, nuestras mentes muchas veces siempre están corriendo a una velocidad rapidísima y no es fácil tranquilizarnos y reconocer la presencia de Dios en el momento. Una gran ayuda que he encontrado para ayudar a otros a aprender a orar en esta forma, además de servirme a mí mismo, es dejar que los sentidos nos ayuden a relajarnos, sacándonos fuera de nuestras cabezas. La fórmula es muy sencilla: nos relajamos cuando llegamos a nuestros sentidos, cuando "tomamos plena conciencia, en la medida de lo posible de nuestras sensaciones corporales, de los sonidos a nuestro alrededor, de nuestra respiración, del sabor de algo en nuestra boca".[10] Para ayudarnos a contemplar el relato de Emaús, primero te voy a guiar a través de un ejercicio de la conciencia de la sensación corporal, tomado del jesuita Anthony de Mello:

> Sitúate en una posición que te resulte cómoda y relajante. Cierra los ojos… Voy a pedirte que te hagas consciente de determinadas sensaciones corporales que sientes en estos momentos, pero de las que no te das cuenta de manera refleja… Cae en la cuenta del roce de tu ropa en tus hombros… Ahora del contacto que se produce entre tu ropa y tu espalda, del contacto de tu espalda con el respaldo de la silla en la que estás sentado… Percibe la sensación de tus manos cuando se juntan o reposan en tu regazo… Hazte consciente de la presión que tus muslos y nalgas ejercen sobre la silla… Cae en la cuenta de la sensación de tus pies al tocar los zapatos… Ahora hazte consciente reflejamente de la postura en la que estás sentado… De nuevo: tus hombros… tu espal-

da… tu mano derecha… tu mano izquierda… tus muslos… tus pies… la posición en que estás sentado…

Otra vez: hombros… espalda… mano derecha… mano izquierda… muslo derecho… muslo izquierdo… pie derecho… pie izquierdo… tu posición en la silla.

Continúa girando en torna a ti mismo, pasando de una parte de tu cuerpo a otra. Procura no detenerte en cada parte durante más de dos minutos, hombros, espalda, muslos, etc. Pasa continuamente de uno a otro…

Puedes concentrarte en las partes del cuerpo que y he mencionado o en aquellas partes que tú desees: cabeza, cuello, brazos, tórax, estómago… Lo verdaderamente importante es que llueves a captar el sentir, la sensación de cada parte; que la sientas durante uno o dos segundos y que pases a otra parte del cuerpo…[11]

Una meditación guiada sobre el episodio del camino a Emaús

Sigue tranquilizándote, suavemente dejando el Señor que conduzca tus pensamientos. No estés apurado sino deja que poco a poco, el escenario se presente frente a ti antes de que empieces a componerlo. Imagina el camino de Jerusalén al pueblo de Emaús. ¿Cómo es, empinado o plano? ¿Desértico o verde y exuberante como una selva? ¿Hay árboles a los lados? ¿Casas? ¿Cuál es la temperatura este día de primavera?

Haber preparado la escena, deja que se llene de vida. Nota que vienen dos discípulos platicando vigorosamente por el camino. ¿Qué apariencia traen? ¿Son hombres, mujeres, quizá padre e hija? ¿Esposo y esposa? ¿Cómo visten? ¿Qué ves en sus rostros? ¿Puedes escuchar lo que están comentando? ¿Por qué se ven tan afligidos? No basta con que veas todo el escenario desde fuera, como si fuese una película en una pantalla. Todo lo contrario, participa en ella. ¿Qué estás haciendo allí? ¿Por qué has venido a este lugar? ¿Cómo te sientes al ver la escena y entrar en la actividad del día? ¿Hablas con alguien? ¿Con quién?

Poco a poco te das cuenta que el extranjero ha entrado en la conversación. ¿Cómo viene vestido? ¿Cómo es su voz? Te llama la atención de que no tiene la menor idea de los eventos que han sucedido recientemente en Jerusalén. ¿Cómo es posible de que no sepa de Jesús de Nazaret, el profeta, y lo que le pasó en la gran ciudad, que no sepa de sus palabras tan poderosas y de su fin trágico? ¡Y aunque no supiera de este extranjero llamado Jesús el Nazareno que fue entregado a la muerte por los sumos sacerdotes y gobernantes! "Nosotros teníamos la esperanza de que él sería el que había de libertar a la nación de Israel. Pero ya hace tres días que pasó todo esto. Aunque algunas de las mujeres que están con nosotros nos han asustado, pues fueron de madrugada al sepulcro, y como no encontraron el cuerpo, volvieron a casa y cuentan que unos ángeles se les han aparecido, y les han dicho que Jesús vive. Algunos de nuestros compañeros fueron después al sepulcro y lo encontraron tal como las mujeres habían dicho, pero a Jesús no lo vieron" (vv. 21–24).

El extranjero reacciona a este relato con mucha pasión: "¡Que faltos de compresión son ustedes y que lentos para creer todo lo que dijeron los profetas! Acaso no tenía que sufrir el Mesías estas cosas antes de ser glorificado?" (vv. 25–26). ¿Qué sientes al oír el extranjero decir estas palabras? ¿Qué efecto tiene sobre ustedes lo que están escuchando? ¿Ha cambiado su tono de voz? Escuchen atentamente como él continúa, explicando lo que se había dicho sobre el Mesías en las Escrituras, empezando con los libros de Moisés y los escritos de los profetas. De nuevo, ¿cuáles son tus sentimientos al escucharlo, viendo cómo él va explicando las escrituras? ¿Puedes notar lo que los demás están sintiendo?

Llegando al pueblo de Emaús, parece que el extranjero seguirá mas adelante. ¿Qué hacer? Inmediatamente, los discípulos lo detienen rogándole, "Quédate con nosotros, porque ya es tarde. Se está haciendo de noche". Él acepta la invitación y se sienta en la mesa contigo y con los demás. Él toma el pan en sus manos morenas, dice la bendición, lo parte, y lo comparte.

Pero este gesto poderoso, esta fracción del pan, ha despertado algo en los discípulos que comparten la mesa contigo. ¿Será la memoria de tantas cenas significativas? Quizá recordaron en ese instante lo que Jesús les había dicho sobre como el compartir los alimentos con los marginados sería una señal que el reino en realidad había llegado. Ahora, ellos estaban haciendo exactamente esto al ofrecerle hospitalidad al extranjero. Quizá, las cosas no estaban tan pésimas como parecían algunas horas atrás, antes de encontrar ese extranjero misterioso en el camino a Emaús. Todos estos pensamientos están pasando por tu mente cuando levantas la vista y notas el asombro en los rostros de los discípulos. ¡Han reconocido a Jesús en la fracción del pan! Al hacerlo, él se les desaparece.

El cuarto no puede contener su entusiasmo. "¿No es verdad que el corazón nos ardía en el pecho cuando nos venía hablando por el camino y nos explicaba las Escrituras?" (v. 32). Tú también recuerdas lo que sentías cuando Jesús explicaba las escrituras. La decisión rápidamente se hace para regresarse a Jerusalén, esa ciudad grande e impersonal que era testigo de la muerte de Jesús. Al regresar al camino, esta vez rumbo a Jerusalén, te encuentras cautivado en conversación con estos testigos sobre lo que había pasado esa tarde. ¿Qué podrá significar todo esto? ¿Será en realidad que por medio de su interés en brindar hospitalidad a un extranjero, la tristeza de estos discípulos, su insensatez y lentitud de corazón se había ido transformado en alegría, comprensión y compromiso renovado al camino de Jesús?[12]

Ellos siguen caminando impacientes y gradualmente, tú te encuentras supuestamente solo. Pero realmente no, porque el mismo Jesús ha venido a caminar contigo. Al inicio, no dice mucho pero, poco a poco, te involucra en una conversación. Habla con él sobre lo que has vivido esta tarde. ¿Y tú? ¿Hay algún desánimo destructivo del cual necesitas redención? ¿Algo físico, emocional, o espiritual? ¿Será posible que él te está invitando a encontrarlos en los demás? ¿Quiénes serán estas personas? Habla con Jesús sobre todo esto. ¿Qué te dice? Pasa un tiempo en oración silenciosa en la compañía de Jesús.

Conclusión

Los grandes maestros de esta y otras formas similares de oración nos recuerdan que no deberíamos desanimarnos si, por alguna razón, no podemos hacer este tipo de oración. Mientras es verdad que las personas muchas veces mejoran en ella al practicarla, últimamente es Dios que les concede la habilidad de orar en esta forma; además, se sabe que las personas no oran todas en la misma forma. En momentos cuando sentimos que no podemos orar, dejemos que las palabras del gran apóstol San Pablo en el octavo capítulo de la Carta a los Romanos nos dé ánimo y consuelo: "De igual manera, el Espíritu nos ayuda en nuestra debilidad. Porque no sabemos orar como es debido, pero el Espíritu mismo ruega a Dios por nosotros, con gemidos que no pueden expresarse con palabras. Y Dios, que examina los corazones, sabe qué es lo que el Espíritu quiere decir, porque el Espíritu ruega, conforme a la voluntad de Dios, por los que le pertenecen" (Rm 8:26–27).

Igualmente, la palabra de Dios rendirá sus frutos a su propio tiempo y Dios nos hablará cuando y como Dios escoja.

Así como la lluvia y la nieve bajan del cielo,
Y no vuelven allá, sino que empapan la tierra,
la fecundan y la hacen germinar,
y producen la semilla para sembrar
y el pan para comer,
así también la palabra que sale de mis labios
no vuelve a mí sin producir efecto,
sino que hace lo que le doy. (Is 55:10–11)

¡Qué nunca dejemos de confiar en esta promesa!

〜

Notes

1. Eduardo C. Fernández, S.J., *La Cosecha: Teología hispana contemporánea en Estados Unidos (1972–1998)* (México: Obra Nacional de la Buena Prensa, A.C., 2009). En inglés, *La Cosecha: Harvesting Contemporary United States Hispanic Theology (1972–1998)* (Collegeville, MN: Liturgical Press, 2000).
2. Las citas bíblicas están tomadas de la traducción *Dios habla hoy: la Biblia con Deuterocanónicos, Versión popular* (Nueva York: American Bible Society, 1979).
3. Sínodo de Obispos, XII Asamblea General Ordinaria, *Instrumentum Laboris* (11 de mayo de 2008), 26, http://www.vatican.va/roman_curia/synod/documents/rc_synod_doc_20080511_instrlabor-xii-assembly_sp.html.
4. Algunas de estas ideas vienen de la hojita "Praying with Scripture" escrita por Armand M. Nigro, S.J., y John F. Christensen, S.J., s. f.
5. Ver Timonthy A. Lenchak, S.V.D., "The Function of the Bible in Roman Catholic Mission", en *Scripture, Community, and Mission: Essays in Honor of D. Preman Niles*, ed. Philip L. Wickeri (Hong Kong y London: Christian Conference of Asia and the Council for World Mission, 2002), 3. Aquí Lenchak se respalda en la conclusiones de Eric Fenn.
6. *Ejercicios espirituales de San Ignacio de Loyola, Edición del Autógrafo preparada por Santiago Arzubialde, S.J.* (Bilbao, España: Ediciones Mensajero, S.A., 1991). Todas las citas de los *EE.* son tomadas de esta versión.
7. Anthony de Mello, S.J., *Sahhana: un camino de oración* (Santander, España: Editorial Sal Terrae, 1979), 89–95.

8. *Ibid.*, 92–93.

9. Entre los autores consultados están Luke Timothy Johnson, *The Gospel of Luke,* Sacra Pagina 3 (Collegeville, MN: Liturgical Press, 1991); Robert J. Karris, O.F.M., "The Gospel According to Luke", en *The New Jerome Biblical Commentary*, ed. Raymond E. Brown, S.S., Joseph A. Fitzmyer, S.J., y Roland E. Murphy, O.Carm. (Englewood Cliffs, NJ: Prentice Hall, 1990), 675–721; y Gustavo Gutiérrez, *Compartir la Palabra a lo largo del Año Litúrgico* (Lima, Perú: Instituto Bartolomé de Las Casas y Centro de Estudios y Publicaciones, CEP, 1995), 132–33.

10. De Mello, *Sadhana*, 17.

11. *Ibid.*, 15–16.

12. Karris, "The Gospel According to Luke", 721.

"Le explicó la Escritura"

la Biblia y la predicación

Jorge L. Presmanes, O.P.

~

Aquel mismo día dos discípulos se dirigían a un pueblecito llamado Emaús, que está a unas siete millas de Jerusalén, e iban conversando sobre todo lo que había ocurrido. Mientras conversaban y discutían, Jesús en persona se les acercó y se puso a caminar con ellos, pero algo impedía que sus ojos lo reconocieran.

—Lucas 24:13–16

Introducción

Recordando la experiencia de los discípulos de Emaús, encontré a Cristo resucitado a mi regreso de un viaje a Cuba. Delante de mí, cerca ya de los últimos trámites de chequeo de seguridad en el aeropuerto de La Habana, había un joven adolescente con su madre. Me sentí conmovido por el amor y la ternura que ella demostraba, así como acariciaba el rostro lloroso de su hijo y la forma cómo él se aferraba a ella como si de esa manera pudiera retardar el dolor de la separación que pronto se llevaría a cabo. Cuando llegó el momento para él de llegar al control de seguridad, el joven muchacho trató infructuosamente de decir su último adiós pero el dolor y la pena lo superaron.

Enjugándose suavemente las lágrimas con sus dedos y mirándole directamente a los ojos, la madre del muchacho le gritó: "No te preocupes, mi hijo, Dios va contigo". Cuando vuelvo la mirada atrás y recuerdo esta experiencia tan memorable me doy cuenta que ante mis ojos y en la persona de la madre del adolescente está Cristo resucitado, llamando a su hijo a la

212 ~ La Palabra de Dios y los católicos latinos

creencia en un Dios amoroso y compasivo, quien siempre está a su lado. Las palabras de la madre llenas de fe con las cuales ella espera poder confortar a su hijo, que enfrenta los retos de la vida sin su guía y apoyo en una tierra lejana, nos presenta la fe de muchos de los miembros de la comunidad latina, que Dios camina junto a nosotros cada jornada de nuestra vida.

Para mí, el acto de fe que se llevó a cabo ante mí en la zona de control de seguridad del aeropuerto fue un momento de la propia revelación de Dios y un ejemplo dramático de la experiencia humana como fuente primaria para la predicación cristiana.[1]

El paradigma de la teología de la predicación ofrecido en las páginas que vienen a continuación se descubre en el encuentro de María Magdalena con el Señor resucitado en el amanecer del primer día de la Pascua.

> Jesús le dijo: "Suéltame, pues aún no he subido al Padre. Pero vete donde mis hermanos y diles: Subo a mi Padre, que es Padre de ustedes; a mi Dios, que es Dios de ustedes". María Magdalena se fue y dijo a los discípulos: "He visto al *Señor* y me ha dicho esto". (Jn 20:17–18)

El ministerio de la predicación de la Iglesia dio comienzo con quatro palabras: "He visto al Señor". Al igual que María Magdalena junto al sepulcro, los dos discípulos, en su caminar hacia Emaús, se encuentran con Cristo resucitado. Cuando finalmente se dieron cuenta que el forastero que les acompañó durante su caminar era el Señor resucitado, reaccionan como María Magdalena. Regresan de inmediato a Jerusalén y cuentan a los discípulos. "Ellos, por su parte, contaron lo sucedido en el camino y cómo lo habían reconocido al partir el pan" (Lc 24:35).

El testimonio de que el Señor ha resucitado y que se presentó en medio de ellos, le dio a esos discípulos desconcertados la fuerza para perseverar alegremente en la misión escatológica con la cual ellos se han comprometido. Hoy en día, la predicación cristiana nacida de la presencia de Cristo resucitado en nuestro medio continúa creando la esperanza que anima a los discípulos a seguir trabajando en la construcción de la Iglesia y del Reino de Dios como fue anunciado y predicado por el Señor Jesús.

Mary Catherine Hilkert indica correctamente que predicar es dar a conocer y señalar la presencia de Cristo resucitado en la experiencia humana.[2] La predicación que está enraizada en la auto-revelación de Dios en la experiencia humana reta la formación que muchos predicadores, incluyéndome yo mismo, han recibido. Lo que nos han enseñado en la formación del seminario es lo que podríamos definir como un método de adaptación que comienza con el texto de la Escritura y su exégesis. La fe tradicional, revelada en el texto, es adaptada o traducida de forma tal que pueda ser comunicada en forma efectiva a una comunidad cultural específica. Robert Schreiter sostiene que la adaptación como práctica ministerial es "inadecuada ya que es simplista y demasiado estática para comprender la cultura —en caso de que la cultura puede ser fácilmente comprendida como para que una adaptación pueda ser llevada a cabo, y éste es el proceso que se lleva a cabo una vez y por todas en una cultura que no cambia".[3] De aquí que sugiero que predicar no consiste en adaptar el significado de las Escrituras a un contexto contemporáneo. Sin embargo, abogo por una predicación inculturada que es fruto del diálogo entre una comunidad cultural específica y una tradición creyente.

En las páginas que siguen presento una teología práctica inculturada en la comunidad latina de predicación litúrgica en tres etapas. Comienzo con un somero esbozo de un método latino práctico de teología. En un segundo momento aplico este método a la práctica de la predicación litúrgica. Finalmente ofrezco algunas sugerencias prácticas para los predicadores de la comunidad latina que he desarrollado a través de mi propia experiencia.

Teología práctica latina

Desde un primer momento, la finalidad fundamental de los llamados *Encuentros* y de la metodología de la planificación pastoral hispana era la de que los diversos ministerios respondieran directamente a la realidad concreta de los latinos y de que la participación de las bases en la planificación de los procesos pastorales debía ser prioritaria. La metodología fundamental del proceso de los *Encuentros* era uno que observaba la praxis como reflexión primera y final, y llevándolo a cabo, establecía una práctica teológica realizada desde los estratos más elementales de la historia y la experiencia humana. De acuerdo al documento *Encuentro y Misión* de la Conferencia de Obispos Católicos de los Estados Unidos, esta metodología permanece como un "discernimiento pastoral que se enfoca en las necesidades y aspiraciones de los creyentes, juzgando esta realidad a la luz de las Escrituras y la tradición y llevándonos a una acción transformadora".[4] Este proceso conocido popularmente como ver-juzgar-actuar-evaluar sigue siendo un método pastoral seleccionado por muchos en los Estados Unidos en la comunidad hispana.

Según yo lo veo, existen dos precondiciones para la efectividad de este círculo hermenéutico en la acción pastoral de la comunidad latina. Primero, el ministro-predicador-teólogo debe sentirse solidario con la comunidad. Por solidaridad me estoy refiriendo a *convivencia*, el compromiso concreto de servir con y en la comunidad. La segunda condición es de naturaleza teológica. El ministro-predicador-teólogo debe comprometerse a trabajar en un contexto eclesial comunitario que respete la dignidad de bautizados y del sacerdocio de todos los fieles. Sin un compromiso a la solidaridad y a la comunidad este grupo pastoral latino queda irreparablemente afectado.

Habiendo cumplido con las dos precondiciones, la primera acción a llevar a cabo es el *análisis de la realidad,* que significa un análisis multi-dimensional y compresivo, el cual consiste en un análisis comprensivo y multidimensional del ministerio y su localización social. Desde mi pers-pectiva, uno de las contribuciones más importantes de la reflexión teológica práctica latina/hispana es el énfasis que se da en un proceso comunitario que impulsa todas las etapas de la metodología. En consecuencia con las precondiciones previamente señaladas, esta teología práctica latina sostie-ne que el *análisis de la realidad* se ha de llevar a cabo no tan sólo por el ministro sino por el ministro junto con *la base* —los miembros de la comu-nidad. Como *Encuentro y Misión* nos recordaba, tenemos un proyecto con el pueblo, no para el pueblo.[5]

El segundo movimiento en el círculo pastoral es la etapa del *juzgar*. Esta etapa teórica consiste en un análisis crítico de la tradición teológica como conforma específicamente las cuestiones pastorales y los temas que surgen del *análisis de la realidad.* Los temas que surgen desde el diálogo entre la acción pastoral y la reflexión teológica en la segunda etapa son verificados y comprobados para una *ortodoxia* y una *ortopraxis.* Una vez los temas son comprobados y analizados se ponen en práctica en la praxis pastoral. En términos de la predicación, la praxis revisada es la predicación en sí misma. La etapa final es la evaluación comunitaria de la praxis ministerial revisada. El resultado de la evaluación entonces se convierte en un elemento integral de la praxis primero y entonces el proceso hermenéutico da inicio de nuevo.

Ver: la primera praxis en la predicación litúrgica

El proceso de *análisis de la realidad* de la fe comunitaria es crucial para el predicador por dos razones. Primera, permite una comunicación efectiva en la predicación en sí misma. La segunda razón es debida a que la comu-nidad en sí misma es un lugar de auto-revelación de Dios. El documento titulado *Fulfilled in Your Hearing: The Homily in the Sunday Assembly* (Cumplida en vuestra escucha: la homilía en la asamblea dominical) nos recuerda la importancia de un entendimiento comprensivo por parte de la comunidad en orden a anunciar eficazmente el mensaje evangélico:

> Creemos que es apropiado, esencial incluso, comenzar este tratamiento sobre la homilía dominical con la Asamblea más que con el predicador o la homilía, y esto es debido a dos razones principales. La primera de todas es que nosotros podemos señalar el gran énfasis que los teóricos de la comunicación le dan a un correcto entendimiento de la audiencia, si la comunicación se desea ser efectiva. A no ser que el predicador conozca lo que la congregación necesita, quiere o está dispuesta a oír, existe una gran probabilidad de que el mensaje presentado en la homilía no llene las necesidades de las personas que lo escuchan.[6]

A efectos de una comunicación efectiva, *Fullfilled in Your Hearing* reta al predicador para que utilice un acercamiento inculturado a la homilética que ubique la fe tradicional en una relación dialogal con la cultura de la asamblea.

El corazón de la inculturación está en el entendimiento comprensivo de la cultura. Orlando Espín correctamente define cultura como "la acumulación dinámica de todo lo que un grupo humano hace y crea material y simbólicamente con la finalidad de prolongar su vida en la historia dentro de unos contextos geográficos".[7] La cultura es una realidad que lo abarca todo que encuadra cada aspecto del conocimiento y la acción humana. "Ningún ser humano o sociedad", afirma Espín, "puede pensar en la posibilidad de existir sin una cultura. Este sueño en sí puede ser un ejercicio cultural, hecho realidad precisamente por la cultura de un soñador".[8] En consecuencia y en orden para que el predicador logre una efectiva comunicación del mensaje evangélico, es esencial un entendimiento comprensivo de la congregación a través de un análisis polivalente de la cultura de la asamblea.

El segundo socio en el diálogo en el proceso de inculturación lo es la fe tradicional. El gran experto en eclesiología, el dominico Yves Congar, define perspicazmente la fe como "la respuesta humana concreta a la llamada universal de Dios para participar en la creación de un nuevo orden mundial enraizado en el amor de Jesucristo a través del Espíritu Santo".[9] Congar sostiene que aunque la llamada de Dios a la Humanidad es universal, está

mediatizada por la peculiaridad de la cultura la cual puede ser callada o ma-
nipulada. Señala el dato de que la fe está necesariamente unida a la cultura:

> Las iniciativas reveladoras de Dios en una mano, y la fe la cual le res-
> ponde en la otra no existe excepto en concreto y de la manera como
> existen en los puntos de encuentro de tiempo y lugar, del contexto so-
> cial, de expresión. La respuesta de la fe no es la respuesta de cualquie-
> ra, de un sujeto humano concreto a menos que determinado, viva, se
> exprese en la carne de una humanidad concreta. Así la revelación y
> la Iglesia son católicas sólo en algo particular. "Particular" se opone a
> "general" pero no a "católico". Las realizaciones particulares o las ex-
> presiones de la Fe Católica son *"pars pro toto"*, *"totum in parte"*.[10]

Utilizando el concepto de Congar sobre la inculturación, la homilía litúrgica es por tanto el portavoz a través del cual Dios comunica su llamada universal en el contexto de la cultura propia de la asamblea. A diferencia de la
predicación como adaptación, un acercamiento inculturado a la predicación
no absolutiza aquellos elementos de la tradición que se modelaron en una
cultura y se transmiten a otra. En cambio, en el proceso de inculturación, fe
y cultura están ubicados en una relación de diálogo abierto. El fruto de este
diálogo es el enriquecimiento, no solamente de la comunidad que recibe la
predicación, sino también la tradición de fe que la predicación proclama.
En consecuencia, el *análisis de la realidad*, el *ver* en la etapa del proceso, es
fundamental si el predicador ha inculturado efectivamente la homilía.

De acuerdo a *Fulfilled in Your Hearing* la segunda razón principal por
la cual el proceso homilético comienza con la asamblea en vez de con el
predicador o la homilía es debido a que en la liturgia "la primera realidad es
Cristo presente en la Asamblea, el Pueblo de Dios".[11] La instrucción general
del misal romano subraya el lugar relevante que lleva a cabo la comunidad
cultual cuando afirma que "Cristo está realmente presente en la asamblea
litúrgica genuina reunida en su nombre, en la persona del ministro, en su
palabra, y por tanto sustancial y continuamente bajo las especies eucarísticas".[12] De aquí que el predicador comienza el proceso homilético con la
asamblea, no porque es fundamental para una comunicación efectiva, sino
porque es un lugar de la propia manifestación de Dios, es donde se encuentra la presencia del Señor resucitado.

Si la proclamación de María Magdalena: "He visto al Señor" o el recuento por parte de los dos discípulos de su experiencia en el camino de Emaús

es el paradigma de la predicación cristiana, entonces la homilía es la articulación de la presencia del Señor resucitado entre nosotros. He argumentado que la primera y fundamental función del *análisis de la realidad* en la etapa del *ver* de este método en la predicación es la de buscar la propia revelación de Dios en la única y particular cultura de la fe comunitaria. Pero este proceso no lo puede llevar a cabo solamente el predicador. Debe darse un proceso colaborador entre el predicador y *la base*, la comunidad de fe a nivel más simple.

Juzgar: la reflexión teológica en la predicación litúrgica

Según yo lo observo, son dos los textos primarios que conforman el hecho de la predicación: las Escrituras y el rito litúrgico. Pero estos textos se pueden convertir en incomprensibles para la asamblea, a no ser que se lean desde el prisma de la congregación. Fernando Segovia se refiere a este dato hermenéutico como la lectora "de carne y hueso" del texto.[13] Él sostiene correctamente que el lector de carne y sangre del texto —o en el contexto de la liturgia el oyente de la palabra— debe ser introducido en la praxis de la crítica bíblica ya que el contexto de la lectura del texto bíblico es inseparable del texto mismo.

El predicador enfoca los textos de la Escritura a través de una óptica ofrecida por las ideas comunes recopiladas en la etapa metodológica del *ver*. Al acercarse al texto desde la óptica de la asamblea, el trabajo exegético del predicador debe utilizar el método histórico-crítico de interpretación bíblica pero siempre con la conciencia de que el texto en sí mismo se haya no justa ni primariamente en su forma escrita sino en la "relación que se crea entre el lector, el escritor y el texto [escrito]".[14] El otro texto que conforma el hecho de la predicación y cómo el texto bíblico es interpretado es el rito litúrgico en el cual la Palabra es proclamada y predicada.

Al igual que en la crítica bíblica, la liturgia no se celebra en el vacío. Alguien está utilizando los textos litúrgicos de la Iglesia en un determinado lugar, tiempo y momento en la historia. Debido a la seguridad y particularidad del tiempo y la cultura, ninguna otra comunidad tiene o va a rezar el texto litúrgico de manera exactamente igual. Junto con la lectura de la Escritura, el predicador debe estudiar y hacer exégesis del rito —la oración colecta, el prefacio, las fiestas que se celebran, el contexto del año litúrgico y los diversos elementos de la plegaria eucarística. Pero el texto litúrgico de la

Iglesia debe ser igualmente analizado a través del prisma de la experiencia vivencial de la asamblea. Para el predicador la exégesis del rito litúrgico es crucial ya que presenta la interpretación de los textos bíblicos en el contexto de la celebración litúrgica. El hecho de la predicación en sí es el fruto de los datos que se obtuvieron del diálogo entre "nuestra narrativa", la "narrativa bíblica" y la "narrativa ritual".

Un elemento importante en la etapa teórica del proceso homilético es la verificación de las ideas que forman el flujo de la lectura contextual tanto de las Escrituras como del rito. Los detractores del enfoque de la teología contextual presentado aquí, la critican por ser demasiado subjetiva. No hay duda que la subjetividad no crítica es deprimente para la validez de este método teológico. Como salvaguardia contra la subjetividad radical, la lectura contextual de los textos debe ser verificada. De nuevo vuelvo a la erudición de Orlando Espín para buscar luz en este importante elemento en la etapa del proceso de *juzgar*.

La investigación de Espín sobre la religión popular hispana como lugar de revelación sugiere que las intuiciones llenas de fe que son la base de la piedad popular deben ser verificadas a través de un doble test. Primero las intuiciones deben ser *ortodoxas*; esto significa decir de que deben ser totalmente consistentes con la enseñanza magisterial de la tradición cristiana, el trabajo de la comunidad teológica y el desarrollo histórico de la interpretación bíblica. La segunda verificación es *ortopraxis*. El test para la ortopraxis asegura que las intuiciones teológicas son consistentes con las demandas éticas del evangelio.[15] En otras palabras, y desde el contexto homilético, el predicador debe asegurarse que las intuiciones que fluyen de la lectura contextual de ambas partes, la Biblia y el ritual, deben ser consistentes con la ética cristiana que fomenta la participación del pueblo creyente en la edificación del Reino de Dios.

Actuar y evaluar: la predicación y su evaluación

Cuando el método latino/a de teología práctica se aplica al ministerio de la predicación litúrgica, la praxis revisada es predicar desde el elemento más elemental de la cultura lo cual es la consecuencia del diálogo entre la experiencia concreta de la asamblea litúrgica y las tradiciones bíblicas y teológicas. Mientras los elementos teóricos en la segunda etapa del círculo hermenéutico práctico son evaluados en términos de ortodoxia y ortopraxis, la

homilética en sí misma debe ser evaluada y verificada. Éste es el compromiso una vez más del compromiso de colaboración entre el predicador y los
miembros de la comunidad.

Durante once años he sido el párroco de una parroquia latina en Miami.
Durante gran parte de ese tiempo tuve un "equipo preparador de homilías",
el cual demostró ser invaluable en la implementación del método de predicar tal cual he expuesto. El equipo que estaba formado por seis a ocho
miembros de entre la congregación se reúne cada lunes en la noche y tiene
dos objetivos: evaluación y preparación. La primera responsabilidad de este
equipo era la evaluación de la homilía del día anterior. En esta parte de la
reunión se afrontan las siguientes preguntas: ¿La homilía enfocó adecuadamente las lecturas bíblicas? ¿Estuvo la homilía efectivamente inculturada en
el contexto cultural de la asamblea? ¿Le permite a la asamblea escuchar la
llamada de Dios y responderla desde la fe? ¿El predicador confrontó la realidad de la comunidad? ¿Fue la presencia de Cristo resucitado revelado en
la comunidad correctamente identificado y dado a conocer en la homilía?

Las respuestas a estas preguntas se convierten en sustancia para el "*análisis de la realidad*", cuando el proceso del círculo pastoral comienza de
nuevo. Y da comienzo en la auténtica reunión de preparación de la homilía. En esencia, la reunión se convierte de un equipo evaluador a una
comunidad hermenéutica. En este momento de la reunión los miembros
—quienes ya han leído las lecturas del domingo siguiente— se vuelven
en lectores de "carne y hueso" de los textos bíblicos. Aquí responden a
las siguientes preguntas: ¿Qué dicen los textos acerca de Dios? Desde la
perspectiva de la comunidad, ¿cuál es el sentido del texto? ¿Cuáles son las
exigencias éticas del texto? A la luz de estos datos acerca de Dios y de la
praxis cristiana, ¿dónde se muestran de forma visible actualmente en la comunidad? ¿Cómo puede el predicador comunicar estos datos en tal forma
que la asamblea pueda captar y responder desde la fe? Equipado con esta
información recibida de parte de los miembros del equipo, el predicador
procede a preparar la homilía con el armazón del método en predicación
delineado más arriba.

Conclusión

Cuando el círculo pastoral latino/a es adoptado/a para la predicación litúrgica, el proceso homilético se convierte en una búsqueda del tesoro

escondido que se encuentra en la yuxtaposición de la presencia de Cristo resucitado en nuestro propio contexto histórico y en la tradición de la fe como aparece revelada en las Escrituras y en el rito litúrgico. Contemplando la praxis de predicación de los primeros discípulos, la predicación que es el producto del círculo pastoral latino es una en la cual la recompensa del tesoro es revelada a la comunidad de fe. A lo largo de los años he buscado y experimentado con diversos estilos homiléticos y teologías de la predicación, pero todavía tengo que encontrar alguno que sobrepase aquéllo que María Magdalena hizo aquella mañana del domingo y lo que los dos discípulos en el camino de Emaús hicieron una vez que reconocieron al Señor en el partir el pan. Se presentaron ante la comunidad de los discípulos y les contaron las historias esperanzadoras de sus encuentros con el Cristo resucitado.

~

Notes

1.   Jorge Presmanes, "The Juxtaposition of Dangerous Memories: Toward a Latino Theology of Preaching", en *Preaching and Culture in Latino Congregations*, ed. Kenneth Davis y Jorge Presmanes (Chicago: Liturgy Training Publications, 2000), 26.

2.   Mary Catherine Hilkert, "Naming Grace: A Theology of Proclamation", *Worship* 60 (septiembre 1986): 434. Vea también: Mary Catherine Hilkert, *Naming Grace: Preaching and the Sacramental Imagination* (New York: Continuum, 1997).

3.   Robert Schreiter, "Faith and Cultures: Challenges to a World Church", *Theological Studies* 50 (deciembre 1989): 746.

4.   United States Conference of Catholic Bishops, *Encuentro & Mission: A Renewed Pastoral Framework for Hispanic Ministry* (Washington, DC: United States Conference of Catholic Bishops, 2002), 21.

5.   *Ibid.*

6.   National Conference of Catholic Bishops Committee on Priestly Life and Ministry, *Fulfilled in Your Hearing: The Homily in the Sunday Assembly* (Washington, DC: National Conference of Catholic Bishops, 1982), 3–4.

7.   Orlando Espín, "Grace and Humanness: A Hispanic Perspective", *Journal of Hispanic/Latino Theology* 2, no. 2 (1994): 134.

8.   *Ibid.*, 135.
9.   Yves Congar, "Christianity as Faith and Culture", *East Asian Pastoral Review* 18, no. 4 (1981): 304.
10. *Ibid.*, 305. Traducción del latín: "la parte por el todo", "el todo en la parte".
11. *Fulfilled in Your Hearing*, 4.
12. Instrucción general del misal romano (3ª edición típica, 2002), § 27.
13. Fernando Segovia, "Toward a Hermeneutics of Diaspora: A Hermeneutics of Otherness and Engagement", en *Reading from This Place: Social Location and Biblical Interpretation in the United States*, ed. Fernando Segovia y Mary Ann Tolbert (Minneapolis: Fortress, 1995), 57.
14. Ada María Isasi Díaz, "By the Rivers of Babylon: Exile as a Way of Life", en *Reading from This Place*, 151.
15. Orlando Espín, "Tradition and Popular Religion: An Understanding of the Sensus Fidelium", en *Frontiers of Hispanic Theology in the United States*, ed. Allan Figueroa Deck (Maryknoll, NY: Orbis Books, 1992), 65–66.

13

La fundación de un instituto diocesano de Sagrada Escritura

Felix Just, S.J.

∼

Introducción

La Biblia tiene una importancia vital en la Iglesia. Por eso, quien tenga intención de establecer un "Instituto Diocesano de Sagrada Escritura" debe ser reconocido y apoyado. Sin embargo, antes de pensar en *cómo* puede llevarse a cabo esta idea es preciso entender claramente *por qué* se necesita algo así. La exploración inicial requiere una cuidadosa reflexión sobre las siguientes preguntas: ¿Cuál es el motivo para emprender tal aventura? ¿Qué necesidades han inspirado esta idea? ¿A quienes pretendemos servir? ¿Cuál es el propósito o la meta que contempla este esfuerzo pastoral? La claridad que tengamos sobre las necesidades particulares y los frutos deseados nos ayudarán sobremanera al determinar la naturaleza, el alcance y la estructura del instituto bíblico que una diócesis quiera establecer.

Indicar las metas generales puede, de momento, parecer fácil. La Iglesia de Cristo está fundamentada en la Palabra de Dios, pero, no Palabra de Dios entendida en el sentido estricto, como la Biblia impresa, sino más bien como Verbo Encarnado, Jesús, el Verbo Divino hecho carne. Por lo tanto, para ayudar a los católicos romanos a descartar un énfasis fundamentalista que considere únicamente la Biblia se necesita un entendimiento sólido de la trilogía Revelación, Tradición y Escritura (como lo expresa *Dei Verbum*, la Constitución Dogmática sobre la Divina Revelación del Concilio Vaticano Segundo). Según la interpretación católica, las Sagradas Escrituras forman parte de una fuente más amplia a la que llamamos Tradición eclesial, la cual a su vez es parte de la realidad aún más abarcadora de la Revelación Divina, así que la mayoría de los líderes de la Iglesia estarán de acuerdo en

223

que una de las metas a alcanzar sería lograr que un mayor número de católicos lean la Biblia más a menudo, la entiendan mejor y la integren más en todos los aspectos de la vida personal y pastoral (liturgia, oración, ministerios, etc.). Podemos ver, pues, cómo la pregunta del *por qué* rápidamente se convierte en la pregunta del *cómo*: ¿Cómo podemos ayudar a los americanos de hoy, con toda su diversidad cultural y lingüística, a aprender sobre las escrituras cristianas desde una perspectiva católica? ¿Qué pueden hacer las parroquias y las diócesis para promover estas metas? Yo sugiero que, para mayor efectividad, la discusión de estas metas no sea tratada por separado sino como parte de un plan más abarcador, un Plan pastoral diocesano.

Plan diocesano biblico-pastoral

En cuanto a promover un entendimiento más profundo y un mayor uso de la Biblia, algunas diócesis podrían empezar con unas metas más simples y modestas, mientras que otras podrían considerar metas más abarcadoras. Una meta inicial o limitada sería la de establecer, o tener disponible en cada parroquia, por lo menos, un grupo de estudio bíblico o de compartimiento de las Escrituras. Una meta más amplia podría ser promover más el uso de las Sagradas Escrituras en todos los grupos parroquiales y en todos los aspectos de la vida parroquial, no sólo en aquellos grupos cuya meta es el estudio de la Biblia. Una meta aún más abarcadora sería la de ayudar a todos los miembros de la parroquia para que pudieran entender la Biblia y se acostumbraran a usarla más a menudo por iniciativa propia, ya sea en sus hogares con sus familias como también en todos los aspectos sus vidas. Es necesario que se discuta el alcance de estas metas a corto y a largo plazo y se definan antes de establecer un nuevo programa a nivel diocesano.

Establecimiento de grupos parroquiales enfocados en la Biblia

La primera, y también la más limitada de las tres metas que se han sugerido anteriormente, es decir, la que indica que se asegure que cada parroquia de la diócesis o arquidiócesis cuente con algún tipo de grupo de estudio bíblico o de compartimiento de las Escrituras, constituiría ya un comienzo bueno y significativo especialmente donde son escasos los recursos y pocos los líderes preparados. Pero, ¿por qué tener *un solo grupo* por parroquia? Si la parroquia cuenta con un solo grupo de estudio bíblico cuyas reuniones son los jueves después de la Misa matutina, por ejemplo, entonces la mayoría de las personas nunca podrían asistir; sería, pues, ideal que cada parroquia tuviese muchos grupos, cada uno con diferente horario, en diferentes idiomas y si fuese posible, reunidos en distintos sitios. Cuanto mayor sea la parroquia, más grupos se necesitarían para hacer posible la asistencia de personas con diferentes rutinas, circunstancias e intereses. Algunos grupos se reunirían durante el día, mientras que otros por las noches, unos durante días entre semana, otros en los fines de semana, no sólo los sábados sino quizás también pudiera considerarse la posibilidad de reunirse los domingos entre las horas de las Misas o después de ellas.

Una parroquia que cuenta con varios grupos reuniéndose en diferentes momentos y hablando diferentes idiomas puede, aun así, fomentar el sentido de la unidad si cada grupo sigue el mismo plan básico. Por ejemplo, todos pueden concentrarse en las lecturas del domingo siguiente o todos pueden estudiar un determinado libro de la Biblia usando los materiales bilingües que ofrecen algunas editoriales tales como el *Estudio Bíblico de Little Rock*. Por otra parte, como las personas tienen diferentes intereses y también distintos modos de aprender, sería aún mejor contar con grupos que presenten diferentes metodologías: unos presentarían el estilo de la *Lectio Divina* compartiendo así las lecturas del Leccionario, otros lo harían a través de un enfoque estilo "canónico" (estudiando un libro de la Biblia a la vez), otros usarían los recursos del *Comentario Bíblico de Collegeville* y otros preferirían un enfoque más de naturaleza "teológica" o "temática" y usarían los recursos de los programas *Threshold Bible Study* o de *Seis Semanas con la Biblia*, por ejemplo.

Se necesitarán más facilitadores de grupo debidamente entrenados cuantos más grupos tenga la parroquia. Estos líderes puede que cuenten o no con títulos académicos en Estudios Bíblicos pero, por lo menos, deben haber adquirido algún conocimiento básico de la Biblia misma y del enfoque católico de la interpretación de las Escrituras, así como también entrenamiento y práctica en las destrezas que se necesitan para facilitar las interacciones en un grupo pequeño.

Promoción del uso de la Biblia en todos los grupos y actividades parroquiales

A partir del Concilio Vaticano Segundo, la Iglesia católica ha hecho más énfasis en la importancia de las Escrituras en la celebración de los Sacramentos, no sólo en la celebración de la Misa. Así también, el uso de la Biblia en las comunidades parroquiales católicas no debe estar circunscrito a lo que llamamos grupos de "estudios bíblicos" o "*Lectio Divina*", sino que todos los grupos y organizaciones parroquiales deben ser animados a incorporar las Escrituras de manera habitual en sus reuniones y actividades. Esto no sólo aplica al Consejo Parroquial, al Comité de Liturgia, al Equipo de Catecumenado o a otros ministerios específicamente catequéticos, sino también a los Caballeros de Colón, las damas del altar, los grupos juveniles, los ministerios de justicia social y a cualquier otro grupo de la parroquia. Uno pudiera esperar que todos esos grupos inicien y concluyan sus reuniones con una oración corta, pero aún más encomiable sería lograr la meta de que habitualmente incorporaran algo de la Escritura (alguna lectura bíblica breve) en todas sus oraciones, publicaciones, reflexiones, retiros u otros programas. Para lograr esta meta, no sólo el párroco, el equipo parroquial, y todos los encargados de cada ministerio deben estar concientizados, sino también podría pensarse en reunir y entrenar a personas que tengan la misión de servir precisamente como "Promotores de la Biblia" en su parroquia. Estos podrían ser voluntarios o miembros del equipo parroquial cuyo interés particular y responsabilidad fuera promover activamente el uso de las Escrituras en todos los grupos, ministerios y actividades de la parroquia.

Ayudar a todos los católicos a entender mejor y usar más la Biblia

Unas metas más abarcadoras a nivel diocesano ayudarían a los católicos a contrarrestar la fuerte atracción del fundamentalismo bíblico que es cada vez mayor. Estas metas lograrían que hubiera un conocimiento básico de la Biblia (no sólo en cuanto a su contenido e historia, sino en cuanto a la auténtica interpretación católica de las Escrituras) y que se animara a todos los fieles a leer y orar con la Biblia. Para llegar a esta meta ambiciosa y a la vez meritoria, una diócesis necesitaría hacer algo más que establecer un instituto bíblico; requeriría un esfuerzo más continuo y coordinado a nivel de la parroquia y de la diócesis y, además, la promoción activa y el apoyo por parte de los obispos diocesanos, los párrocos, las oficinas diocesanas y los equipos parroquiales. Por ejemplo, los editores de periódicos diocesanos y boletines parroquiales, ¿podrían incluir en sus publicaciones materiales más relacionados con la Biblia? Las parroquias, ¿podrían colocar Biblias en los bancos tal y como ahora colocan los cancioneros? ¿Podría estar la Biblia o el Libro de los Evangelios expuesto en cada Iglesia tal como lo está ahora el Sagrario o el Santo Crisma? Algunas de estas propuestas pueden sonar "muy protestantes" a muchos oídos católicos o pueden parecer difíciles de implementar, o muy costosas, pero debemos considerarlas seriamente si de veras queremos poner la mejor teología en la práctica o superar la vieja idea de que "la Biblia es para los protestantes y la Misa para los católicos".

Si los católicos de veras queremos demostrar que nuestra Iglesia está establecida sobre la Palabra de Dios (es decir, *ambos* Jesús *y* la Biblia y no sobre una falsa dicotomía), entonces necesitamos plantearnos lo que podemos hacer para asegurarnos que estamos dando a las Sagradas Escrituras la prominencia y atención que merece en todos los aspectos de la vida pastoral, no sólo presentándola en las lecturas de la Misa o en grupos de estudio bíblico diseminados por algunas parroquias.

Algunas consideraciones sobre la terminologia

Palabras y frases que parecen similares a veces tienen connotaciones diferentes y efectos distintos. Aunque las palabras *Biblia* y *escritura* sean intercambiables, *escritura* es en realidad un término más abarcador que puede referirse a las "sagradas escrituras" de otras religiones (el Islam, el budismo, el hinduismo, etc.) mientras que *Biblia*, estrictamente hablando, se refiere sólo a las "Sagradas Escrituras" de los judíos y los cristianos.

Más aún, debemos considerar seriamente cuáles grupos queremos establecer en nuestras parroquias, ya que las necesidades del pueblo y sus inclinaciones varían reflejándose en distintos intereses ya sea el estudiar, compartir o rezar con la Biblia y reflexionar. Estos grupos parroquiales, ¿van a ser llamados "Estudios Bíblicos" o "Compartir la Escritura"?, ¿están enfocados en "entrenamientos para el conocimiento de la Biblia" o en "oración a la luz de la Escritura"?, ¿van a usar el enfoque de la *Lectio Divina* o una metodología diferente? Cada una de estas alternativas presenta ventajas y desventajas que deberán ser evaluadas según las necesidades y estilos de cada comunidad.

Aunque probablemente "Estudio Bíblico" es el título más común, hay que hacer notar que, designándolos así, se hace un énfasis en la naturaleza académica de la experiencia, quizás, descuidando el aspecto de la oración y/o de la aplicación a la vida. El título "Compartir la Escritura" destaca explícitamente las dinámicas del grupo en detrimento, sin embargo, de un cuidadoso estudio exegético. Si el boletín parroquial invita a unirse a un grupo de "*Lectio Divina*", serán muchas las personas que no sepan qué clase de grupo es éste, ya que esta frase en latín todavía no es de uso común. Añadir el adjetivo "católico" haría estos títulos más largos pero, tal vez, sería necesario e importante para aclarar la confusión que existe al pensar que "Estudio Bíblico" es algo propio de los protestantes y también para destacar que nosotros los católicos leemos la Biblia de modo no fundamentalista.

Las mismas consideraciones sobre terminología y nombres aplican no sólo a los grupos de una parroquia particular sino a los programas de nivel diocesano. ¿Deberán llamarse "Instituto Católico Bíblico", "Escuela de Sagrada Escritura", "Programa Bíblico Diocesano", "Programa de Capacitación para el Estudio de la Biblia" o algo diferente? No quiero argumentar en contra o a favor de alguno de estos nombres pero me permito sugerir que los organizadores locales los consideren cuidadosamente, ya que el nombre que escojan y el lenguaje que usen afectarán significativamente la naturaleza del programa, ya sea que quieran hacerlo más académico o más pastoral. El nombre también tendrá repercusión sobre las personas que van a ser atraídas al programa y sobre lo que estos participantes puedan esperar lograr al final.

Naturaleza y metas de un instituto diocesano de Sagrada Escritura

La meta de un instituto a nivel diocesano no será establecida para lograr escrituristas profesionales, esto se logrará mejor a través de los programas de Licenciaturas y Doctorados que ofrecen las universidades, pero, aun así, diferentes clases de programas relacionados con la Biblia pueden incluirse bajo el concepto de un "Instituto Diocesano de Sagrada Escritura", cada uno con metas un tanto diferentes.

Cursos de verano e institutos bíblicos

Algunas diócesis y universidades católicas de este país ofrecen actualmente cursos de una o varias semanas durante el verano; algunos de éstos son cursos autónomos mientras que otros, bajo la modalidad de "institutos de verano", incluyen la oportunidad de hospedarse en el mismo campus, rezar y participar en las liturgias, compartir durante las comidas y tener otras actividades comunitarias. Algunos de estos programas se enfocan sólo en la Biblia mientras que otros ofrecen algunos cursos bíblicos dentro de una gama de temas teológicos y pastorales. Estos cursos e institutos están generalmente abiertos al público y pueden atraer personas de otras diócesis cercanas y de otros estados; la facultad a su vez no tiene que circunscribirse a la local sino que puede ser formada por profesores provenientes de otras áreas del país o de otros países. Aunque algunos de los estudiantes pueden ser personas para quienes los estudios bíblicos sean algo bastante nuevo, otros habrán recibido ya un entrenamiento extenso, de modo que vendrán con el propósito de continuar su educación o de ponerse al día, ya sea para su propio crecimiento y enriquecimiento en la fe o para mejorar su habilidad de dirigir grupos de estudio bíblico o de compartimiento de la Escritura. Los participantes pueden ser también sacerdotes y diáconos que deseen mejorar la fundamentación teológica de su predicación, así como también pueden ser ministros eclesiales laicos (lectores, catequistas, maestros escolares y otros) que deseen mejorar en el ejercicio de sus respectivos ministerios. Puede ser que la participación en dichos cursos e institutos de verano haya disminuido en los últimos años comparando con décadas anteriores, sin embargo, la necesidad de estos programas es actual y puede ser beneficioso que un número mayor de diócesis e instituciones académicas los ofrezcan en el futuro.

Entrenamientos breves para facilitadores de grupos en los programas de estudios bíblicos

Algunas diócesis elegirán sólo un programa tal como el *Estudio Bíblico de Little Rock* o la serie *Seis Semanas con la Biblia* y luego reclutarán y entrenarán tantos facilitadores de grupo como necesiten para servir como facilitadores en cada parroquia. Debido a que esta meta contempla un enfoque más específico, estos programas de entrenamiento son cortos, relativamente económicos y más fáciles de organizar y administrar que un programa de varios años que otorgue un certificado. Más aún, el hecho de ofrecer el mismo programa en todas, o, por lo menos, la mayoría de las parroquias de una misma diócesis al mismo tiempo, podría ser beneficioso. La diócesis ofrecería entonces breves entrenamientos para facilitadores una o más veces al año, de manera que se garantizara un mayor número de líderes capacitados y no se tuviera que esperar que cada parroquia entrenara sus propios facilitadores. Cada parroquia podría así ofrecer uno o más grupos de estudio bíblico que se reunieran a diferentes horas y distintos días de la semana, lo

cual haría posible que miembros de parroquias vecinas pudieran benefi-
ciarse de una variedad de opciones que les acomodara a sus horarios. Esta
modalidad es la misma de las Liturgias de Reconciliación Comunitarias que
se publican y se ponen a disposición de parroquias adyacentes durante los
tiempos de Adviento y Cuaresma. Si existe una buena coordinación, podrá
ofrecerse, a las parroquias de un mismo conglomerado o decanato, la oportunidad de asistir casi cualquier día entre semana o durante los fines de
semana, tanto durante el día como por las noches.

Progamas de certificado que comprometen durante varios años

Unas pocas diócesis o arquidiócesis llevan a cabo programas de entrenamiento bíblico más extensos y abarcadores a veces conjuntamente con algún colegio local o universidad capaz de otorgar Unidades de Educación
Continuada (CEU) o certificados al finalizar los cursos requeridos durante
varios años de estudio. En el capítulo 2 de este libro, Dr. Renata Furst se
refiere a dichos programas como "Programas bandera de educación bíblica". Estos incluyen los que se han ofrecido hace muchos años en Chicago,
Dallas, y Los Ángeles; son de alta calidad académica ya que reúnen a profesores capacitados y de renombre. Muchos de estos programas ponen gran
atención al desarrollo espiritual y a la formación de los participantes; desafortunadamente suelen ser costosos, especialmente si proveen transportación, hospedaje, comidas y estipendios para los instructores visitantes.
Aunque no todas las diócesis puedan ofrecer programas como éstos, tal
vez algunas más puedan establecerlo para que un número mayor de laicos
y religiosos católicos puedan habituarse a la lectura de la Biblia y puedan
ayudar a otros a hacerlo también.

Ya que yo mismo he sido instructor y miembro del equipo timón de dos
"Institutos Bíblicos Católicos" durante los pasados doce años (uno en la Arquidiócesis de Los Ángeles y otro en la vecina Diócesis de San Bernardino),
voy a basar mis comentarios principalmente en las experiencias que tuve
en estos institutos.[1] Los institutos bíblicos católicos en ambas diócesis com-
prenden tres años de estudio. En el primer año se enfoca el Antiguo Testamento, en el segundo el Nuevo y, durante el tercero, se tratan las destrezas
necesarias para la facilitación de pequeños grupos de estudio bíblico. Los
Ángeles y San Bernardino ofrecen estos institutos en inglés y en español.
Aunque las estructuras y contenidos de los programas en cada idioma son
bastante parecidos, se llevan a cabo por separado, bajo la guía de diferentes

coordinadores e instructores y con horarios distintos. Cada instituto se reúne un sábado al mes (sin incluir los veranos) desde las 9:00 a.m. hasta las 4:00 p.m. Los participantes se dividen en pequeños grupos para compartir, éstos constan de seis a ocho personas; cada mes un grupo se responsabiliza de dirigir una breve oración para comenzar la labor del día y otra para concluirla. Cada uno recibe lecturas que debe hacer como tarea (ya sean lecturas bíblicas o de los libros de texto), además, debe presentar cada mes una reflexión corta por escrito y otra, más extensa, cada semestre. Los institutos de Los Ángeles invitan a un instructor diferente cada mes (sólo algunos instructores participan en dos sesiones durante el mismo año), mientras que los institutos de San Bernardino invitan a dos instructores para el programa en inglés y otro dos para el programa en español, uno para enseñar el Antiguo y otro para enseñar el Nuevo Testamento respectivamente. Además de los instructores académicos cada instituto cuenta con un "equipo timón" que ayuda a los participantes, revisa y comenta los trabajos escritos y coordina el programa en su totalidad.

Durante el tercer año, el Practicum, se le presenta a los participantes varios recursos bíblicos y se tratan temas tales como estilos de aprendizaje de adultos, destrezas de facilitación de pequeños grupos, resolución de conflictos, etc. Los participantes también trabajan en equipo durante el último semestre y/o el verano para planificar e implementar un curso corto de Estudios Bíblicos o de Compartir la Escritura en sus propias parroquias. La planificación que los estudiantes hagan de un curso así será supervisada y evaluada por miembros del equipo timón. En lugar de entrenar a los participantes y pedirles que usen un solo programa de estudios bíblicos los institutos presentan a los participantes los diferentes recursos que ofrecen las editoriales ya que se pretende que sean los facilitadores locales y/o los párrocos quienes decidan los enfoques y los recursos que se adapten mejor al entorno pastoral, cultural y lingüístico de su parroquia.

Estos institutos más extensos, a nivel diocesano, están diseñados especialmente para entrenar a laicos (y algunos religiosos) como facilitadores de grupos de estudios bíblicos a nivel parroquial, sin embargo, además de concentrarse en la capacitación de los que van a dirigir (o están dirigiendo ya) grupos de estudios bíblicos, los líderes de otros grupos ya existentes en la parroquia, tales como Cursillos, Carismáticos, Caballeros de Colón y otros pueden ser invitados a participar para que el uso de la Biblia sea más frecuente y efectivo en todas sus actividades, de modo que así se alcance la participación de una mayor diversidad de católicos en la comunidad. Sería buena idea invitar a todo aquél que estuviera interesado en aprender más sobre la Biblia (esto podría requerir la aprobación del párroco) y así estos feligreses podrían convertirse en líderes pastorales más activos.

Como empezar: primeros pasos

Una de las primeras preguntas que debe confrontar una diócesis que quiera establecer un nuevo instituto bíblico debe ser: ¿Quién tomará la iniciativa? En algunos casos, el obispo diocesano o una de sus oficinas puede echar a andar el proyecto asignándolo a una persona u oficina diocesana. Pero no se necesita esperar por el obispo ordinario para dar el primer paso. Aunque es cierto que se necesita el apoyo y la aprobación eclesiástica (ya sea del obispo, vicario general, oficina de educación religiosa u otra) al comienzo del proceso, es también cierto que casi cualquier persona puede tomar la iniciativa de proponerlo a los oficiales de la diócesis o una institución académica local, pero mejor aún sería componer un equipo de personas interesadas. Idealmente este equipo timón incluiría diferentes líderes (clero, religiosos y laicos) que representaran dos diferentes esferas, es decir, la pastoral y la académica. Éstos podrían ser la Oficina Diocesana de Educación Religiosa de Adultos (o un equivalente), el Consejo Presbiteral y/o la facultad de Teología de una o todas las universidades católicas locales, colegios o escuelas superiores.

Por ejemplo, el Instituto Bíblico Católico en la Arquidiócesis de Los Ángeles se fundó hace casi veinte años cuando parejas casadas que habían asistido a institutos bíblicos de verano en otras diócesis y a través de varios años se preguntaron a sí mismas si no podía existir una oportunidad similar que les resultara más accesible. Pronto dejaron de hacerse la pregunta entre ellos mismos y comenzaron a comunicar su inquietud públicamente incluyendo conversaciones con uno de los obispos auxiliares regionales. Este obispo los presentó a la Oficina de Educación Religiosa de la Arquidiócesis y a algunos administradores del Departamento de Educación Continuada de la Universidad Loyola Marymount. El proyecto se organizó a través de la colaboración de la arquidiócesis con la universidad pero continuó inspirada y guiada por la visión y los esfuerzos de estas dos parejas. Hasta hoy, la versión en inglés del Instituto Bíblico Católico continúa oficialmente co-auspiciado por la arquidiócesis y la universidad y cuenta con un equipo timón integrado por oficiales diocesanos, representantes de la universidad y líderes laicos.

La versión en español del Instituto Católico Bíblico de la Arquidiócesis de Los Ángeles tiene una historia un poco diferente, allí fue la Oficina de Educación Religiosa de la Arquidiócesis, sin la participación de la universidad, que tomó la iniciativa. Por otra parte, en la diócesis vecina de San Bernardino, la División de Educación Continuada de la Universidad Loyola Marymount estableció, trabajando en conjunto con el obispo y oficiales de esa diócesis e impulsando una estructura similar, unos Institutos Bíblicos Católicos (uno en inglés, otro en español) en la diócesis vecina de San Bernardino trabajando en conjunto con el obispo y oficiales de esa diócesis. Otras diócesis más pequeñas que no cuentan con "colleges" o universidades católicas podrían lograr algo similar valiéndose de las facultades de escuelas superiores católicas y/o clero local, religiosos o laicos con suficiente entrenamiento en estudios bíblicos.

Estos ejemplos ilustran modelos diferentes de colaboración entre una diócesis y una institución académica al auspiciar o co-auspiciar un Instituto Bíblico Católico:

Un instituto co-auspiciado por una diócesis y por una universidad

Un instituto auspiciado principalmente por una universidad en colaboración con una diócesis

Un instituto auspiciado principalmente por una diócesis valiéndose recursos humanos de la diócesis u otras instituciones académicas para constituir su facultad

Ya sea que la iniciativa de establecer un instituto bíblico católico provenga de autoridad o de la base, ya sea que el auspicio provenga principalmente de la diócesis o de alguna institución académica, debe existir alguien (trátese de un individuo o equipo timón) que esté seriamente comprometido en el éxito del proyecto, de no ser así, nadie asumirá responsabilidad ni dedicará tiempo y esfuerzo a lograrlo. Como en nuestros tiempos se hace difícil, desde el punto de vista de las finanzas, contratar a una persona a tiempo completo para coordinar un instituto, su éxito dependerá de cuánto puedan comprometerse los líderes, que ya, a su vez, están comprometidos en otros programas y responsabilidades.

Énfasis esenciales en un instituto bíblico católico

Un instituto bíblico católico debe hacer más que ofrecer a sus participantes un vistazo general de la historia bíblica y de los contenidos del Antiguo y del Nuevo Testamento. Una primera meta deberá ser que los participantes comprendan los principios básicos de un verdadero enfoque católico a las Sagradas Escrituras y también que ellos aprendan a poner estos principios en práctica. Los católicos deben aprender a leer la Biblia como literatura sagrada reconociendo la importancia de ambas palabras en esta frase. La Biblia es "sagrada" o "santa" en cuanto a que es *Palabra de Dios* dirigida a nosotros; contiene *Revelación Divina*. Pero también es "literatura", quiere decir que está escrita por seres humanos en contextos históricos, culturales y lingüísticos muy específicos. Cuando los católicos leemos y estudiamos la Biblia lo hacemos humildemente, en oración y con sentido eclesial (no sólo como individuos, sino en harmonía con la Iglesia). Estos principios se explican resumidamente en varios documentos del Magisterio, especialmente en la Constitución Dogmática sobre la Divina Revelación *Dei Verbum* del Concilio Vaticano Segundo (1965) y de modo similar aparece también en la sección sobre la Divina Revelación del *Catecismo de la Iglesia Católica* (§ 51–141). Ambos documentos explican, primero, el concepto de la Divina Revelación y luego pasan al concepto de la Tradición o Transmisión de la Revelación para enmarcar así, más específicamente, la Biblia.[2] Una exposición más compleja y detallada de los principios y métodos de la interpretación bíblica católica se encuentra en el documento "La Interpretación de la Biblia en la Iglesia" (Pontificia Comisión Bíblica, 1993).

Yo mismo, al ejercer el ministerio pastoral y enseñar sobre la interpretación bíblica católica, hago énfasis en cinco principios cuales se encuentran en los documentos eclesiales antes mencionados, aunque en orden diferente.

Primero, el catolicismo usa el enfoque "ambos/y" en todos los aspectos de la teología, no sólo en la interpretación bíblica; esto contrasta con la mentalidad fundamentalista de "un solo aspecto" o "cualquiera". Esto quiere decir, por ejemplo, que nosotros reconocemos que la Biblia es *ambas,* Palabra de Dios (escrita por inspiración divina) *y*, a la vez, cuenta con autores humanos (con la limitación del lenguaje). La Biblia contiene *ambos* el Antiguo *y* el Nuevo Testamento; consideramos la Biblia desde *ambas* perspectivas: estudiándola académicamente *y* leyéndola como oración; la interpretamos de *ambas* maneras, literal *y* espiritualmente (cristológica, moral, analógicamente). Sin embargo, aunque decimos que leemos la Biblia "literalmente", a la vez, tratamos de evitar el "literalismo" (como si creyésemos que todo lo allí contenido fuera un "hecho"), sino dándonos cuenta que se trata de "literatura".

Segundo, como la Biblia es literatura debemos poner mucha atención, no sólo al significado de cada palabra y frase en su contexto histórico y literario, sino que también debemos reconocer que la Biblia contiene una variedad de géneros, es decir, que la Biblia no es precisamente "historia". Así pues, los estudios bíblicos nos han ayudado a reconocer las múltiples categorías o tipos de literatura marcadas por formas, estilos o contenidos particulares (algo así como un periódico incluye diferentes secciones que se hallan escritas en diferentes estilos y que no sólo varían en contenido). La Biblia no es un mero libro sino una "biblioteca" cuyos libros presentan muchos géneros y sub-géneros literarios.

Tercero, la interpretación bíblica católica moderna hace uso de la exégesis histórico-critica y de la hermenéutica teológico-espiritual, no sólo de una o de otra. Por lo tanto, el método histórico-crítico es esencial y fundamental para nuestra comprensión de la Biblia. Podemos decir aún más, los católicos no están restringidos a usar un método que sea el oficial o preferido de exégesis histórico-critica, sino que aceptamos una amplia variedad de métodos exegéticos, unos que son más históricos, otros más literarios y otros que pueden clasificarse como canónicos, ideológicos, etc. Reconocemos el valor y la limitación de cada método, así que recibimos bien las posibles contribuciones de todos en lugar de considerar uno solo; analizamos el contenido bíblico en sus múltiples niveles (el histórico/literal que expresa el significado *original* y el nivel espiritual/teológico que contiene el significado *perdurable*). También nos percatamos de la función esencial del contexto (tanto del contexto literario/canónico, que enmarcan los *textos,* y el cultural/histórico, que enmarcan el *mundo*) y de las consideraciones de desarrollo histórico dentro de la Biblia misma (desde la tradición/predicación *oral* hasta los textos *escritos*/escritura) que expresan un crecimiento en la comprensión teológica y en la aplicación práctica a través de los siglos.

Cuarto, la interpretación católica de la Biblia recalca la importancia del "Principio Encarnacional" que quiere decir que el culmen de la revelación de Dios mismo es una persona, Jesús, y no un libro, la Biblia. Expandiendo un poco la terminología de Juan, pudiera decirse que "Dios mandó a su único Hijo, ¡no a su único libro!" (*cfr.* Jn 3:16). Este enfoque contrasta con el énfasis en el texto escrito de la Biblia que hacen algunos otros cristianos, a ese énfasis podemos llamarlo un tipo de "bibliolatría". Aunque nosotros reconocemos la Biblia como "la Palabra de Dios", es aún más importante reconocer que Jesucristo mismo es "la Palabra de Dios" tanto como "la Palabra hecha carne" (Jn 1:1–14).

Quinto, es importante recalcar que los católicos leen la Biblia en un contexto comunitario eclesial, tanto local como universalmente y no sólo como individuos, así que, reconocemos y apreciamos la guía de la Iglesia que nos ayuda a evitar falsas interpretaciones individualistas; leemos y estudiamos la Biblia en familia y en grupos pequeños, la escuchamos proclamada en nuestras liturgias y explicada en las homilías; la aprendemos de maestros y pastores, de escrituristas y obispos —no solamente de los de hoy sino también de los escritores y maestros de los dos mil años de historia de la cristiandad.[3]

Considerando, por lo menos someramente, el contexto hispano, se puede hacer también énfasis en que el uso católico moderno de la Biblia pudiera aplicar los principios del ciclo pastoral *ver-juzgar-actuar*. Precisamente, muchas personas y comunidades hispanas leerían e interpretarían las escrituras cristianas desde la experiencia del inmigrante que vive en una cultura nueva y diferente, proveyendo así nuevas y ricas interpretaciones que podrían añadir y modificar las interpretaciones bíblicas más comunes de la cultura dominante americana.

Finalmente, el uso católico de la Biblia no se limita al estudio exegético y al análisis hermenéutico, sino que lee y aplica nuestras Sagradas Escrituras en formas muy concretas todo el tiempo: en la enseñanza teológica y en la acción social, en la Liturgia de las Horas y otras formas de oración individual y comunitaria y especialmente en la Liturgia Eucarística y todos los otros sacramentos. Un instituto bíblico católico haría bien si incluyera una introducción al Año Litúrgico y al Leccionario de la Misa, así como también un vistazo general del uso de la Biblia en la teología católica y en la praxis pastoral.

Detalles organizativos

Ya que existe una amplia variedad de situaciones sociales, demográficas, económicas y eclesiales en las diócesis de los Estados Unidos, sería desacertado que yo hiciera recomendaciones muy específicas sobre cómo operar un instituto bíblico católico, como si fuese posible que un modelo respondiera a las necesidades de todas las diócesis. En lugar de eso esta sección presentará algunas preguntas que le hará bien plantearse a cualquiera que desee embarcarse en un proyecto tal.

Qué: la programa

- El instituto, ¿ofrecerá sus servicios solamente en inglés o también en español y/o en otros idiomas?

- Si se provee en múltiples idiomas, ¿se reunirán los grupos en un mismo sitio y según un mismo horario de modo que puedan compartir algunas actividades tales como oración de apertura y de clausura, Misa multicultural en algunas ocasiones, graduación o ceremonia de envío al finalizar, etc.?
- ¿Se ofrecerá en un solo sitio (para diócesis de extensión compacta) o puede usarse el sistema de videoconferencias para llegar a algunas áreas?
- ¿Adoptaría el "modelo de cohorte" (donde todos los participantes navegan juntos a través de una serie de cursos, de modo que empiezan y terminan a la vez), o el "modelo de cursos" (donde los participantes toman los cursos obligatorios y cumplen otros requisitos en el orden que ellos prefieran como hacen los estudiantes para su educación universitaria)?
- ¿Cuáles serían los requisitos para una certificación y/o recibir reconocimiento por Unidades de Educación Continuada ya que no existe todavía un estándar nacional? ¿Cuál es el número de horas requeridas para recibir la certificación? (Los Institutos de Los Ángeles y San Bernardino requieren 150 horas mientras que otras diócesis requieren 250.)
- ¿Cuáles serían los requisitos específicos del programa? ¿Cuál el balance entre los requisitos del componente "académico" (cursos exegéticos) y el componente "pastoral" (proyectos prácticos)?
- ¿Cómo se integrarían los tres diferentes aspectos del programa: el académico, el espiritual y el pastoral?
- ¿Cuánta tarea (lecturas obligatorias, trabajos escritos) se asignaría de antemano y/o después de cada sesión? ¿Cuánto tiempo sería razonable que dedicara cada estudiante?
- ¿Serían evaluadas académicamente las asignaciones escritas (con calificaciones A, B, C, etc.) o recibirían los estudiantes evaluaciones críticas de otros modos (para aliviar la ansiedad que el recibir una nota pudiera generar en adultos situados en múltiples niveles académicos y con talentos diferentes)?

Cuánto tiempo: el horario

- ¿Cuántos años y/o qué total de horas tomará para terminar el programa?
- Si se organiza según el modelo de cursos, ¿cuánto duraría cada curso? ¿Se ofrecerían muchos cursos al mismo tiempo?

- ¿Se ofrecerían los cursos durante la noche, los sábados o durante los fines de semana? (Esto dependería, en parte, de la geografía de la diócesis.)

Quién: el personal

- ¿Quiénes serían los directores o coordinadores del programa? ¿Quiénes formarían el "equipo timón"? ¿Van a representar a diferentes grupos de personas?
- ¿Quiénes constituirían la facultad o serían los principales instructores? ¿Qué nivel de entrenamiento bíblico se les pediría?
- ¿Habría uno (o muy pocos) instructores para el programa completo (para lograr mayor continuidad) o habría una gama de instructores para que cada uno enseñara un curso (para lograr una variedad de enfoques bíblicos y teológicos)?
- ¿Invitarían mayormente a instructores locales (disminuyendo los gastos de transportación) o los traerían de lejos (teniendo así que pagar boletos de avión, comidas y hospedaje)?
- Los instructores, ¿serían responsables de leer, evaluar y comentar los trabajos escritos de los participantes o se contrataría a otras personas para hacerlo?
- Si se usara el sistema de videoconferencia, ¿necesitarían más personal o voluntarios para servir como "facilitadores locales" o "mentores de pequeños grupos"?
- ¿Quién proveería el apoyo técnico audiovisual y a qué costo?
- ¿Quién estaría a cargo de las matrículas y a qué costo?

Dónde y Cuándo: problemas logísticos

- ¿Desde dónde operará principalmente? ¿desde algún colegio o universidad? ¿en una parroquia o desde un centro pastoral diocesano?
- ¿Cuenta ese edificio con salones de reunión suficientemente amplios, con sitios apropiados para la oración, con equipo audiovisual?
- ¿Cuenta el edificio con facilidades que puedan acomodar a participantes adultos, con impedimentos físicos o con mayores problemas de movilidad que los participantes más jóvenes?
- ¿Puede contarse con este edificio en base permanente (para evitar las confusiones que causa el cambio de local)?

- El espacio, ¿es apropiado para el aprendizaje de adultos? ¿Pueden sentarse en mesas redondas para grupos pequeños o, si se usan pequeños escritorios individuales, pueden moverse para formar grupos que puedan interactuar? Es mejor evitar salones de clase o aulas ya que los asientos fijos impiden la interacción.
- ¿Se permite traer comida, tener tiempos para compartir el café, refrescos y almuerzos?
- ¿Qué se necesita tener preparado para cada curso o sesión (oraciones, refrescos, ambiente, audiovisuales, etc.)?
- ¿Qué recursos para el aprendizaje, tales como libros, grabaciones y videos o materiales de la red informática, se necesitarán o proveerán?
- ¿Se grabarán las sesiones para beneficio de las personas que hayan estado ausentes o que se hayan inscrito tarde?

Cuánto cuesta: finanzas y presupuesto

Mientras que la mayoría de las diócesis quieren mantener los costos bajos para el beneficio de un mayor número de participantes de un instituto bíblico católico, es también importante que tanto los instructores como el personal de apoyo sean compensados debida y justamente y que las necesidades y los costos administrativos se hayan calculado de modo realista.

- Las entradas, ¿se reunirán a base de la matrícula y otros pagos que hagan los participantes mismos o se mantendrá el programa también a base de la aportación de sus parroquias?
- ¿Se recibirá subsidio de la diócesis y/o de una institución académica? ¿Pueden conseguirse donantes que tengan algún interés especial en la Escritura?
- ¿Tendrán becas disponibles para participantes de bajos ingresos? ¿Cuántos participantes necesitarán esta asistencia? ¿De dónde provendrán esos fondos?
- ¿Cuáles son los mayores gastos del instituto, tales como renta de espacio para las reuniones, libros, materiales impresos y material de propaganda, estipendios para los instructores y coordinadores, audiovisuales, refrigerios? ¿Es posible encontrar un donante o subsidio para alguno de estos gastos?

Publicidad y inscripción

- ¿Quién será responsable de diseñar y distribuir el material de promoción (folletos, volantes, anuncios en los boletines o periódicos parroquiales y diocesanos, etc.)?
- ¿Qué tipo de publicidad usarían (correo, mensajes electrónicos, facsímiles)? ¿Qué costos implican estos tipos de comunicación?
- Como los contactos personales suelen ser más efectivos para invitar los nuevos participantes, ¿quién ayudaría a hacer estas invitaciones en las parroquias, escuelas, grupos eclesiales y otras organizaciones?
- ¿Estarían abiertos para cualquier persona que quisiera inscribirse? (¿causaría problemas si personas "difíciles" se matricularan?), o ¿existiría un proceso de solicitud en el cual se requiriera una aprobación pastoral (como, por ejemplo, una carta del párroco)?
- ¿Cómo pueden ayudar las oficinas diocesanas (de Educación Religiosa, Formación de la Fe para Adultos, Liturgia o Ministerios Étnicos) y los oficiales (directores de vida parroquial, diáconos, congregaciones y órdenes religiosas, etc.) a invitar a los participantes o a co-auspiciar el Instituto?
- ¿Cómo puede otro grupo eclesial (como, por ejemplo, el Cursillo, el Movimiento Carismático, los Caballeros de Colón, la Sociedad de San Vicente de Paúl, etc.) ayudar a publicar información y reclutar participantes?
- Si la meta diocesana es promover el uso integrado de la Biblia en todas las acciones parroquiales y no sólo contar con grupos de estudios bíblicos, ¿cómo van a ser reclutados esos líderes y animados a participar en el instituto?

Consideraciones especiales

- ¿Cuál es el nivel de educación general y de alfabetización que puede esperarse de la mayoría de los participantes? ¿Se requerirá un mínimo nivel de educación tal como un diploma de escuela superior o "G.E.D."?
- ¿Cuánto énfasis pondrá el instituto en las asignaciones que requieran leer y escribir? ¿Habrá ayuda disponible para aquellos que tengan escasa destreza académica?
- ¿Cuáles son las diferentes necesidades en cuanto a lenguaje según las diferentes generaciones de inmigrantes?

Graduación y certificación

- ¿Dónde y cuándo tendrá lugar algún tipo de ceremonia de "graduación"?
- ¿Será en el contexto de una Misa, Liturgia de la Palabra o en un ambiente más académico? ¿Incluirá una recepción o una cena completa? ¿Quién pagará estos gastos?
- ¿Presidirá el ordinario del lugar y/o un administrador de la institución académica que lo co-auspicie?
- ¿Qué tipo de certificado recibirán los participantes al completar el curso?

Conclusión

Después de que los participantes de un instituto bíblico católico se "gradúan" o completan el programa, se esperaría que la mayoría de ellos se involucraran más en sus parroquias como facilitadores de grupos de estudios bíblicos o grupos de compartimiento de la Escritura, o sea, en grupos que ya existan o en grupos nuevos. Estos facilitadores locales continuarán beneficiándose de oportunidades de "actualización" (a través de cursos o talleres que se ofrezcan periódicamente a nivel local, por sistema electrónico o mediante cursos de verano). Los facilitadores locales también podrían necesitar algún apoyo y animación, no sólo de parte de sus párrocos sino también de las oficinas y oficiales diocesanos que pueden proveer algunos recursos y relaciones enriquecedoras. De hecho, el Instituto Diocesano puede involucrarse en una auto-evaluación muy beneficiosa si habitualmente hace una relación de lo que sus graduados están haciendo en sus parroquias y la calidad de su ministerio en general.

Pero, ¿quién tendrá el tiempo y la iniciativa para hacer todo esto? Los oficiales diocesanos tienen ya suficientes proyectos y responsabilidades, así que, habrá que relegar en un equipo timón de voluntarios (¿graduados del Instituto Diocesano?) para dar algún apoyo permanente y animar a los facilitadores de las parroquias.

Obviamente, existen muchas preguntas y muchos detalles a considerar en la formación de un instituto bíblico católico, pero esperemos que al menos unas cuantas diócesis o arquidiócesis de los Estados Unidos se decidan y que, al hacerlo, pongan gran atención a la participación de los católicos latinos y otros nuevos inmigrantes. Un esfuerzo así merecerá que se determinen tanto la visión total como las metas antes de estructurarlo y detallar el contenido del programa. Esperamos que estas metas incluyan la promoción de un entendimiento y un uso de la Biblia que sea auténticamente católico, enfocado en el estudio histórico/exegético y en su aplicación espiritual/pastoral institutos que permanezcan humildes en oración y altamente eclesiales en sus enfoques, que capaciten a más católicos de nuestras parroquias y diócesis para que lean las escrituras de modo más habitual y efectivo. Y, más que todo, que la Biblia, que es la Palabra de Dios escrita en lenguas humanas, nos ayude a continuar creciendo en nuestra fe, esperanza y amor a Dios y al prójimo sea cual sea las culturas de las que vengamos o las idiomas que podamos hablar.

⟶

Notes

1.   Para más detalles, ver http://www.lmu.edu/academics/extension/crs/certificates /cbi.htm y http://catholic-resources.org/CBI/index.html.

2.   Para una comparación entre las estructuras y los énfasis en *Dei Verbum* y las secciones correspondientes en el *Catecismo de la Iglesia Católica*, ver http://catholic-resources.org/ChurchDocs/DeiVerbum.htm.

3.   Sobre estos cinco principios, ver también http://catholic-resources.org/Bible /Catholic-Interpretation.htm.

14

"Él nos abrió las escrituras"

redescubriendo la *Lectio Divina*

Ricardo Grzona, F.R.P.

~

Introducción

Hola, les escribe un catequista. Llevo muchos años desde que sentí el llamado a capacitarme para poder evangelizar mejor y he pasado por muchas etapas en mi vida como formador de catequistas. Luego, comprendí que, dentro de la formación a mis hermanos catequistas, debía dedicarme a un área muy específica que es la "espiritualidad del catequista". He dado talleres, cursos y retiros a catequistas de la mayoría de los países de América, siempre buscando con ellos una profundización espiritual en el servicio que hacemos para la Iglesia. No siempre es reconocida la labor del catequista.

Nuestro desafío e ideal como catequistas ha sido siempre el de llegar a ser una persona espiritual con la mirada, el corazón y todo nuestro entendimiento en Jesús, el Cristo. Entender su mensaje hoy, para transmitirlo hoy a las generaciones. Pero el mensaje no es una teoría escrita: es una persona, viva, que actúa. Y con esta persona, nosotros debemos interactuar. Y aquí está el centro del mensaje. ¿Cómo poder interactuar hoy con Jesús resucitado, el Cristo, el esperado de todos los tiempos?

Para una auténtica espiritualidad cristiana, un primer paso es entender esto anterior. Hay mucha confusión en algunas palabras que la gente toma por sinónimo: Jesús, Cristo, Jesucristo. Y la confusión está aún dentro del mismo cristianismo. Encontramos a algunos creyentes que pueden olvidar que decir Jesucristo, es ya una declaración de fe. Es decir, cuando mencionamos al Jesús histórico, el Hijo de María, al que recordamos normalmente su vida narrada en los Evangelios; Él es el mismo Hijo de Dios, principio y fin de todo y por encima de otra declaración, es el Cristo o Mesías esperado.

Es el "Señor de la Historia", es el *"Alfa* y la *Omega"*. Y cuando hablamos de la historia, no nos referimos solamente a la historia de la humanidad, sino también a nuestra historia, donde Jesús resucitado quiere hacerse presente, para salvarnos y liberarnos en nuestra propia historia. La conversión no es un paso de entendimiento intelectual sino más bien un cambio total de vida, lo que desde el principio se entendió como *"metanoia"*, es decir una transformación.

En mi humilde visión sobre la catequesis, puedo reconocer que en muchos lugares, hay diferentes visiones en el entendimiento de la misión evangelizadora de la Iglesia. Y no todas esas visiones son claramente católicas. Catequesis (como el eco) es el eco del Evangelio que resuena en la vida de las personas, moldeándolas, haciéndolas una, con esa Buena Noticia que ya es parte esencial de la vida de quien proclama. Porque la vida personal es ya una forma de evangelización: el testimonio. Por lo tanto, no debemos ver la catequesis sólo como un cúmulo de formulaciones para aprender y conocer intelectualmente. Las fórmulas son importantes, siempre y cuando refuercen nuestro encuentro con Jesús, el Cristo. Siempre y cuando me ayuden a moldear mi vida de acuerdo a lo que voy entendiendo de Jesús, de mis encuentros personales y comunitarios con Jesús.

El encuentro con Jesús, el Cristo, la única Palabra que el Padre pronuncia para salvarnos, es lo que fundamentalmente nos mantiene unidos en la Iglesia. La Iglesia, madre y maestra, nos recuerda en su historia bimilenaria, en su rica tradición y magisterio, que las fuentes de la catequesis se encuentran principalmente en las Sagradas Escrituras donde Dios habla hoy.

> La Iglesia ha venerado siempre las Sagradas Escrituras al igual que el mismo Cuerpo del Señor, no dejando de tomar de la mesa y de distribuir a los fieles el pan de vida, tanto de la palabra de Dios como del Cuerpo de Cristo, sobre todo en la Sagrada Liturgia. Siempre las ha considerado y considera, juntamente con la Sagrada Tradición, como la regla suprema de su fe, puesto que, inspiradas por Dios y escritas de una vez para siempre, comunican inmutablemente la palabra del mismo Dios, y hacen resonar la voz del Espíritu Santo en las palabras de los Profetas y de los Apóstoles. (*Dei Verbum* § 21)

Aquí es de notar algo muy importante, que sigue a continuación de la *Dei Verbum*: "Es necesario, por consiguiente, que toda la predicación eclesiástica, como la misma religión cristiana, se nutra de la Sagrada Escritura, y se rija por ella" *(Dei Verbum* § 21).

Y la gran pregunta que nos hacemos: ¿Hemos leído el Concilio Vaticano II? Y si lo hemos leído, la otra gran pregunta ¿Lo llevamos a la práctica? ¿Hemos entendido que Jesús es el Cristo? Y este entendimiento, ¿cambia totalmente nuestras vidas?

> Después que Dios habló muchas veces y de muchas maneras por los Profetas, "últimamente, en estos días, nos habló por su Hijo". Pues envió a su Hijo, es decir, al Verbo eterno, que ilumina a todos los hombres, para que viviera entre ellos y les manifestara los secretos de Dios; Jesucristo, pues, el Verbo hecho carne, "hombre enviado, a los hombres", "habla palabras de Dios" y lleva a cabo la obra de la salvación que el Padre le confió. Por tanto, Jesucristo —ver al cual es ver al Padre—, con su total presencia y manifestación personal, con palabras y obras, señales y milagros, y, sobre todo, con su muerte y resurrección gloriosa de entre los muertos; finalmente, con el envío del Espíritu de verdad, completa la revelación y confirma con el testimonio divino que vive en Dios con nosotros para librarnos de las tinieblas del pecado y de la muerte y resucitarnos a la vida eterna. *(Dei Verbum* § 4)

Muchas veces en la enseñanza y educación de la fe, encontramos que los agentes encargados de esta evangelización son presas de diferentes grupos de espiritualidad. Pero no todos los grupos llevan una espiritualidad totalmente eclesial. De esto puedo dar testimonio. Todo esto me hace acordar a muchos de los productos que consumimos en nuestra sociedad, así llamados "light", es decir ligeros, sin esencia. Sólo mantienen un sabor. Basta pensar en los refrescos que tienen esta etiqueta. Parecen los originales con azúcar, sin embargo, no lo son. ¡Parecen los de verdad! Hoy en día pululan en nuestras comunidades diversos grupos con diversas espiritualidades que "parecen" ser católicas. Pero sólo parecen. No ofrecen el alimento verdadero. Son formas de "espiritualidad *light*", a las que debemos estar muy atentos. Y por esa misma razón, me viene a la mente esta frase de la *Dei Verbum*: "La economía cristiana, por tanto, como alianza nueva y definitiva, nunca cesará, y no hay que esperar ya ninguna revelación pública antes de la gloriosa manifestación de nuestro Señor Jesucristo *(cfr.* 1 Tm 6:14, Tt 2:13)" *(Dei Verbum* 4).

Es aquí donde quiero situarme para comenzar mi exposición. Después de haber conocido una gran diversidad de "escuelas" de agentes evangelizadores, de lugares y personas que ofrecen la "garantía" de volvernos seres espirituales, llegó el momento esperado. La Iglesia, gracias a la genialidad de Juan Pablo II y también de Benedicto XVI, llama a todos los creyentes a volver la mirada a su rica tradición. Las Sagradas Escrituras, leídas bajo la lupa de la tradición, con la guía del magisterio, nos llevan a este "encuentro con Jesús", a que sea Dios mismo quien se nos revele, se quite el velo que lo cubría y podamos nosotros encontrarnos directamente con Él. Y que Jesús, a través de sus enseñanzas, nos lleve a la comunidad eclesial, donde encontramos a los hermanos que también son convocados por Jesús. Y es aquí donde entra la *Lectio Divina*, presentada para el mundo de hoy, para las personas en este nuevo milenio, "el método eclesial" por excelencia, para llevarnos como Iglesia a un encuentro vivo y vivencial con el Señor de la historia. Entonces, pasamos de la formulación y del encuentro con la Palabra de Dios, al encuentro con el Dios de la Palabra. Pasamos de la Palabra del Señor, al encuentro con el Señor de la Palabra.

Muchas de estas escuelas de espiritualidad tienen por objetivo suscitar reflexiones y efectos sensitivos, como devociones particulares que "hacen sentir bien" a la gente. Este estilo de *"devotio moderna"* tiene, entre otros, el defecto de ser antropocéntrica y egocéntrica. Se busca generalmente una interioridad que lleve, con ciertos métodos, a una espiritualidad intimista, que no nace de la Revelación, sino de un sentirse bien, que no libera, sino esclaviza al ser humano. El cristiano seriamente formado debe tomar distancia de estos métodos, para acercarse a la auténtica Revelación y entrar en comunión con Dios, que es el objetivo principal de la espiritualidad.

Es por eso que nuestra pregunta entonces sigue vigente: ¿Cuál espiritualidad para el ser humano de hoy? ¿Cuál es la gran diferencia entre una sólida espiritualidad que la Iglesia nos ofrece para vivir y "otras formas de espiritualidad *light*" que tenemos en nuestras comunidades? ¿Cómo hacer para beber agua limpia de la fuente?

Así fue como me encontré con la gente sedienta del "agua limpia" y que el método de *Lectio Divina*, presentado a las comunidades de vida cristiana actual, seguía siendo un método válido para todos. Aplicar lo que los monjes practicaron desde la antigüedad en la vida de hoy, ha cambiado las mentalidades, volviéndolas más cercanas al entendimiento del mensaje de Jesús, que sigue siendo el mismo, ayer, hoy y siempre (*cfr.* Hb 13:8).

Es decir, el desafío que tenemos hoy los cristianos, especialmente catequistas y agentes de pastoral es: ¿Cómo presentar la "Salvación" con mayúscula, en medio de tantas "salvaciones" con minúscula?

Primera parte: ¿De dónde nace la *Lectio Divina*?

Antes de plantearnos cómo nace la *Lectio Divina*, sería muy oportuno recordar el nacimiento mismo, como tal, de las Sagradas Escrituras, la Biblia, como la conocemos hoy. Los textos fueron madurando en el Pueblo de Israel, hasta llegar a la plenitud de los tiempos, con Jesús, el Cristo, esperado desde siempre para salvar a la humanidad. Por lo tanto, las Sagradas Escrituras no son un conjunto más de libros sagrados, como los que tienen otras religiones, que les sirven especialmente para vincular a personas con una cierta creencia y también para normas morales y comportamientos comunes. La Biblia, es por inspiración del Espíritu Santo, la totalidad de los escritos donde Dios mismo se nos revela, para nuestra salvación. Por eso, éstos son distintos de otros libros que poseen gran sabiduría de las tradiciones de los pueblos. La Biblia como tal, es el conjunto de escritos revelados por el único Dios verdadero y por tanto contiene lo que conocemos como Sagrada Escritura. Creer en Dios revelado es también profesar nuestra fe en que Dios nos habla desde esos textos.

Cuando la Iglesia decreta formalmente que son setenta y tres los libros que forman el conjunto de la Revelación de Dios para toda la humanidad, ya había comunidades monacales que se encargaban de reproducirla para otras comunidades y también de traducirla.

El texto, entonces, es una mediación de comunicación con el autor. El texto sagrado es una propuesta para conocer al autor que es Dios mismo. Entonces, la Iglesia entiende que leer la Biblia es para comunicarse con el autor. Dejar que el autor "exponga exponiéndose". En la Biblia, el "Autor" sale de sí, y se propone (del latín, *pro pone*: ponerse fuera de sí). Por lo tanto, la Iglesia siempre ha defendido que en la Biblia, "las palabras encierran al Verbo", entendiendo por encerrar no algo peyorativo, sino más bien el hecho de contener al Verbo.

En la Biblia, Dios se nos presenta como "Verbo-Palabra" y se nos hace verbo-palabra familiar. Por lo que la existencia del mismo texto consigna la preexistencia del "Verbo-Palabra" (*cfr.* Jn 1:1–14). Al encarnarse, el Verbo de Dios nos habla de su "preexistencia", es decir de que siempre fue (existió), nunca fue creado, sino que desde la eternidad es Dios. Pero también en la Encarnación nos habla de su "pro-existencia", es decir que el Verbo de Dios, desde el texto sagrado, se convierte en historia Salvación. Unido a la humanidad histórica, la Biblia nos "enrostra" el rostro humano de Dios y por otro lado los seres humanos. Al conocerla y vivenciarla, encontramos también el rostro divino del ser humano.

De esta forma, la preexistencia de Dios nos habla de su vocación humana. ¡Dios tiene una vocación humana!: ser como el hombre, ser humano, hacerse en todo igual a los seres humanos. Y en la pro-existencia, encontramos también la vocación divina del ser humano. Porque Dios, haciéndose hombre, tuvo rostro humano, y nosotros al entenderlo, aceptarlo, asumirlo y vivirlo, podamos adquirir también un rostro divino.

Por lo tanto toda la Sagrada Escritura tiene una dimensión cristológica. La Palabra se hace acontecimiento. Esta Palabra ya es Historia de Salvación y por lo tanto me *precede* y me *excede*. Esta palabra, que yo puedo leer en mi propio idioma, en verdad es "inspirada" por Dios, para mí y para mi salvación. Por lo tanto, no se puede tener como cualquier palabra, cualquier escritura. Así nacen en la Iglesia las comunidades en torno a la Palabra. Para transmitirla, pero por sobre todas las cosas para "Leerla en el Espíritu". Este dinamismo espiritual hace que la "Escritura sea una mediación". Y cuando nos referimos a mediación, nos referimos a dos partes: la parte divina y la parte humana. La Sagrada Escritura es mediación entre Dios y los seres humanos.

Por lo tanto podemos decir también que la Biblia es un "don" de Dios. Pero a su vez es una "tarea" para el ser humano. Y es aquí, en el conocimiento que el ser humano tiene de esa Escritura Sagrada, que a través de ella, se va purificando el corazón, saliendo de la idolatría y encontrándose de veras con el Dios verdadero. Tener un poco o mal conocimiento de la Biblia alimenta en el cristiano una posibilidad de revestir al Dios Verdadero con trazos idolátricos, lo que es un error gravísimo, pero que se da con mucha frecuencia lamentablemente.

Encontramos también que la Biblia, al ser texto (del latín *textus*: tejido), tiene una dimensión eclesiológica y pastoral. Es decir, la Palabra *evoca* el sentido para llamar la atención de los seres humanos y también *convoca* a vivir en comunidad. Los creyentes en la Palabra Eterna, que *pre-existe* y *pro-existe*, unidos, forman la Iglesia, convocada.

Y esta Palabra que *evoca* el sentido, *convoca* a la comunidad, *provoca* la misión. Es decir, la vocación ampliamente dicha, es a anunciar esta única

Palabra que existe desde siempre y para siempre. Hacer conocer al Verbo encarnado de Dios, para la salvación de todos.

El pasado Sínodo que tuvo por título "La Palabra de Dios en la vida y misión de la Iglesia" dejó en su mensaje al Pueblo de Dios profundas reflexiones que deberán calar hondo en la vida de los creyentes. Sin embargo, un tema muy definido es la configuración de unión entre Cristo y la Palabra. Por lo que es la palabra escrita, manifestación del Verbo-Palabra. Éste es, tal vez, el centro de un proceso de discusión bíblico/teológico que queda abierto. Así como en Jesús se dan dos naturalezas, en las Sagradas Escrituras podría ocurrir algo similar. Palabra Divina, palabra humana. Totalmente divina, totalmente humana:

> La Palabra eterna y divina entra en el espacio y en el tiempo y asume un rostro y una identidad humana [...] Las palabras sin un rostro no son perfectas, porque no cumplen plenamente el encuentro [...] Cristo es "la Palabra que está junto a Dios y es Dios", es "imagen de Dios invisible, primogénito de toda la creación" (Col 1:15); pero también es Jesús de Nazaret.[1]

Pero es este mismo mensaje, que comparte con toda la Iglesia, que recuerda la tradición que pone en cercanas igualdades de condiciones a la Palabra Divina que se hace carne con la Palabra Divina que se hace libro.[2]

> Las palabras de Dios expresadas con lenguas humanas se han hecho semejantes al habla humana, como en otro tiempo el Verbo del Padre Eterno, tomada la carne de la debilidad humana, se hizo semejante a los hombres (*Dei Verbum* § 13).
> Así pues, la tradición cristiana ha puesto a menudo en paralelo la Palabra divina que se hace carne con la misma Palabra que se hace libro [...] El Concilio Vaticano II recoge esta antigua tradición según la cual "el cuerpo del Hijo es la Escritura que nos fue transmitida" [...] En efecto, la Biblia es también "carne", "letra" [...] la Biblia también es Verbo eterno y divino.[3]

Recordamos entonces que las comunidades que nacen en torno a la Palabra, no sólo hacen exégesis, sino que la usan como mediación para sus momentos de espiritualidad. La Palabra se hace un memorial perpetuo, interminable, que ayuda a los seres humanos al leerla y al actualizarla. Y en esta actualización, la Palabra se hace historia. Saliendo desde la eternidad, donde convive con el Padre, ahora esta Palabra se introduce en nuestra historia. Y al leer la Biblia, ya no es el ser humano quien lee, sino que *es leído* desde la dimensión eterna, en su propia historia. Las comunidades buscaron el encuentro pleno con la Palabra, que ofrece el sentido para enjuiciar los sentidos.

Entonces, desde la historia de Israel, que leía haciendo memoria, hasta estas comunidades monásticas que "custodian" el texto sagrado, se entiende una tradición, que tomada del latín es la "lectura desde Dios" o "lección de Dios" y la seguimos llamando en latín: "*Lectio Divina*".

La *Lectio Divina* como ejercicio de lectura orante de las Sagradas Escrituras es la práctica más ancestral que conocemos del uso completo de la Biblia. Si bien podemos situarla desde los primeros siglos del cristianismo, fue hasta el año 1173 cuando el Monje Guigo II, un Cartujo, le escribe una carta a su pupilo Gervasio sobre la vida contemplativa y le enseña los pasos tradicionales de la *Lectio Divina*. De allí en más, podemos afirmar que son la gran mayoría de monasterios los que han preservado esta práctica y en sus escritos nos hemos basado para poder llegar a difundirla.

Esta práctica tan difundida en los monasterios se realiza con la convicción que la *Lectio Divina* bien realizada ofrece la posibilidad de encontrarnos verdaderamente, a través de la Escritura, con "Aquél" que habla, con la Palabra viviente, con Dios mismo. Es entonces esta "lectura orante" la que nos permite entender que desde el texto bíblico, la Palabra viva nos interpela, nos vivifica, nos va plasmando y modelando a su imagen y semejanza, nos orienta la existencia desde la exigencia cristiana. Y de allí queda todo en nuestra voluntad de seguirlo, de practicarlo y de vivirlo, que siempre es un gran misterio.

Segunda parte: ¿Cuáles son hoy las formas de *Lectio Divina*¿

La práctica de la *Lectio Divina* normalmente ocupaba un lugar importante en los monasterios, y los monjes han dedicado su vida completa a este ejercicio de lectura orante. Sin embargo, en muchas comunidades cristianas de varios continentes comenzó a ocupar también un lugar en la vida de los fieles. Y en muchas parroquias y templos la *Lectio Divina* es un ejercicio que se comienza a practicar. Basta recordar las multitudinarias reuniones de jóvenes en la Catedral de Milán, cuando el Cardenal Carlo María Martini ofrecía la dirección del ejercicio de *Lectio Divina*.

Es decir, esto que por los siglos fue un patrimonio de los monjes ahora es la propuesta de la Iglesia para todos los creyentes: acercarnos a las Sagradas Escrituras para conocerlas, reflexionarlas y buscar un encuentro vital y transformador con el Señor.

El Beato Papa Juan Pablo II escribió en su Exhortación Apostólica *Ecclesia in America* (1999) un texto que abre estas posibilidades:

> Jesucristo se presenta como el único camino que conduce a la santidad. Pero el conocimiento concreto de este itinerario se obtiene principalmente mediante la Palabra de Dios que la Iglesia anuncia con su predicación. Por ello, la Iglesia en América debe conceder una gran prioridad a la reflexión orante sobre la Sagrada Escritura realizada por todos los fieles. Esta lectura de la Biblia, acompañada de la oración, se conoce en la tradición de la Iglesia con el nombre de *Lectio Divina*, práctica que se ha de fomentar entre todos los cristianos. (*Ecclesia in America* § 31)

Tal vez lo más llamativo de este texto es la apertura para todos los cristianos, no sólo para aquellos del clero, los religiosos o monjes, sino para todas las comunidades y todos los fieles. Esto implica un cambio fundamental, ya que las Sagradas Escrituras están siendo instrumento y medio para conocer, amar y seguir a Jesús, asumiendo su estilo de vida, en santidad y compromiso.

Fue también Juan Pablo II que al iniciar el nuevo milenio en su Carta Apostólica *Novo Millennio Ineunte* establece una relación directa entre la santidad y la oración con la escucha atenta de la Palabra de Dios:

> Es necesario, en particular, que la escucha de la Palabra se convierta en un encuentro vital, en la antigua y siempre válida tradición de la *Lectio Divina*, que permite encontrar en el texto bíblico la palabra viva que interpela, orienta y modela la existencia. (*Novo Millennio Ineunte* § 39)

Es de destacar que la expresión "encuentro vital" nos dice que no es cuestión de saber mucho sobre la Biblia, sino que ese conocimiento debe llevarnos a un encuentro de corazón con el Señor, para que Él lo moldee, lo vaya transformando, queden "sus huellas" en mi corazón. Así, con la práctica de este ejercicio, se va adhiriendo a la vida, de tal manera que "ya no soy yo, es Cristo quien vive en mí" (*cfr.* Ga 2:20).

Es bueno también ver que la práctica de la *Lectio Divina* pareciera más que importante y tal vez hasta urgente en estos momentos históricos que vivimos. Sobre todo cuando vemos que hay un retorno a formas de "religiosidad de lo fascinante por lo divino". Y es aquí donde podemos observar que es muy fácil correr el riesgo que "Dios" y también "Jesús, el Cristo" sean palabras mal utilizadas, que se vayan devaluando y hasta haciéndose para muchos palabras vacías, huecas, que serán luego rellenadas de las proyecciones de los deseos humanos. Es aquí donde nos preguntamos hasta dónde el "Dios" afirmado y confesado por los cristianos es el "Dios viviente" revelado por Jesús. ¿No será acaso un Dios fruto de sueños y expectativas humanas? Podría ser un Dios que rellena estas nostalgias que tenemos. Si fuera así, es necesario y urgente que aprendamos a "escuchar" la Palabra viva, para interpretarla y orarla. No sea que estemos hablando de Dios sin "escuchar" la Palabra. ¿Acaso no somos testigos, especialmente a través de los medios de comunicación, que muchos hablan en nombre de Dios, pero no del Dios verdadero, sino de la imagen que ellos tienen de un dios hecho a su medida?

En un mundo de tantas palabras, ¿cuál es la palabra que *reorienta* la vida del cristiano en perspectiva de eternidad?, ¿cuál la palabra que *resignifica* los acontecimientos temporales en horizonte de vida eterna?

En un mundo saturado por múltiples orientaciones y significados es fácil perderse por la seducción de tantas propuestas de aparente y fácil plenitud de vida. El discípulo de Jesús tiene que volver sus *oídos abiertos* a la Palabra del Maestro y disponer como tierra buena su *corazón liberado de ídolos* para que la Palabra sea fecunda en él. La Palabra de Dios que nos ofrece la Sagrada Escritura es la *propuesta divina de orientación* y *significado* a vidas humanas cuya vocación más profunda es la comunión de vida con el Padre gracias a la redención de Jesucristo y a la acción de su Espíritu.[4]

Entonces la *Lectio Divina*, como ejercicio practicado desde la gran tradición eclesial, nos lleva a que las Sagradas Escrituras no sean por un lado un "espiritualismo" que busca en la Biblia afirmar ciertas emociones que prescinden de la historia y que hunden sus raíces en la cultura de quien está a la "escucha". Y que tampoco sean por otro lado un "fundamentalismo" que lee directamente desde una traducción, interpretando la letra tal como está escrita, olvidándose del conjunto completo de toda la Biblia. Por esto es importante afirmar aquí una frase de la tradición popular: "un texto fuera de contexto es un pretexto". Esto último nos recuerda lo que el mismo Orígenes nos dice acerca de la comprensión de toda la Escritura. "*Scriptura sui ipsius interpres*" (la Escritura se interpreta con la Escritura).[5] Esto nos habla entonces de la "unidad de toda la Biblia" y así entre unidad e inspiración, leemos la Biblia con los ojos de la fe. Las palabras nos llevan a "La Palabra", estas palabras son "*pneumáticas*", es decir vienen del Espíritu Divino y por lo tanto son "espíritu y verdad" (*cfr.* Jn 6:1). Y contienen toda la "*dynamis*" del Espíritu. Lo que nos lleva a un encuentro que va más allá de la Escritura misma. Lo que decíamos al principio, que a través de la *Lectio Divina*, llegamos al mismo autor de la Biblia, para entrar en un coloquio donde Él nos hable a nosotros mismos.[6]

Cuando nos referimos a un método tradicional, la subdivisión clásica de memoria, inteligencia y voluntad es muy antigua. Desarrollada especialmente por San Agustín, especialmente lo de la memoria, que después se hará un proceso meditativo referido a la Escritura o a una verdad de fe.[7]

Siguiendo la tradición de la Iglesia, el método patrístico del ejercicio de *Lectio Divina* se divide en pasos. Y por lo tanto, se sigue una secuencia. En la tradición desde Guigo II hasta nuestros días, estos pasos, que también los llaman escalones, suelen ser cuatro y se siguen llamando en latín: *lectio, meditatio, oratio, contemplatio*. Estos mismos pasos nos los recuerda el Papa Benedicto XVI cuando se dirige a los jóvenes:

> Queridos jóvenes, os exhorto a adquirir intimidad con la Biblia, a tenerla a mano, para que sea para vosotros como una brújula que indica el camino a seguir [...] Una vía muy probada para profundizar y gustar la Palabra de Dios es la *Lectio Divina*, que constituye un verdadero y apropiado itinerario espiritual en etapas. De la *lectio*, que consiste en leer y volver a leer un pasaje de la Sagrada Escritura tomando los elementos principales, se pasa a la *meditatio*, que es como una parada interior, en la que el alma se dirige a Dios intentando comprender lo que su Palabra dice hoy para la vida concreta. A continuación sigue la *oratio*, que hace que nos entretengamos con Dios en el coloquio directo, y finalmente se llega a la *contemplatio*, que nos ayuda a mantener el corazón atento a la presencia de Cristo, cuya Palabra es "lámpara que brilla en un lugar oscuro, hasta que el día amanezca y la estrella de la mañana salga para alumbrarles el corazón" (2 Pd 1:19). La lectura, el estudio y la meditación de la Palabra tienen que desembocar después en una vida de coherente adhesión a Cristo y a su doctrina.[8]

Lo interesente de este método es que ha mantenido por siglos estos pasos que son como escalones de una escalera en los que uno se va asegurando que si los sigue con atención, se mejora la comunión con Dios. Aunque hoy en día, hay muchos pasos, dependiendo la tradición que se siga.[9] Los cuatro pasos tradicionales son los más usados y fundamentales. Pero si leemos con atención este mensaje del Papa en la Jornada de la Juventud, al final sin decirlo directamente deja abierto un paso concreto que muchos, inclusive lo colocan como parte del último paso así: *contemplatio/actio*. Es decir, luego de la contemplación sigue la acción que debe acompañar como testimonio, compromiso y cambio (*metanoia*) a quien lee la Sagrada Escritura. Y hoy en día muchos autores de *Lectio Divina*, no solamente ponen los cuatro pasos sino que agregan este quinto paso, para distinguirlo de la contemplación propiamente dicha, aludiendo que en la vida monacal, ya los monjes practicaban en su vida de silencio y trabajo, poniendo en práctica el "*ora et labora*" en este paso, que ahora es agregado para reforzar metodológica y didácticamente todo lo anterior.

Estos pasos son mucho mejor aprovechados ahora, con los entendimientos modernos de la psicología que nos ayudan incluso a entender a los personajes bíblicos. Ya no hablamos de un hombre que sólo tiene una dualidad de cuerpo y alma. El ser humano no es algo "hecho" en su globalidad, sino que "se hace", "se va haciendo", "se va moldeando". Por lo tanto, la vida humana completa tiene un alma espiritual, como un espacio interior que va modelando, pero también una vida situada en la historia, donde tiene que comprometerse para hacerla lo más parecida a la historia que Dios quiere que hagamos. Por lo tanto, estos ejercicios de *Lectio Divina* deben desembocar necesariamente en la historia. Desde la espiritualidad, llegar al compromiso cristiano de transformación de la sociedad con la Palabra, para no caer en el espiritualismo.

Etapa Cero: invocación al Espíritu Santo

El ejercicio de *Lectio Divina* es un ejercicio espiritual que parte de la convicción de fe. Abrir las Sagradas Escrituras es un acto de fe; por lo tanto, antes de abrirlas es necesario renovar la fe en el autor de las mismas. Nuestro reconocimiento de fe proclamada es que el Espíritu Santo es el autor de la Biblia. Por esa misma razón y pensando en que estos escritos quedaron "canónicamente" puestos allí, todavía son *Verbum Domini*, Palabra de Dios, que sigue teniendo vigencia hoy. Por tal motivo, es importante reconocer la autoría y presencia del Espíritu Santo, en una breve y sencilla oración solicitar su asistencia para que se abra mi mente y mi corazón para entender el mensaje y llevarlo a la práctica.

Primer paso: *lectio* (buscad leyendo…)[10]

Siguiendo un poco la carta de Guigo II, ponemos parte de esta explicación. Se trata aquí de tener un texto bíblico (ya hemos explicado que la *Lectio Divina* es para textos únicamente bíblicos y no otros escritos). Hay que elegir el texto. Y aquí hay muchas formas de selección. Podría ser una de ellas, hacer ejercicios de *Lectio Divina* con los Salmos por ejemplo y seguir el orden que tenemos en la Biblia. O hacerlo con un Evangelio, o con una Carta de Pablo. También puede hacerse muy completo siguiendo el orden litúrgico con los textos de la Eucaristía, sea diaria o dominical.

Este paso es la base de todo. Una buena lectura, leyendo el texto en el contexto de toda la Sagrada Escritura, nos lleva a no hacer pretextos. Por eso es importante informarse sobre las mismas cosas que se han escrito seriamente sobre el texto. Por ejemplo, hoy existen muchas formas de encontrar cómo este texto está relacionado con la patrística, la tradición y el magisterio.[11]

Todo este paso debe llevarnos a responder a preguntas que son esenciales para poder seguir adelante. En este caso después de haberse informado sobre el texto, al final estar preparados para responder a la siguiente pregunta formulada así: ¿Qué dice el texto? Es decir, cuando hemos leído varias veces, y si se pudiera de diferentes traducciones de la Biblia,[12] ¿cómo nos ha llegado este texto hasta nuestro idioma? Es importante entonces abrir el abanico de entendimiento para responder a esta pregunta. Y entonces, cuando entiendo que "Dios habla", acepto su Palabra, su mensaje, lo entiendo en el contexto de las Escrituras, y lo leo tantas veces como sea posible. Incluso en algunos casos sugieren subrayar o hacer algún signo en el texto (pregunta [¿?] para lo que no entiendo, admiración [¡!] para lo que llama más la atención o interpela, asterisco [*] cuando me invita a la oración). Sugieren añadir una palabra al margen del texto cuando invita a la acción. De esta forma puede asegurarse que el pasaje se está entendiendo.

Segundo paso: *meditatio* (hallaréis meditando…)

El segundo paso o escalón del ejercicio de la *Lectio Divina* es la meditación. Una vez que se puede decir cercanamente lo que dice el texto, y conocer lo que el autor Divino y el autor material exponen en el texto (lectura), Dios mismo, luego de dar su mensaje, se dirige directamente a mí, fija su atención en mi vida, como diciéndome: "éste es mi mensaje y ahora te lo dirijo a ti [...] de esta forma, vayamos a revisarlo en tu vida". Se pasa entonces a una segunda pregunta. Esto qué dice la Biblia y ahora conozco ¿qué me dice hoy, a mí, este texto? Es decir, la segunda pregunta para este paso es contextualizar en la vida propia del creyente, lo que dice el texto, qué nos quiere decir Dios, hoy, en nuestra vida, en nuestra historia, en nuestro caso concreto, este texto. Aquí las preguntas para actualizar el texto en la vida pueden ser personales, como también comunitarias. Con los que inician este ejercicio, suele ser bueno realizar preguntas que vayan directamente relacionadas desde el texto a las situaciones personales. Así entendemos que es la Biblia la que está leyendo nuestra vida, interpelándonos en todo lo que hacemos y vivimos. La meditación nos ayuda a recordar (*re-cordis* = volver a poner en el corazón) el texto en el contexto de nuestra vida. A poner en el corazón las palabras de Dios, para que resuenen directamente allí.

Tercer paso: *oratio* (llamad orando...)

Al pasar a este nuevo escalón haciendo el ejercicio de *Lectio Divina*, se hace memoria de los dos anteriores. Si en los primeros pasos habla Dios que da su mensaje (lectura) y me habla Dios en una búsqueda personal del mismo Dios hacia mí (meditación), la pregunta para orientar este paso es: ¿Qué le respondo a Dios que me habla primero? Es decir, en los dos primeros pasos es Dios el protagonista que me interpela y ahora yo estoy respondiendo directamente a los cuestionamientos que siento. Es el escalón donde yo me doy a conocer, donde hablo a Dios desde lo que Él me cuestiona. Tal vez el más importante momento, ya que hacer oración es el desafío más grande que tenemos hoy los seres humanos. No se debe confundir la oración con una recitación de plegarias, con una lista innumerable de cosas por pedir. Al hacer el ejercicio de *Lectio Divina* estoy más capacitado para entender, centrado desde el texto y mensaje, qué es lo que debo pedirle a Dios. Y como sabemos, existen muchos estilos de oración (alabanza, acción de gracias, petición de perdón, súplica, entrega...). La oración puede llevar a pronunciar una frase vocalmente, a ponerle música a algún salmo que esté relacionado con el texto, a escribir una poesía, o alguna otra expresión gráfica, o artística.

Cuarto paso: *contemplatio* (os abrirán contemplando)

La contemplación es el cuarto escalón de la *Lectio Divina*. Contemplación adquirida, que es un ejercicio que debe practicarse, no es ese estado espiritual que tenían algunos santos (contemplación infusa), sino algo que se va adquiriendo. Es decir, a través de ejercicios, la persona que contempla desea ir pareciéndose cada vez más al proyecto del Señor que habla en su Palabra. Por eso, la pregunta que nos hacemos en este paso es: ¿cómo voy a interiorizar el mensaje?

Mucha gente demuestra cierta dificultad al llegar a este paso, porque está acostumbrada a que todo se lo den servido. Pero en este paso es la imaginación, guiada por el Espíritu de Dios, quien nos ayuda a "entrar en la escena", "ser parte de la escena" y también así, tomar una síntesis de esta escena, es decir, entender el mensaje central del cual yo soy parte vivencial, y por lo tanto voy a hacerme un "eco" donde resuene la Palabra. Es aquí donde ya no hay reglas, sino que es nuestro espíritu que se pone en diálogo con el Señor, para tomar la "sustancia" del texto y asimilarla en la propia vida.

Quinto paso: *actio* (entenderéis viviendo…)

Éste es un paso pedagógico. No está en los cuatro pasos de la *Lectio Divina* original. Pero hay que entender que los monjes terminando la parte de la Oración, se iban en silencio a contemplar y a trabajar mientras contemplaban. Incluso algunos autores toman la contemplación como un paso doble, llevando a la acción. Mi sugerencia es ponerlo como un quinto escalón, para distinguirlo metodológicamente y que le quede claro a quien lo practica que aquí la gran pregunta que nos hacemos es: ¿Qué va a cambiar en mi vida después de hacer este ejercicio de *Lectio Divina*? Porque es el momento en que debemos preguntarnos seriamente esto. Ya que si nosotros leemos, meditamos, oramos y contemplamos un texto sagrado, pero seguimos siendo las mismas personas, y no hubo ningún cambio… Entonces, podemos decir con seguridad que estamos mintiendo. No hubo tal ejercicio, porque no me produjo ninguna transformación. Así como todo encuentro con algún amigo que uno aprecia mucho y nos ayuda en el diálogo profundo a vernos a nosotros mismos desde otra óptica, y podemos mejorar nuestras actitudes. ¡Cuánto más si este amigo que nos ayuda a encontrarnos a nosotros mismos es Jesús, el Cristo!

Los pasos de la *Lectio Divina* en la vida de la Iglesia

El Documento del Concilio Vaticano II, *Dei Verbum*, hace una afirmación muy especial para entender este proceso. Podríamos sintetizar varios

puntos para extraer una frase categórica al respecto: "La Sagrada Escritura
[…] es la Palabra de Dios escrita […] por inspiración del Espíritu Santo y
[…] confiada a la Iglesia para nuestra salvación".[13] Por tal motivo y atendiendo esta misma frase, Monseñor Santiago Silva realiza una explicación
de esta síntesis de la *Dei Verbum* de la siguiente manera:

> Tres afirmaciones de fe se destacan:
> a. Palabra de Dios escrita…
>   El Padre condesciende, se revela y "sale amorosamente al encuentro
>   de sus hijos para conversar con ellos" y lo hace "por medio de hom-
>   bres y en lenguaje humano".
> b. Inspirada por el Espíritu Santo…
>   Estos hombres elegidos (o hagiógrafos) consignan, asistidos por el
>   Espíritu Santo, la verdad salvífica que Dios quiere revelarnos.
> c. Confiada a la Iglesia para nuestra salvación…
>   La Palabra de Dios que la Escritura ofrece anima y conduce la vida
>   de la Iglesia enviada a anunciar la Buena Nueva del Reino a todos
>   los hombres y mujeres de todos los lugares de la tierra.[14]

Y entonces, luego de explicar estas tres afirmaciones de fe, las plantea en
un cuadro esquemático, que podría explicarnos también el proceso de la
Lectio Divina desde otra perspectiva:

> De esta presentación de la Sagrada Escritura y de los desafíos de la
> Iglesia y del discípulo del Señor respecto a ella brotan los *cuatro mo-
> mentos* de la *Lectio Divina* tal como el siguiente esquema lo indica:

La Sagrada Escritura es…			
Palabra de Dios escrita	por inspiración del Espíritu Santo		confiada a la Iglesia para la salvación
Interpretar la Palabra → *Dimensión sapiencial o cognoscitiva*	Actualizar la Palabra → *Dimensión dialogal o comunional*		Vivir la Palabra → *Dimensión testimonial o misional*
❶ LEER ¿Qué **dice** el texto bíblico?	❷ MEDITAR ¿Qué me (nos) **dice** el Señor por su Palabra?	❸ ORAR ¿Qué le **digo** (decimos) **al Señor** movido(s) por su Palabra?	❹ CONTEMPLAR ACTUAR ¿A qué conversión y acciones me (nos) **invita** el Señor?
DE ESTE MODO…			
El mensaje de Dios…	interpela nuestra vida…	suscita la oración…	y nos lleva a la conversión y a la acción.

Cada uno de los cuatro momentos de la *Lectio Divina* (leer, meditar, orar y contemplar/actuar) tiene su propia identidad, pero cada uno de ellos no se entiende sin los otros, y los tres primeros alcanzan su plenitud en el último, la *contemplación* del *Rostro del Padre* que es Jesucristo, que se traduce en una vida (*actuar*) según el modelo de nueva humanidad, Jesús.[15]

¿Una escalera que sube o que baja?

La escala, entonces, para algunos autores es una escalera que sube (ascendente) que partiendo desde nuestra propia vida humana, nos lleva hasta Dios. Y cada paso es un peldaño que se debe subir en el ejercicio. Es un esfuerzo personal el subir, y la visión de este ejercicio está puesta en la persona que lo realiza. La escalera de los santos, la llamaron algunos en la tradición.

Sin embargo, la verdadera religión nos enseña que el "re-ligar" o volver a unir lo que estaba desunido (divinidad con humanidad) no puede partir de una acción del ser humano, sino de la revelación de Dios. En toda la teología de la Encarnación, que es la base bíblica para entender el estudio de Dios y por lo tanto la espiritualidad, es Dios quien se anonada. La Segunda Persona de la Trinidad es la que se *desviste* de su naturaleza divina, para *vestirse* con la naturaleza humana. Siendo "Palabra Eterna de Dios" viene a nosotros para hablarnos en nuestro lenguaje. La gran novedad entonces es que la Segunda Persona de la Trinidad, sin perder su condición divina, se hace totalmente hombre. Jesús es todo Dios y todo hombre (hipóstasis).[16] El Verbo (AT) se hace hombre (NT) para darnos a conocer su significado "dando vida a la Ley Mosaica".

> *qui cum in forma Dei esset non rapinam arbitratus est esse se aequalem Deo sed semetipsum exinanivit formam servi accipiens in similitudinem hominum factus et habitu inventus ut homo.*[17]
>
> Aunque Cristo siempre fue igual a Dios no insistió en esa igualdad. Al contrario, renunció a esa igualdad, y se hizo igual a nosotros, haciéndose esclavo de todos. (Flp 2:6–7)[18]

Por lo tanto, desde mi humilde punto de vista, entendiendo estos ejercicios desde la Encarnación del Verbo Eterno de Dios, la escalera de la *Lectio Divina* es descendente.

1. Parte de Dios que se revela: *lectura*
2. Sigue Dios bajando hasta la vida concreta del lector: *meditación*

3. Despierta en el lector una respuesta concreta: *oración*
4. Llega a interpelar la vida propia: *contemplación*
5. Se encarna en la historia de quien practica el ejercicio: *acción*

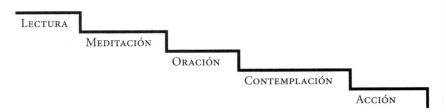

Por lo tanto, la *Lectio Divina* me lleva a entender claramente que es Dios quien viene a mi encuentro, porque yo lo necesito para mi salvación, y no soy yo quien por "mi santidad" lo busca. La santidad en este caso consiste en "dejarse atrapar" por Dios que sale en búsqueda de cada uno de nosotros. No soy yo quien ama a Dios por lo bueno que puedo ser. Es totalmente al revés, la santidad es solamente estar atentos al Señor que se manifiesta, que viene a nuestro encuentro, que nos llama por nuestro nombre. "Me sedujiste Señor, y yo me dejé seducir" (Jr 20:7).

Tercera parte: dónde, cómo y quiénes la practican

Hablar hoy en día de *Lectio Divina* se va haciendo cada vez más común en la Iglesia. Ya no es sólo algo que pertenece a los monasterios. Comunidades enteras religiosas practican este método y lo llevan a sus comunidades, donde religiosos y laicos participan por igual. En todas las Américas ya hay diócesis que invitan a todos sus fieles a que se preparen en la oración con el método de *Lectio Divina*. Movimientos religiosos, y ahora la Animación Bíblica de la Pastoral, la ofrecen para todas las edades, los estilos de vida, las diversas comunidades que existen.

El Cardenal Oscar Rodríguez, en el Sínodo de la Palabra, también mencionó unos temas importantes para tener en cuenta:

> A nivel interconfesional las Sociedades Bíblicas Unidas han prestado un aporte muy calificado a la Iglesia Católica. Tanto sea en Traducciones realizadas con Biblistas Católicos, como en nuevas presentaciones de la Biblia apoyando los trabajos pastorales. La relación particular con el CELAM ha dado como frutos varias ediciones de las Sagradas

Escrituras que son muy utilizadas por la pastoral. La relación especialmente con el CEBIPAL, no podemos dejar de mencionar el trabajo con jóvenes capacitándolos en el método de *Lectio Divina*, los llamados "lectionautas" que aumentan su número día a día. Y también después de Aparecida se hace un esfuerzo de *Lectio Divina* para niños, llamados "discipulitos", que comienza a ser muy efectivo en la catequesis y pastoral infantil.[19]

Sin embargo, este trabajo no se hace solamente con niños y jóvenes. Y ya son muchas las comunidades parroquiales y diocesanas que para sus momentos de oración y discernimiento lo hacen con este método.

Cuarta parte: resultados en la Iglesia

Lectio Divina en la gran misión continental

En mayo de 2007 se reunieron los obispos de América Latina y el Caribe en la V Conferencia General, que tuvo como invitados a obispos de Estados Unidos y Canadá con voz y voto también. En Aparecida, Brasil, estuvieron trabajando varias semanas sobre una temática solicitada por el Vaticano: "Discípulos y misioneros de Jesucristo, para que nuestros pueblos en Él tengan vida".

Este documento, al que comúnmente se lo llama de "Aparecida" por la ciudad que congregó a los Obispos en la V Conferencia, es el más impregnado de Biblia. Desde principio a fin la Sagrada Escritura pone definitivamente un modelo de Documento basado en la Biblia.

Y el tema de *Lectio Divina* no es un tema ajeno, todo lo contrario. Se habla en muchas oportunidades de este ejercicio y se lo recomienda desde muchas ópticas y ángulos. Pero sobre todas las cosas, fuera de buscar que desde la lectura orante de la Biblia se hagan los planes pastorales, la gran conclusión es que la Gran Misión Continental a la cual están llamando imperiosamente los obispos, debe tener como un hilo conductor el conocimiento de la Biblia y la enseñanza del método de *Lectio Divina*.

El documento de Aparecida nos dice que es importante poner de manifiesto que la animación bíblica de toda la pastoral es el momento cumbre de la vida eclesial, donde la Biblia no es un compartimiento separado dentro de todos los estilos de las pastorales de una conferencia episcopal llamado como la "Pastoral Bíblica". Sino más bien que la Biblia es un hilo conductor que anima a todos los estilos de pastoral dando su referencia primordial desde la Palabra, convirtiendo a la Palabra en la Roca de la Iglesia. (*Cfr.* Benedicto XVI, Discurso inaugural de Aparecida: "Hacer que la Palabra de Dios sea fuente que anime toda la actividad pastoral de la Iglesia".) "La Animación bíblica de la Pastoral, teniendo como transfondo la *Lectio Divina*, que es integración de la Palabra de Dios y vida; como punto de referencia indispensable la Constitución *Dei Verbum*, y como método y criterio fundamental, la lectura desde nuestra realidad, tiene en su horizonte presente y futuro la defensa de la vida y de los Derechos Humanos".[20]

Cuando el Cardenal Oscar Rodríguez, S.D.B., presentó ante el Sínodo de la Palabra en octubre de 2008 una síntesis llamada "La Biblia y su comprensión en América", al final se refirió al tema de la oración diciendo estas palabras y citando documentos de Aparecida:

La enseñanza de la oración

Nuestra experiencia es de una religiosidad popular muy acentuada, lo que da una riqueza muy grande en las bases culturales que no han perdido sus tradiciones cristianas. Sin embargo, podemos notar la confusión de los fieles entre rezar (como la recitación de oraciones compuestas, novenas, etc.) —que nuestros fieles devotos practican con cierta afinidad—; y lo que es oración propiamente dicha, que es una respuesta a Dios que se comunica primero a través de su Palabra. Todavía hay mucho camino que recorrer en este tema de la oración y es menester que nuestras estructuras todas, comenzando por la catequesis, sean verdaderas escuelas de oración. Tomando como base principal la *Lectio Divina*, que está desarrollándose cada vez más adaptada a las necesidades de nuestros niños, jóvenes y adultos. La oración debe fundamentarse desde la Biblia, y entonces, la lectura de la Biblia debe ser orante.

La *Lectio Divina* no puede ser una propuesta más, y menos verla aislada del resto de la vida eclesial, sino por el contrario una propuesta para guiar todas las formas y estructuras de nuestra Iglesia, ya que ésta nos lleva a una vida coherente y concreta de seguimiento de Jesús y de su Evangelio. Debemos insistir en que la *Lectio Divina* es el ejercicio de toda la Iglesia que se pone a la escucha y obediencia de Dios que nos habla. Y para esto debe haber una educación de toda la Iglesia más allá de los ámbitos catequísticos.

La catequesis no puede limitarse a una formación meramente doctrinal sino que ha de ser una verdadera escuela de formación integral. Por tanto, se ha de cultivar la amistad con Cristo en la oración [...] (*Documento Aparecida* § 299).

Se irá introduciendo gradualmente a los jóvenes en la oración personal y la *Lectio Divina* [...] (*Documento Aparecida* § 229).

"Se hace, pues, necesario proponer a los fieles la Palabra de Dios como don del Padre para el encuentro con Jesucristo vivo, camino de "auténtica conversión y de renovada comunión y solidaridad". Esta propuesta será mediación de encuentro con el Señor si se presenta la Palabra revelada, contenida en la Escritura, como fuente de evangelización. Los discípulos de Jesús anhelan nutrirse con el Pan de la Palabra: quieren acceder a la interpretación adecuada de los textos bíblicos, a emplearlos como mediación de diálogo con Jesucristo, y a que sean alma de la propia evangelización y del anuncio de Jesús a todos. Por esto, la importancia de una "pastoral bíblica", entendida como animación bíblica de la pastoral, que sea escuela de interpretación o conocimiento de la Palabra, de comunión con Jesús u oración con la Palabra, y de evangelización inculturada o de proclamación de la Palabra. Esto exige, por parte de obispos, presbíteros, diáconos y ministros laicos de la Palabra, un acercamiento a la Sagrada Escritura que no sea sólo intelectual e instrumental, sino con un corazón "hambriento de oír la Palabra del Señor" (*Documento de Aparecida* § 248).

Entre las muchas formas de acercarse a la Sagrada Escritura, hay una privilegiada a la que todos estamos invitados: la *Lectio Divina* o ejercicio de lectura orante de la Sagrada Escritura. Esta lectura orante, bien practicada, conduce al encuentro con Jesús-Maestro, al conocimiento del misterio de Jesús-Mesías, a la comunión con Jesús-Hijo de Dios, y al testimonio de Jesús-Señor del universo. Con sus cuatro momentos (lectura, meditación, oración, contemplación), la lectura orante favorece el encuentro personal con Jesucristo al modo de tantos personajes del evangelio: Nicodemo y su ansia de vida eterna (*cfr.* Jn 3:1–21), la Samaritana y su anhelo de culto verdadero (*cfr.* Jn 4:1–42), el ciego de nacimiento y su deseo de luz interior (*cfr.* Jn 9), Zaqueo y sus ganas de ser diferente (*cfr.* Lc 19:1–10)... Todos ellos, gracias a este encuentro, fueron iluminados y recreados porque se abrieron a la experiencia de la misericordia del Padre que se ofrece por su Palabra de verdad y vida. No abrieron su corazón a algo del Mesías, sino al mismo Mesías, camino de crecimiento en "la madurez conforme a su plenitud" (Fe 4:13), proceso de discipulado, de comunión con los hermanos y de compromiso con la sociedad (*Documento de Aparecida* § 249).[21]

La *Lectio Divina* en la Misión Continental de América

Luego de la reunión de Aparecida, donde los obispos solicitaron una Misión Continental y un regreso al servicio misionero de toda la Iglesia, el CELAM con un equipo de peritos escribió un breve documento, que siguiendo las normativas de la V Conferencia, organiza los conceptos para esta "Gran Misión". En la segunda parte, entre los Medios para la Misión, pone muy claramente:

> Beber de la Palabra, lugar de encuentro con Jesucristo:
> Si el objetivo central de la Misión es llevar a las personas a un verdadero encuentro con Jesucristo, el primer espacio de encuentro con Él será el conocimiento profundo y vivencial de la Palabra de Dios, de Jesucristo vivo, en la Iglesia que es nuestra casa (*cfr*. Doc. Aparecida § 246).

Y entre las cinco metas que se propone está "La formación en la *Lectio Divina*, o ejercicio de lectura orante de la Sagrada Escritura y su amplia divulgación y promoción (*cfr*. Doc. Aparecida § 248)".

Leyendo todo este documento de la Misión Continental se descubre ampliamente que el gran deseo de la Iglesia es que nuestros pueblos tengan un Encuentro con Jesucristo, a través de su Palabra, que se conserva en las Sagradas Escrituras y que el método de *Lectio Divina* es el privilegiado para lograr este encuentro.

La *Lectio Divina* en el Sínodo de la Palabra

Algunas proposiciones del Sínodo de octubre de 2008 sobre la Palabra de Dios recogen las tantas veces que en el aula sinodal se habló de *Lectio Divina*. Simplemente nombraremos estas proposiciones, dejando al ponderado criterio del lector su uso y aplicación, ya que estas proposiciones fueron entregadas al Santo Padre Benedicto XVI para que él pueda preparar algún documento para la Iglesia que aún no ha salido.

Proposición 9: Encuentro con la Palabra en la lectura de la Sagrada Escritura

"Recuerda San Cipriano, recogiendo un pensamiento compartido por los Padres: "Asiste con asiduidad a la oración y a la *Lectio Divina*. Cuando oras hablas con Dios, cuando lees es Dios el que habla contigo (Ad Donatum, 15)"

Proposición 22: Palabra de Dios y lectura orante
El Sínodo propone que se exhorte a todos los fieles, incluidos los jóvenes, a acercarse a las Escrituras por medio de una "lectura orante" y asidua (*cf. Dei Verbum* 25), en modo tal que el diálogo con Dios llegue a ser una realidad cotidiana del pueblo de Dios.

Por esto es importante:
- que se relacione profundamente la lectura orante con el ejemplo de María y los santos en la historia de la Iglesia, como realizadores de la lectura de la Palabra según el Espíritu;
- que se recurra a los maestros en la materia;
- que se asegure que los pastores, sacerdotes y diáconos, y de modo muy peculiar los futuros sacerdotes, tengan una formación adecuada para que puedan a su vez formar al pueblo de Dios en esta dinámica espiritual;
- que los fieles se inicien según las circunstancias, las categorías y las culturas en el método más apropiado de lectura orante, personal y/o comunitaria (*Lectio Divina*, ejercicios espirituales en la vida cotidiana, "Seven Steps" en África y en otros lugares, diversos métodos de oración, compartir en familia y en las comunidades eclesiales de base, etc.);
- que se anime la praxis de la lectura orante, hecha con los textos litúrgicos, que la Iglesia propone para la celebración eucarística dominical y diaria, para comprender mejor la relación entre Palabra y Eucaristía;
- que se vigile a fin que la lectura orante sobre todo comunitaria de las Escrituras tenga su desembocadura en un compromiso de caridad (*cfr.* Lc 4:18–19).

Conscientes de la amplia difusión actual de la *Lectio Divina* y de otros métodos análogos, los padres sinodales ven en ellos un verdadero signo de esperanza y animan a todos los responsables eclesiales a multiplicar los esfuerzos en este sentido.

Proposición 24: Palabra de Dios y vida consagrada
El Sínodo evidencia la importancia de la vida contemplativa y su valiosa aportación a la tradición de la *Lectio Divina*. Las comunidades

monásticas son escuelas de espiritualidad y dan fuerza a la vida de las Iglesias particulares […]

Proposición 32: Formación de los candidatos al orden sagrado
La lectura orante, en especial la *Lectio Divina*, tanto personal como comunitaria, en el marco de una primera lectura de la Biblia. Hará falta proseguirla durante todo el itinerario de la formación, teniendo en cuenta lo que la Iglesia dispone en cuanto a procurar retiros y ejercicios espirituales en la educación de los seminaristas.

Proposición 36: Sagrada Escritura y unidad de los cristianos
Escuchar juntos la Palabra de Dios, practicar la *Lectio Divina* de la Biblia […] es un camino a recorrer para alcanzar la unidad de la fe, como respuesta a la escucha de la Palabra.

Proposición 46: Lectura creyente de las Escrituras: historicidad y fundamentalismo
Tal lectura de la Escritura se diferencia de las "interpretaciones fundamentalistas", que ignoran la mediación humana del texto inspirado y sus géneros literarios. El creyente, para usar con fruto la *Lectio Divina*, debe ser educado en "no confundir inconscientemente los límites humanos del mensaje bíblico con la sustancia divina del mismo mensaje" (*cfr.* Comisión Pontificia Bíblica, *La interpretación de la Biblia en la Iglesia*, I F).

Conclusión

El título de esta ponencia, siguiendo el esquema del Camino a Emaús, es "Él nos abrió las escrituras". No pudo haber nada más acertado. Dejar que Jesús, la Palabra Eterna del Padre, nos enseñe con palabras humanas cuales son las "Palabras de Dios".

Los discípulos que iban a Emaús, cuando Jesús mismo se les aparece en el camino, no lo rechazaron, sino que le permitieron que los acompañara. Así se sintieron con seguridad en el trayecto.

Al igual que ese Domingo de Resurrección, Jesús mismo se aparece en el caminar de nuestras vidas. Quiere hacer camino con nosotros. Quiere recorrer nuestro caminar. Y en este caminar quiere ser Él mismo quien nos explique las Escrituras, quien nos abra la Biblia y nos vaya aconsejando en el camino de la vida.

¡Es Jesús, el Cristo, quien viene a nuestra vida! No somos nosotros que lo buscamos, es Él quien nos busca, quien sale a nuestro encuentro. ¡Santos estos discípulos porque le permitieron que los acompañara! ¡Santos porque no fueron tercos, sino dóciles a su enseñanza! Dejaron de ser "lentos de corazón" para abrirse a la enseñanza del maestro. Y al escuchar al Maestro que explicaba las Escrituras, "les ardía el corazón en el pecho".

La práctica del ejercicio de *Lectio Divina* es solamente una docilidad de permitir a Jesús, el Cristo vivo, que nos acompañe en el camino. Y partiendo de su Revelación, llegue a nuestra vida haciendo nuestro caminar una simbiosis del caminar de Dios.

Que no seamos lentos de corazón y faltos de comprensión nosotros tampoco. Santidad es docilidad a la "escucha". Santidad es no expulsar al Maestro cuando se acerca a nuestro camino, hace historia con nosotros y lo dejamos que sea Él quien nos abra las Escrituras.

"¡Habla Señor que tu siervo escucha!" (1 S 3:10).

<hr>

Notes

1. XII Asamblea General Ordinaria del Sínodo de los Obispos, "Mensaje al Pueblo de Dios" (24 de octubre de 2008), § 4, http://www.vatican.va/roman_curia/synod/documents/rc_synod_doc_20081024_message-synod_sp.html.
2. *Ibid.*
3. *Ibid.*, § 5.
4. Santiago Silva Retamales, *Jesús Maestro, enséñanos a orar: teoría y práctica de la lectio divina* (Miami, FL: Fundación Ramón Pané, 2007), 5.
5. Orígenes, *Philocalia* 2:3.
6. *Cfr.* Enzo Bianchi, *Ascoltare la Parola. Bibbia e spirito: la lectio divina nella Chiesa* (Magnano, Italia: Qiqajon, 2008), 7.
7. *Cfr.* San Agustín, *De Catechizandis Rudibus.*
8. Benedicto XVI, "Mensaje del Santo Padre a los jóvenes con ocasión de la XXI Jornada Mundial de la juventud", 9 de abril de 2006, http://www.vatican.va/holy_father/benedict_xvi/messages/youth/documents/hf_ben-xvi_mes_20060222_youth_sp.html.

9. El Cardenal Martini ofrece en sus ejercicios otros pasos con este orden: *lectio, meditatio, contemplatio, oratio, consolatio, discretio, deliberatio, actio.* Todos ellos siempre están dependiendo de los cuatro escenciales.

10. Estaré utilizando estas maneras de presentar los escalones como lo hace Guigo en su carta a Gervasio (1:173).

11. A este respecto, la Congregación para el Clero en el Vaticano ha desarrollado una página web al servicio de todo el que quiera consultarla gratuitamente. Está en varios idiomas y la recomiendo vivamente: www.bibliaclerus.org.

12. En el Sínodo sobre la Palabra de Dios en la Vida y Misión de la Iglesia, el Cardenal Oscar Rodríguez, S.D.B., presentó la síntesis "La Biblia y su comprensión en América" y recordó que existen al menos veintiséis traducciones aprobadas por la Iglesia católica en español, trece traducciones aprobadas al portugués, nueve traducciones al inglés y ocho traducciones al francés.

13. *Cfr.* Concilio Vaticano II, *Dei Verbum* § 9, 11, 12 y 21. Ver Pontificia Comisión Bíblica, "La Interpretación de la Biblia en la Iglesia", 102: "La Biblia es un texto inspirado por Dios y confiado a la Iglesia para suscitar la fe y guiar la vida cristiana".

14. Silva, *Jesús Maestro, enséñanos a orar*, 20.

15. *Ibid.*, 28.

16. Literalmente, unión según la hipóstasis/persona. Es la expresión teológica y magisterial, surgida en la época patrística, con la que se indica la unión profunda de la realidad divina y de la realidad humana en la persona/sujeto del Hijo/Verbo eterno de Dios en Jesucristo. Esta expresión no aparece en las fuentes neotestamentarias. Sin embargo, en ella se encuentran diversas fórmulas de confesión relativas a Jesús que sirven de fundamento a la explicitación sucesiva. El objeto central del anuncio de fe del Nuevo Testamento es el hombre Jesús de Nazaret, confesado como Señor, Cristo, Hijo de Dios, Dios (*cfr.* Mt 16:16; Mc 1:1; Hch 2:32–36; Flp 2:6–11; Rm 1:3, 10:9; Jn 1:14, 20:28 etc.). Así pues, el Nuevo Testamento afirma claramente la identidad de un sujeto que pertenece a dos esferas de existencia, la humana y la divina, que vivió lo humano en la humillación/kénosis y lo vive actualmente en la gloria/*doxa*.

17. *Biblia Sacra: Iuxta Vulgatam versionem* (Württemberg: Württembergische Bibelanstalt, 1969).

18. *Traducción en lenguaje actual* (Miami, FL: Sociedades Bíblicas Unidas, 2000).

19. *Cfr.* Oscar Andrés Rodríguez Maradiaga, "La Biblia y su comprensión en América", presentación al Sínodo de la Palabra de Dios en la Vida y Misión de la Iglesia (7 de octubre de 2008), http://www.zenit.org/article-28725?l=spanish. Ver www.lectionautas.com y también www.discipulitos.com.

20. *Cfr.* Diego Padrón (Obispo de Cumaná, miembro del comité ejecutivo de la FEBIC), "La puesta en práctica de la *Dei Verbum* en América Latina y el Caribe: desafíos y perspectivas", *La Palabra Hoy* 119 (2006): 45–51.

21. *Cfr.* Rodríguez Maradiaga, "La Biblia y su comprensión en América".

15

"Quédate con nosotros"

la Palabra de Dios y el futuro del ministerio hispano

S. E. R. Mons. José H. Gómez

~

El 10 de marzo de 2009 el Papa Benedicto XVI mandó a los obispos de todo el mundo una carta muy personal y conmovedora, en la cual decía:

> El auténtico problema en este momento actual de la historia es que Dios desaparece del horizonte de los hombres y, con el apagarse de la luz que proviene de Dios, la humanidad se ve afectada por la falta de orientación, cuyos efectos destructivos se ponen cada vez más de manifiesto. Conducir a los hombres hacia Dios, hacia el Dios que habla en la Biblia: Ésta es la prioridad suprema y fundamental de la Iglesia y del Sucesor de Pedro en este tiempo.[1]

Creo realmente que nuestro Santo Padre tiene razón. Cada vez más, Dios se está apartando de las preocupaciones y prioridades de nuestra cultura. No es que Dios haya retirado su presencia, sino el hecho de que somos nosotros quienes nos alejamos de Él. Cada vez más un mayor número de nuestros hermanos y hermanas pasan sus días sin tener conciencia de su presencia o de la necesidad que tienen de Dios en sus vidas. No es que odien a Dios, sino que simplemente ya no piensan mucho en Él. Es como si no existiera. Esto incluye cada vez más a nuestros hermanos y hermanas latinos. Siento decir que no soy un gran adepto de las encuestas que tratan de estimar la fe de la gente. Sin embargo, todos los estudios más importantes en los últimos años han llegado a una constante e inquietante conclusión: que entre el 10 y 12 por ciento de todos los hispanos ya no practican alguna religión. Y este número se ha duplicado en la última década.

Éste es el contexto en nuestro ministerio hispano en el futuro. Nuestra única prioridad puede ser lo que el Papa mencionó: hacer regresar a nuestros hermanos y hermanas hacia Dios. Pero no solamente a cualquier dios, o a una vaga espiritualidad, o a lo que algunas personas llaman el "catolicismo cultural". No. Conducir a los hombres hacia Dios, hacia el Dios que habla en la Biblia. El Dios que nos ha mostrado su rostro en Jesucristo. Sólo este Dios puede salvarnos.

Tomen el texto que ha centrado el tema de su fin de semana. El Evangelio nos presenta el cuadro de los dos discípulos que iban de regreso en el camino de Emaús, absortos en su dolor y decepción, tan destrozados que todo lo que podían hacer es pensar en sí mismos; y decían: "Nosotros esperábamos que sería él el que iba a librar a Israel" (Lc 24:21). Éste es uno de los momentos más tristes en los Evangelios. Ver cómo aquéllos que una vez creyeron perdían la esperanza. Pero, ¿por qué habían perdido la esperanza? El texto nos lo dice claramente. Ellos esperaban que Jesús sería quien iba a librar a Israel.

Se acercaron a Jesús, esperando que fuera un salvador político, un Mesías cuya salvación se expresaría en términos políticos o sociológicos. Mucha gente de ese tiempo cometió el mismo error acerca de Jesús. Y muchas personas aún lo siguen cometiendo. Aquellos discípulos habían hecho un Jesús a su propia imagen. Esto es un problema con parte de la hermenéutica en la Iglesia hoy en día. Con las mejores intenciones y de buena fe, tratamos de leer a Jesús a través de la lente de nuestro grupo particular e interpretar el Evangelio a la luz de las necesidades de nuestro grupo. Es claro que Jesús habla según la condición de cada hombre y mujer, y ciertamente su Evangelio tiene implicaciones políticas inevitables y radicales. Pero no podemos hacer que Jesús se ajuste a nuestras categorías. Somos nosotros quienes tenemos que ajustarnos a las suyas. Si lo buscamos a Él y a su reino, todo lo demás será por añadidura. Tenemos que buscar el verdadero Jesús, no el Jesús de nuestras imaginaciones y deseos.

Aquellos discípulos del relato de Emaús tenían sus propias ideas acerca de quién debería ser Jesús, y sobre cómo debía ser un Mesías. Ésta es una aproximación hacia Jesús que no los lleva a ninguna parte. Los hace ciegos. Jesús está caminando justo a su lado y ellos no lo pueden ver. El Evangelio dice: "Pero sus ojos estaban velados para que no le conocieran" (Lc 24:13). Amigos míos, algunas veces tenemos el riesgo de tomar el Jesús de los Evangelios (que representa el *icono*, la imagen del Dios invisible y el primogénito de una nueva humanidad), y lo convertimos en un *espejo*. Todo lo que podemos ver en Jesús es a nosotros mismos. Pero nuestra gente quiere ver al Jesús real. Son como aquella gente que narra el Evangelio, que buscaba a los apóstoles. Nuestra gente viene con ustedes y conmigo porque somos los así llamados "expertos": los pastores, los académicos, los maestros. Vienen hacia nosotros con esa misma sencilla petición: "Queremos ver a Jesús" (Jn 12:21).

Tenemos la obligación ante Dios, por amor a nuestros prójimos, de mostrarles al Jesús real. El Jesús de los Evangelios. Pero debemos asegurarnos de que nosotros mismos conocemos el Jesús real. Para llevar esto a cabo, tenemos que deshacernos de nuestros prejuicios y leer el Evangelio a la luz de la fe. En la Transfiguración, los apóstoles escucharon la voz del cielo que decía: "Éste es mi Hijo, el Amado, escúchenlo" (Mc 9:7). Amigos míos, es eso lo que tenemos que hacer. Tenemos que escuchar lo que Jesús dice sobre sí mismo y lo que se dice de él en los Evangelios. Y tenemos que creer en el testimonio de aquellos que atestiguaron su Resurrección de los muertos, el testimonio de la gran Tradición de la Iglesia.

Hoy en día nos cuesta mucho trabajo creer en el Evangelio, y eso sucede a veces en algunos de nuestros exegetas profesionales, pastores y maestros. Estamos tan adelantados científicamente que pensamos que estamos muy sofisticados como para creer en milagros como los que leemos en el Evangelio. Sin embargo, San Pablo tiene razón: "Y si Cristo no resucitó, nuestra predicación no tiene contenido, como tampoco la fe de ustedes" (1 Co 15:14). Y si nuestra fe es vana, ¿para qué estamos viviendo y trabajando? Observamos las raíces de la falta de fe también en Emaús. Los discípulos rechazaron creer en el testimonio de las mujeres que descubrieron la tumba vacía.

Este tema aparece a lo largo de todos los relatos de la Pascua de Resurrección. La ceguera provocada por la falta de fe. Todos recordamos al incrédulo Tomás. ¿Recuerdan lo que dijo? "Si no veo […] no creeré" (Jn 20:25). En el Evangelio de Marcos, Jesús critica a los discípulos "por no haber creído a quienes le habían visto resucitado" (Mc 16:14). Jesús hace la misma crítica en el pasaje de Emaús. Llama a los discípulos "insensatos": "¡Oh insensatos y tardos de corazón para creer […]" (Lc 24:25). Debemos tener cuidado para no caer en la misma tentación. Ninguno de nosotros tampoco ha visto al Cristo resucitado. Nunca hemos conocido alguien que pueda caminar sobre el agua o multiplicar panes y peces, o resucitar a un hombre muerto. No tenemos *prueba* de que Jesús es Aquél que la Iglesia dice que es: el hijo de Dios, el Salvador del género humano.

Para ese tipo de conocimiento necesitamos el don de la fe. Y éste es el porqué de que Cristo se acerca a nosotros: para darnos la fe. Mientras estaban caminando, "Jesús se acercó y siguió con ellos" (Lc 24:13). Mis hermanos y hermanas: ¡Cuánto amor tiene el Señor por nosotros! ¡Qué gran regalo nos da: el don de la fe! A menos que creamos, a menos que tengamos fe, Jesús será para nosotros simplemente otro rabino del antiguo Israel. Y de nuevo, si Él es sólo un hombre sabio, no el hijo de Dios que resucitó de entre los muertos, entonces Él no puede salvar a nadie. Entonces todo nuestro trabajo es en vano. Hablando en términos prácticos, necesitamos el don de la fe para interpretar las Escrituras adecuadamente y para proclamarlas. Las Escrituras fueron escritas por creyentes, con el propósito de llevar a los demás a esa misma fe, al encuentro con Jesucristo.

Acabamos de celebrar el Año de San Pablo, el gran predicador. Pablo dijo que Dios "tuvo a bien revelar en mí a su Hijo, para que le anunciase" (Ga 1:15–16). Necesitamos tener la misma fe que Pablo tenía. Necesitamos creer que los textos bíblicos son inspirados por Dios. Necesitamos proclamarlos como hizo San Pablo, "no como palabra de hombre, sino cual es en verdad, como Palabra de Dios" (1 Ts 2:13). La palabra de Dios.

En Emaús Jesús nos enseña cómo debemos leer el Nuevo Testamento, y cómo debemos proclamar a Cristo: "Y, empezando por Moisés y continuando por todos los profetas, [Jesús] les explicó lo que había sobre él en todas las Escrituras" (Lc 24:27). Jesús explicó su identidad a través del Antiguo Testamento, a través del plan de Dios: lo que San Pablo y los Padres de la Iglesia llamaron la economía de la salvación. Así es como enseñó a sus discípulos a proclamarlo. Es por ello que no hay una sola página del Evangelio que no esté llena de alusiones, menciones y citas del Antiguo Testamento. Me inquieta que a veces en nuestra predicación nos hemos convertido un poco como Marción, el hereje antiguo que quería deshacerse del Antiguo Testamento. En Emaús, nuestro Señor mismo nos dice que si queremos conocerlo, entonces necesitamos conocer el Antiguo Testamento. Necesitamos saber cómo es que Él es el cumplimiento de todo lo que Israel había esperado.

La manera como enseñamos y predicamos sobre Cristo debería hacer que la Palabra de Dios cobre vida. Nuestra proclamación debe hacer que el corazón de nuestra gente arda por el deseo de conversión. El deseo de una vida que sea algo más que sólo una existencia superficial. Eso es lo que le sucedió a los discípulos de Emaús: "¿No estaba ardiendo nuestro corazón dentro de nosotros cuando [...] nos explicaba las Escrituras?" (Lc 24:32). Y le pidieron al Señor: "Quédate con nosotros" (Lc 24:29). Una sencilla petición que refleja una conversión profunda. Quédate con nosotros.

Por medio de su interpretación de las Escrituras, Jesús les ha mostrado que la Palabra de Dios, de la que se hablaba desde antiguo a través de los profetas, en estos últimos tiempos se ha hecho carne, una persona viva. Tal como dice el libro del Apocalipsis: "Viste un manto empapado en sangre y su nombre es: La Palabra de Dios" (Ap 19:13; *cfr.* Hb 1:1). Quédate con nosotros. Jesús ha llegado a sus vidas y ellos ni siquiera quieren dejarle ir. Pero, ¿cómo responde Jesús? Toma el pan, lo bendice, lo parte y se los da: tal como había hecho con los apóstoles en la última cena (*cfr.* Lc 22:14–20). La palabra de Dios tiene la intención de guiarnos a la mesa del Señor. A la Eucaristía. A los sacramentos de la Iglesia. En la Eucaristía, el relato de la salvación en la historia continúa. Lo que las Escrituras proclaman, la liturgia lo hace real: la comunión de Dios y sus hijos. En la Eucaristía, los discípulos reconocen a Cristo: "Le habían conocido en la fracción del pan" (Lc 24:35); esto es lo que la Iglesia primitiva solía llamar la Eucaristía.

Y finalmente, notamos que los discípulos, habiendo encontrado a nuestro Señor en Palabra y sacramento, se disponen para comenzar a proclamarlo a sus hermanos y hermanas en Jerusalén. El encuentro con Cristo en las Escrituras debe llevar a nuestra gente a dar testimonio sobre Él. A participar en la misión que Cristo dio a su Iglesia: "Vayan, pues, y hagan que todos los pueblos sean mis discípulos" (Mt 28:19–20). Jesús dijo que vino a "arrojar un fuego sobre la tierra" (Lc 12:49). Éste es el ardor que los discípulos sintieron en sus corazones en Emaús. La Palabra de Dios busca empezar ese fuego en los corazones de cada hombre y mujer. Él quiere inflamar así nuestros corazones con el deseo de conocerlo y amarlo cada vez más profundamente. Con el celo de llevar a otras almas a amarlo también. Con el fervor de compartir su amor con los demás. ¡Vayamos pues y proclamemos su Palabra! Acerquémonos a nuestros hermanos y hermanas cuando recorran su propio camino en la vida. Hablémosles de nuestra amistad con Jesús.

Ruego para que Nuestra Señora de Guadalupe, que escuchó la Palabra de Dios y permitió que habitara con toda su riqueza dentro de ella, cuide de ustedes (*cfr.* Col 3:16).

～

Nota

1.   Benedicto XVI, "Carta a los obispos de la Iglesia católica sobre la remisión de la excomunión de los cuatro obispos consagrados por el Arzobispo Lefebvre", 10 de marzo de 2009, http://www.vatican.va/holy_father/benedict_xvi/letters /2009/documents/hf_ben-xvi_let_20090310_remissione-scomunica_sp.html.

REZAR CON LA BIBLIA
MEDITAR CON LA PALABRA

Descubra el apasionante mundo de *Lectio Divina*.

El antiguo método católico de *Lectio Divina* (lectura divina) es un modo orante, reflexivo y accesible de interacción con la Sagrada Escritura.

Ayude a que su parroquia experimente el poder de la Palabra de Dios al enseñarle acerca de esta práctica tradicional y eficaz.

> "La lectura diligente de las Sagradas Escrituras acompañada de oración provoca un diálogo íntimo durante el cual, la persona que está leyendo, oye a Dios que le habla y responde en oración con un corazón confiado y abierto."
> — Papa Benedicto XVI

> "American Bible Society presenta, en asociación con la Iglesia Católica Romana, *Lectio Divina*: uno de los programas más destacados para católicos, a nivel nacional."
> — Mario Paredes, Presidential Liaison to Roman Catholic Ministry at American Bible Society

Para mayor información en inglés contacte a:
Alicia DeFrange – ADeFrange@AmericanBible.org

Para mayor información en español contacte a:
Margaret Sarci – MSarci@AmericanBible.org

CADA DÍA ES UNA TRAVESÍA.
BUSQUE INFORMACIÓN PARA LA JORNADA.

Descubra la esperanza, el estímulo y la dirección dada por la Palabra de Dios en su teléfono móvil o en línea.

¡Las jornadas de *Lectio Divina* están disponibles!

Usando el calendario litúrgico que sigue el Leccionario de la Iglesia Católica, prepárese semanalmente para la liturgia de la Palabra.

Visite hoy: **ABSJourneys.org**

JOURNEYS
something good every day

AMERICAN BIBLE SOCIETY